基于包容性发展的我国城市群地方政府协作治理机制研究

王颖◇著

辽宁人民出版社

图书在版编目（CIP）数据

基于包容性发展的我国城市群地方政府协作治理机制研究 / 王颖著. -- 沈阳：辽宁人民出版社，2025. 4.

ISBN 978-7-205-11538-8

Ⅰ. D625

中国国家版本馆CIP数据核字第20254XQ479号

出版发行：辽宁人民出版社

　　　　　地址：沈阳市和平区十一纬路 25 号　邮编：110003

　　　　　电话：024-23284325（邮　购）　024-23284300（发行部）

　　　　　http://www.lnpph.com.cn

印　　刷：辽宁新华印务有限公司

幅面尺寸：170mm × 240mm

印　　张：14.75

字　　数：218千字

出版时间：2025年4月第1版

印刷时间：2025年4月第1次印刷

责任编辑：娄　瓴

装帧设计：白　咏

责任校对：吴艳杰

书　　号：ISBN 978-7-205-11538-8

定　　价：89.00元

前　言

　　"十四五"规划明确提出"优化区域经济布局，促进区域协调发展"以及"全体人民共同富裕取得更为明显的实质性进展"的战略目标，标志着我国经济社会发展正式迈入包容性增长阶段。在此背景下，城市群作为新型城镇化战略的核心载体，其府际协作水平直接关乎国家经济高质量发展的全局。据数据显示，我国19个城市群以25%的国土面积承载着80%的经济总量，但内部发展差距系数仍高达0.48（2022年）。这种结构性矛盾促使地方政府必须突破协作治理的瓶颈，建构既能激发区域活力又能保障公平正义的新的协作治理模式。当前我国城市群协作治理面临着双重压力，既包含着传统发展模式的路径依赖，又需要迎接数字化转型带来的压力与挑战。因此，如何深化府际协作治理机制改革已经成为具有战略紧迫性的重大课题，也是推进国家治理体系与治理能力现代化的关键切口。

　　本书聚集于城市群地方政府协作治理的现实问题，基于包容性发展理论、协同治理理论以及新区域主义理论建构城市群地方政府协作治理分析框架。植入"时序"要素，从时间维度上系统梳理城市群协作治理机制发展历程，并从空间维度上考察跨省域城市群协作治理基本现状；择取京津冀城市群与长三角城市群大气污染地方政府协作治理案例，运用内容分析法与社会网络分析法，借助MAXQDA、BICOME2.0、UCINET6以及NETDRAW分析工具，对两大城市群大气污染协作治理的结构性机制（组织结构、职能配置、运作形态等）、过程性机制（方式手段、任务分解、技术工具）及回应性机制（绩效评估、监督问责、外部条件）进行测度，客观呈现两大城市群协作治理网络的基本样态及其动态演化规律；全方位诊断城市群协作治理过程中的症结，并从结构性、过程性以及回应性三个维度剖析困境产生的根本成因；结合国外城市群协作治理经验，提出中国情境下推动城市群协作治理高质量、持续性发展的对策建议。

本书结构具体安排如下：

一、基于包容性发展的城市群地方政府协作治理机制的理论研究

基于包容性发展的城市群地方政府协作治理机制的理论研究体现在本书的第一章和第二章内容上。本部分内容主要包括研究缘起、相关文献梳理、研究方法和研究内容、核心概念的界定、相关理论的介绍以及城市群地方政府协作治理机制框架的构建。

二、基于包容性发展的城市群地方政府协作治理机制的实践研究

基于包容性发展的城市群地方政府协作治理机制的实践研究由本书第三、四、五章内容构成。这三章全面解读了基于包容性发展的城市群地方政府协作治理机制的成效、问题及原因。

三、城市群地方政府协作治理机制的经验借鉴及优化策略

城市群地方政府协作治理机制的经验借鉴及优化策略由本书第六章和第七章内容构成。主要通过借鉴国外区域地方政府协作治理机制的经验，运用基于包容性发展的我国城市群地方政府协作治理机制的分析框架，从结构性机制、过程性机制以及回应性机制三个方面，提出城市群地方政府协作治理机制优化的具体方略。

本书在研究过程中，在以下几个方面进行了创新：一是面向中国情境建构城市群地方政府协作治理机制的一般性理论分析框架。本研究运用的协同治理理论、新区域主义理论等均源于西方，与我国的现实境况存在一定的"水土不服"现象，国内外场域要求在完成这一理论迁移时，做出本土化探索，理解协作治理机制在中国情境的结构、过程等便成为研究基础。既有研究对本土城市群协作治理机制的理解仍缺乏明晰有力的理论论证。因此，本研究建构了城市群协作治理"结构——过程——回应"的本土化理论框架，并对

协作治理结构样态及其影响因素等内容进行了实证分析，探讨了协作治理机制如何进行改革创新的问题。研究既能提升协同治理等理论在中国语境下对公共管理问题的解释力，又能深化对城市群协作治理过程中正式与非正式行为的系统理解。二是基于包容性视角对城市群协作治理机制历史变迁与现状进行全景式呈现。本研究运用内容分析法对 20 世纪 80 年代以来有关城市群协作治理的政策法规、司法文件以及各类规范性文件等进行系统梳理与定性分析，对城市群协作治理机制的建立、发展、攻坚以及新时代现状进行纵向历史考察，并对协作治理机制的建设成效进行归纳。既有研究偏重城市群协作治理机制的静态描述，忽视了动态时间视角下协作治理机制的变迁与演化规律分析，本研究植入"时序"要素，在包容性发展视角下梳理、对比了不同时段协作治理机制的异质性特征与变迁规律，突破了静态视角分析的局限，丰富了协作治理的理论视角。三是实证测度城市群地方政府协作治理机制的结构性、过程性、回应性样态。在城市群协作治理研究方面，大多数研究常采用传统的案例分析、对比分析等定性研究方法去发现协作治理过程中出现的问题，识别其中隐含的深层次原因，继而提出切实可行的策略。但定性研究不可避免存在主观性强、缺乏数据支撑等局限，部分研究得出来的结论缺乏一定科学性与说服力，且未能从整体上把握这一实践的总体形态。本研究运用内容分析法、社会网络分析法，对城市群协作治理机制的现实样态（包括结构性、过程性以及回应性机制样态）及其困境、影响因素等内容进行了实证分析和理论刻画，一定程度上解决了城市群协作治理结构测度的方法论难题，丰富了既有研究方法论体系。四是分层分点剖析城市群地方政府协作治理机制的制度性、技术性困境及其成因。既有研究对城市群协作治理机制困境及成因的理解，大多囿于治理结构、组织文化、治理工具等技术性要素方面，忽视了制度性要素的重要作用，对协作治理蕴含的制度逻辑的提炼处于萌芽状态。本研究从结构性机制、过程性机制、回应性机制三个维度阐释了城市群协作治理的困境及其成因。其中，不仅包含治理手段单一、利益共担机制不健全等技术性构件，还对压力型体制下的"运动式"治理、地方政府选择性执行等制度性原因进行了归纳，坚持的是"制度——技术"系统互构原则，能助益推进城市群地方政府协作治理管理主义与工具理性的有机统一。五是研究方法方面的创新：（1）采用内容分析法对定性的文本资料转化为可测度的定量数据。既有研究采用的定性研究方法存在主观性强、数据支撑弱等固有缺陷，内容分析法作为一种定量与定性相结合的研究方法，能通过相关技术手段将定性文本资料转化为可测度的定量数据，依此对研究的内容进行合理化判断与推导论证。本研究从结构、过程、回应这三个维度对收集的定性文本资料进行编码、归纳、整合，为构筑三维度要素间的结构关系夯实基础，这在一定程度上解决了协作治理机制研究的方法论难题。（2）采用社会网络分析法对城市群协作治理的基本样态进行测度。社会网络分析法主要用于研究社会网络结构与关系，通过分析特定时空范围的行动者关系，发现其关系特征及对组织的影响。在城市群协作治理场域，各地区、政府间相互作用、协同联动，呈现出明显的网络化特征。本研究运用社会网络分析法，辅助 Bicomb、Ucinet 与 Netdraw 软件构筑协作治理结构、过程以及回应机制间的合作网络，以探究各主体角色地位、联系紧密度在不同时段的演化情况。研究为探讨协作治理机制提供可视化分析工具，为网络结构样态调整提供科学基础，弥补了学界对城市群协作治理研究的技术空白。

目　录

第一章 ▶▶▶▶

绪论

在区域一体化协调发展的大背景下，城市群地方政府协作已经成为近年来公共管理领域备受关注的话题。从城市群地方政府协作治理的角度来看，一方面，建立和完善城市群地方政府协作机制是破解我国地方政府协作困境的关键；另一方面，城市群地方政府协作机制优化是解决区域公共问题和公共事务的钥匙。所以，在城市群内部怎样构建地方政府协作机制，实现城市群内地方政府间长期有效的协作，提升城市群整体实力、实现包容性全面发展，成为本书研究的关键。本章将从问题的提出、相关文献的梳理、研究方法和研究内容等方面介绍本书的基本情况。

一、问题的提出及研究意义

1. 问题的提出

（1）城市群在我国现代化建设中的作用愈加凸显

随着区域一体化的深入发展，我国地理位置相邻、产业优势互补的区域之间围绕一个中心城市形成人口高度集聚、经济联系紧密的城市群。城市群之间各城市功能互补、分工协作、关系紧密，是城市发展到成熟阶段的最高结构组织形式，是相对独立的城市群落集合体，是彼此之间有密切内在联系并结构化的城市集合体。《国家新型城镇化规划（2014—2020 年）》确立城市群为新型城镇化主体形态，并规划建设 19 个城市群。2018 年 11 月 18 日，中共中央、国务院发布的《中共中央　国务院关于建立更加有效的区域协调发展新机制的意见》明确指出，以京津冀城市群、长三角城市群、粤港澳大湾区、成渝城市群、长江中游城市群、中原城市群、关中平原城市群等推动国家重大区域战略融合发展，建立以中心城市引领城市群发展、城市群带动区域发展新模式，推动区域板块之间融合互动发展。由此可见，城市群的战略作用已得到国家层面的认可与肯定。城市群作为推动经济增长和带动区域高质量发展的重要力量，具有明显的辐射作用，不仅成为实现区域协调发展的重要载体，同时在优化区域空间格局、促进现代化建设、推动高质量发展方面意义非凡，对我国现代化建设的重要作用愈加显著。

（2）区域性公共难题推动城市群地方政府走向协作

在区域经济社会一体化持续推进的背景下，越来越多的地方公共事务超出单一辖区的行政边界而具有跨界性，成为区域公共事务。区域公共事务通常具有内容的跨界性、影响的外溢性以及治理的整体性等特点。内容的跨界性是指事务内容通常会超出单一行政边界范围。影响的外溢性是指事物的影响范围可能扩散到邻近区域而呈现一定的溢出效果。治理的整体性是指此类公共事务的应对不能局限于单一主体的作用，需要各区域间的整体性努力。因此，区域性公共事务往往由于治理的困难与低效，成为困扰区域发展的公共难题。区域经济一体化发展使城市群内部各个地方间的经济联系十分紧密，加之城市群内部公共事务的紧密性，城市群内部形成了十分复杂的关系网络，一项公共事务往往会与多个地方政府产生利益关系。面对区域性的公共难题，囿于单边政府职责的局限，传统的行政区治理已无法有效满足需求，亟须探索现代国家治理体系下的地方政府协作。因此城市群公共事务的治理必须打破常规的行政限制，引导区域间政府联合采取公共行动，在环境、旅游、交通、医疗、教育、金融、食品安全、农产品市场监测等领域都需要探索推进协作治理，发挥治理合力，实现跨区域政府间的协作治理。

　（3）城市群地方政府协作治理困境要求治理机制优化

　　虽然跨域性公共事务的解决需要地方政府间的联合，公共事务的治理需要地方政府积极协作，但在具体的城市群协作治理现实中仍会面临诸多困境。比如由于城市群内部各地方政府缺乏前期良好的合作基础，可能导致治理过程中缺乏足够的经验参考。或是地方政府之间往往会存在"搭便车"、机会主义等集体行动困境，基于原有的属地管理可能会导致资源配置的低效率问题发生，各参与主体在治理上存在利益博弈且容易产生"搭便车"倾向，从而造成协作困境。或是各协作主体之间由于发展差异较大，所拥有的资源与能力的不平衡，从而产生对大型城市的过度依赖，造成部分政府的治理惰性。抑或是协作过程中，各级地方政府之间协作流于形式，并未达成实质性协作，政策设计及制度安排不完善导致的政府间利益分配不均衡，从而产生政府间的竞争行为，等等。以上问题都表明了城市群政府协作治理仍面临许多困境，这也要求国家层面必须加强顶层制度设计，从体制机制入手，不断完善地方政府协作治理机制，为实质协作提供保障支持。

　　基于以上分析，推动城市群发展建设是进一步推动区域一体化建设以及推动区域高质量协调发展的关键。然而在实践的过程中，城市群地方政府治理往往面临许多公共性的治理难题，地方政府之间的协作也遭遇到种种困境与挑战，城市群地方政府协作治理机制仍需进一步优化完善。那么，如何破解各城市群地方政府协作推进中面临的难题，推动地方政府协作有效进行，提升政府的治理能力？其中的影响因素有哪些？如何才能推动地方政府走出协作困境？本书通过对城市群地方政府协作治理的典型案例进行分析，剖析包容性发展视角下影响我国城市群地方政府协作治理的关键因素，探索如何建立和完善城市群地方政府协作治理机制以缓解地方政府协作困境，进一步促进区域发展和区域一体化建设，力争实现新时代城市群的包容性发展。

　2.研究意义

　（1）理论意义

　　本研究具有一定的理论意义。首先，从研究领域来看，本研究主要对地方政府协作治理机制进行研究。目前对于地方政府协作治理机制的研究已经有一定的进展，其成果主要集中在界定地方政府协作治理机制概念、存在问题以及相应完善措施等方面，目前仍缺乏统一的地方政府协作治理机制的理论框架。而本研究主要是在吸收包容性发展理论、新区域治理理论及协同治理理论的基础上，结合城市群具体的治理实践，构建城市群地方政府整体性协作治理的分析框架，以此来探讨城市群地方政府间协作治理机制面临的问题、原因及相应的创新对策，丰富区域公共管理研究的理论视域，推动我国区域公共管理学科体系的深入与发展。其次，目前关于城市群地方政府协作治理机制的研究大多集中在定性的理论探讨层面，关于定量的实证分析研究相对不足。本研究立足于城市群地方政府协作治理的具体实践，从动态过程解读地方政府协作的过程，关注各参与主体协作过程中的功能活动，并将社会网络分析方法应用于城市群地方政府协作治理机制分析中来，将各种复杂的关系数据以可视化的方式清晰呈现，以此作为城市群地方政府协作治理机制实证分析的方法支撑，在实证的基础上谋求地方政府协作治理机制的理论建构与发展，找出破解地方政府协作治理机制困境的方法，使地方政府协作治理研究现有水平得以扩展与提升。

（2）实践意义

城市群地方政府协作治理机制的研究不仅具有重要的理论意义，而且还具有重要的现实意义。首先，有利于解决城市群内部的跨界公共性难题。随着区域一体化的发展深入，各城市群均不同程度地面临着诸如环境保护、公共安全、医疗保障等方面的公共难题，基于传统的单一行政区划分的属地治理在此类问题的解决上已无法有效发挥作用，亟须建立地方政府间的协作治理机制。当前我国城市群地方政府协作治理机制的研究并不完善，在具体的实践过程中仍存在不少问题，通过对城市群地方政府协作治理机制的研究，有利于更好梳理当前地方政府协作过程中存在的治理困境，并针对性地提出破解地方政府现在治理困境的方法，以更好地解决跨界公共性治理难题。其次，有利于提升城市群地方政府协作治理能力。城市群各地方政府从独立走向协作是一个复杂但必要的过程，在传统的属地治理模式下如何快速转变观念，走向实质协同是当前各级地方政府面临的严峻考验。由于缺乏经验或是利益导向，具体实践中地方政府协作治理经常面临协作惰性、协作低效等困境，这也阻碍了地方政府之间互信关系的建立与维护。通过对城市群地方政府协作治理结构、过程和回应方面的机制考察，有利于进一步完善当前地方政府协作治理机制，从而提升地方政府协作治理能力，为实现区域高效协作奠定基础。再次，有利于完善城市群地方政府协作治理体制机制建设。良好的协作治理机制应当摒弃传统官僚权威的强制性执行，应在明确各参与主体关系的基础之上，充分尊重个体差异，秉承平等原则，以互动对话等方式促进各参与主体在集体行动中分享权利、承担责任、共享成果。为处理复杂多变的公共事务，完善的协作治理机制既能打破传统的单一政府治理模式，又能贯彻落实共同责任方针，因此构建城市群地方政府协作治理机制必不可少。本研究以城市群地方政府协作治理机制为切入口展开相关研究，有利于诊断当前地方政府协作治理体制机制方面存在的漏洞和不足，为进一步完善协作治理体制机制建设提供有益参考。最后，有利于推动我国各城市群走向高质量协同发展。党的二十大报告围绕促进区域协调发展作出一系列重要部署，强调"以城市群、都市圈为依托构建大中小城市协调发展格局"。地方政府作为各区域协作治理的主导力量的重要作用不可忽视。加强对城市群地方政府协作治理机制的研究，有利于理顺各地方政府之间的相互关系，打破传统的单一治理理念，从而积极走向实质协作，以高效发挥治理合力，同时能够帮助地方政府更好地摆脱协作治理困境，促进城市群一体化建设，对推动城市群高质量协同发展大有裨益。

二、研究动态

1. 国外研究动态

（1）关于包容性发展的研究

关于包容性发展，国外学者对其概念和意义进行了充分阐释。坎布尔

（Kanbur）对"包容性增长"与"包容性发展"进行了区分，他认为"包容性增长"指经济增长、人均收入的增长，是一个狭义的技术概念，是可衡量的；"包容性发展"在"增长"的基础上增加了教育公平、性别平等、预期寿命、社会福利、疾病预防、环境可持续性等非收入维度[①]。萨科斯（Sachs）认为包容性发展首先要确保公民政治权利的行使，民主是真正的基础价值，因为它保证了发展进程所需要的透明度和问责制。所有公民必须在平等的基础上获得针对残疾人、母亲、儿童以及老年人的福利[②]。古普塔（Gupta）提出，包容性发展已成为国家和地区层面发展议程的一个部分，包容性发展不仅侧重于经济和社会产出的公平分配[③]，还强调建立好的区域合作，如果各国共享创新解决方案，那么各国面临的共同问题，如环境、经济和社会福利问题，可以得到有效解决[④]。一个有能力的国家对于包容性发展能否实现也至关重要，不仅可以为私营经济活动提供安全和可预测的环境，还可以通过提供社会服务来减轻贫困和不平等，通过监管纠正市场失灵。许多发展中国家的政府都在寻求通过公共部门改革来提高国家实现包容性发展的能力，包括政策实施、执行立法和提供公共服务的能力。梅德卡（Medhekar）认为私营部门与政府建立公司合作伙伴关系的医疗保障服务，尤其是医疗旅游行业，不符合包容性发展原则。医疗旅游业的发展使印度等发展中国家的医疗资源被转移到富裕的国外患者身上，导致当地贫困者的医疗保健权利被剥夺[⑤]。

① Kanbur R, Rauniyar G. Conceptualizing Inclusive Development: with Applications to Rural Infrastructure and Development Assistance[J].Journal of the Asia Pacific Economy,2010, 15(4):437-454.

② Sachs J. Working Paper No.35 - Inclusive Development Strategy in an Era of Globalization[J]. Social Science Electronic Publishing, 2006:313-318.

③ Gupta A K. Innovations for the Poor by the Poor[J].International Journal of Technological Learning, Innovation and Development, 2012,5(1):28-39.

④ Pouw N, De Bruijne A. Strategic Governance for Inclusive Development[J].European Journal of Development Research, 2015, 27(4):481-487.

⑤ Medhekar A. Public-Private Partenerships for Inclusive Development: Role of Private Corporate Sector in Provision of Healthcare Services[J].Procedia-Social and Behavioral Sciences, 2014(157):33-44.

（2）关于城市群研究

戈特曼（Gottmann）是现代城市群理论研究的先驱，他在研究美国东北沿海城市出现的连绵化现象时，提出了"城市群"（megalopolis）概念，即人口超过 2500 万人，各个城市紧密相连，经济、社会、文化间联系密切的巨大城市地区[①]。汤姆斯（Thomas）和翰隆（Hanlon）认为戈特曼（Gottmann）将城市群描述为一个工业化的、有边界的、以城市为中心的地区。在过去的 50 年时间里，美国城市群内部逐渐发生变化，像许多其他城市地区一样，变得更加后工业化、无边界化和分散化，具体有五个变化：第一，城市地方分权的力量已经使城市群从一个拥有大量人口的地区变成了一个更加完全意义上的郊区化聚集区；第二，贫困地区的划分表明，除了中心城市和郊区核心城市之间，郊区地区之间的两极分化也越来越严重；第三，由于大都市地区经历了一个多世纪以来前所未有的大规模移民回流，中心地区和郊区都可以找到移民门户；第四，城市群"一线"或"内环"地区正在衰落；第五，为黑人中产阶级开发生活空间是城市群的一个显著特征[②]。刘安平通过研究发现城市群扩张将显著导致区域气候变化，而且在夏季，城市群扩张对原有城区和新城区产生的升温效应以及非城区的干旱效应将比冬季更为严重[③]。刘明华认为由于城市功能过于集中、城市土地无限扩张，日本大都会区也面临相关城市群难题，如通勤时间延长、生活质量降低、生态质量恶化等问题[④]。

（3）关于协作治理的研究

关于协作治理概念的研究。国外关于协作治理的概念解释较为丰富，

---

① Gottmann J. Megalopolis or the Urbanization of the Northeastern Seaboard[J].Economic Geography,1957,33(3):189-200.

② Vicino T J, Hanlon B, Short Jr. Megalopolis 50 Years On: The Transformation of a City Region[J]. International Journal of Urban and Regional Research, 2007, 31(2):344-367.

③ Lin Y, Liu A, Ma E, et al. Impacts of Future Urban Expansion on Regional Climate in the Northeast Megalopolis, USA[J].Advances in Meteorology,2013:160-169.

④ Lu M H, Li G P, Sun T S. Research on Functional Division among the Core Cities in Tokyo Megalopolis and Its Enlightenment[J].Scientia Geographica Sinica, 2003, 23(2): 149-156.

并在发展中不断深化。安塞尔（Ansell）和加什（Gash）对协同治理的定义是文献中广泛引用的一种。他们专注于正式公共部门的协同治理，将其描述为一种治理安排，即一个或多个公共机构直接与非国家利益相关者进行正式、面向共识和协商的集体决策过程，其目的是制定或实施公共政策或管理公共计划或资产①。约翰斯顿（Johnston）②等人将协作治理更精确地定义为一种集体决策的方法，其中公共机构和非国家利益相关者在以共识为导向的协商过程中相互参与，以发明和实施管理公共资源的公共政策和程序。另外，爱默生（Emerson）等人将协作治理定义为能够使人们建设性地跨越公共机构、各级政府或公共、私人和公民领域的边界，以实现无法通过其他方式实现的公共目的的公共政策决策和管理的过程和结构③。协作治理是在一个由政治、法律、社会经济、环境和其他影响因素组成的系统环境中展开的。同时，提供了包括系统、协作治理机制和协作动态在内的具有"三个嵌套维度"的协作治理的集成框架，认为协作机制包含合作动力和输出行动，其中动力包括有原则的约定、共同的动机、共同行动的能力。相比之下，约翰斯顿（Johnston）、爱默生（Emerson）等人提出的概念与安塞尔（Ansell）和加什（Gash）有所不同，他们在协作治理的通用定义中包含了更多的合作伙伴，包括来自私营部门、政府、非政府组织的参与者，还有"参与资源管理的基于社区的协作"，包括"更广泛的跨边界治理形式"，包括基层合作。

关于协作治理模型的研究。国外有关协作治理理论模型和框架的研究，认可度较高的主要有以下几种。伍德（Wood）和格雷（Gray）根据协作治理的运行过程提出了协作治理模型，该协作治理模型按照协作的时间维度分为

① Ansell C, Gash A. Collaborative Governance in Theory and Practice[J].Journal of Public Administration Research and Theory, 2008, 18(4):543-571.

② Johnston E W, Hicks D, Nan N, et al. Managing the Inclusion Process in Collaborative Governance[J].Journal of Public Administration Research and Theory, 2011, 21(4):699-721.

③ Emerson K, Nabatchi T, Balogh S. An Integrative Framework for Collaborative Governance[J]. Journal of Public Administration Research and Theory, 2012, 22(1):1-29.

"前情条件—协同过程—协同结果"①，该模型体现了协作治理的运行过程，但未具体说明每个部分所包含的内容。布莱森（Bryson）提出了跨部门协作治理模型，两个及以上部门通过资源、信息、行为等协作，达成单一部门无法实现的治理结果②。该模型考虑的因素涵盖了协作治理的起因、结果、责任等过程，但未详细阐述协同过程。安塞尔（Ansell）和加什（Gash）通过对 137 个协同治理案例采用"逐渐逼近"策略进行分析，构建了 SFIC 协作治理框架。模型主要由初始条件（Starting conditions）、催化领导（Facilitatice leadership）、制度设计（Institutional design）、协同过程（Collaboratitive process）四大相互联系相互促进的部分组成，强调了各主体基于资源的优势互补和信任，通过授权和制度建设，参与协作过程并取得协作结果③。该模型对协作过程的描述十分详细且清晰，但未考虑对协作结果的评估。爱默生（Emerson）基于 SFIC 模型，突破了传统的平面式结构，建立了一个立体式协作治理模型，该模型主要分为根本动因、协作机制、协作行动、协作产出四个部分，推进了立体化协作模型的研究进程④。

关于协作治理作用的研究。安塞尔（Ansell）和加什（Gash）提出协作治理是治理中形成的非常有效的政策工具，对协作平台的概念进行了界定，认为通过自身能力促进协作项目和协作网络的创建与推进，并且强调了协作平台在促进协作治理工作中的重要性⑤。博丁（Bodin）认为应用协同治理在管

---

① Wood D J, Gray B. Toward a Comprehensive Theory of Collaboration[J].The Joural of Applied Behavioral Science, 1992, 27(2): 139−162.

② Bryson J M, Crosby B C, Stone M. The Design and Implementation of Cross−sector Collaborations: Propositions from the Literature[J].Public Administration Review, 2006, 66(s1):44−55.

③ Ansell C, Gash A. Collaborative Governance in Theory and Practice[J].Journal of Public Administration Research and Theory, 2008, 18(4):543−571.

④ Emerson K, Nabatchi T, Balogh S, An Integrative Framework for Collaborative Governance[J]. Journal of Public Administration Research and Theory, 2012, 22(1):1−29.

⑤ Ansell C, Gash A. Collaborative Platforms as a Governance Strategy[J].Journal of Public Administration Research and Theory, 2018, 28(1):16−32.

理环境治理领域是非常有效的，能够实现社会—生态系统中的集体行动，对协同治理中的参与主体和连接关系进行了研究，同时也探究了协同治理的效果和发挥作用的方式[①]。普尔蒂（Purdy）在文章中提到在分析中学者越来越多地使用协同治理的方法，在这个过程中主体的权力和参与逐渐被重视[②]。布伦（Buuren）认为在治理过程中，主体的不同认知容易诱发冲突与对抗，这种认知的包容性与知识组件之间的包容性有助于协同治理过程的整体成功[③]。另外还有学者认为原有的单一主体参与的治理方式不能以一种高效的方式解决问题，多主体协作的治理方式具有更高的行动适应性。米歇尔（Michaela）提出协作治理在消除贫穷和不发达的斗争中是非常重要的治理方式，当权者和控制者意识到其协调地方行动的能力受到限制，国际组织需要通过非正式的合作网络方法支持行动的适应性，这意味着一种新型的治理[④]。

（4）关于城市群地方政府协作治理的研究

地方政府间协作的研究始于西方并逐步发展成熟，国外目前针对城市群地方政府协作治理的研究大致从地方政府协作网络、地方政府协作困境、地方政府协作优化建议等方面展开讨论。在地方政府协作网络上，哈恩（Hahn）认为区域协作的本质可以通过地方政府间网络治理体现出来，网络治理能够及时调整参与主体之间的利益关系，以便促进地方政府走向合作[⑤]。安德里亚（Andrea）通过对科罗拉多河三角洲环境污染治理的案例的

① Bodin O. Collaborative Environmental Governance: Achieving Collective Action in Social-Ecological Systems[J].Science, 2017, 357(6352):eaan1114.

② Jill M, Purdy. A Framework for Assessing Power in Collaborative Governance Processes[J]. Public administration review:PAR, 2012, 72(3):409-417.

③ Buuren A V. Knowledge for Governance, Governance of Knowledge: Inclusive Knowledge Management in Collaborative Governance Processes[J].International Public Management Journal, 2009, 12(2):208-235.

④ Michaela Y,Smith,et al. Governance and cooperative networks: An adaptive systems perspective[J].Technological Forecasting and Social Change, 1997, 54(1):79-94

⑤ Hahn T, Olsson P, Folke C, et al. Trust-building, Knowledge Generation and Organizational Innovations: the Role of a Bridging Organization for Adaptive Comanagement of a Wetland Landscape Around Kristianstad, Sweden[J].Human Ecology, 2006, 34: 573-592.

观察，分析了美国与墨西哥两国间环境治理网络的结构、形式以及演变过程。不仅强调了信任和关系建设、透明度、联合调查与信息共享对促进协同开展的重要作用，同时也发现利益相关者的制度化及参与模式的透明度不均衡最终可能会阻碍环境的协同治理[①]。在地方政府协作困境上，桑德勒（Sandler）研究发现地方政府由于过分考虑自身利益，即自身所具有的自利性质，往往会在治理过程中采取"搭便车"的战略，从而仅能实现短期目标而容易忽视长久目标[②]。科尼斯基（Konisky）通过研究国家层面有关大气、水资源污染的控制法规，发现地方政府环境监管行为会受到相关经济竞争者的影响，并且容易形成地方政府间的逐底竞争[③]。在地方政府协作机制优化上，施瓦茨（Schwartz）强调了州和省单位在加拿大国家环境治理中的有效作用，并通过研究发现地方政府可以在气候变化政策上实现相当程度的自治，若地方政府自治力处于较弱地位时，上级政府的纵向干预介入更为适宜[④]。拉朱（Raju）则指出开放、透明、负责、有效、公平且促进法治建设理应是有效协作的主要特征，地方政府协同治理应参照社会共识的排序以保证政治、社会和经济的公平[⑤]。

（5）关于城市群地方政府协作治理机制的研究

国外学者基于地方政府协作治理研究，总结出了区域地方政府协作治理机制的两个方面，主要包括结构性机制和过程性机制。首先，结构性机制侧

---

① Rivera-Torres M, Gerlak A K. Evolving Together: Transboundary Water Governance in the Colorado River Basin[J].International Environmental Agreements: Politics, Law and Economics, 2021, 21(4): 553-574.

② Sandler T. Intergenerational Public Goods: Transnational Considerations[J].Scottish Journal of Political Economy, 2009, 56(3): 353-370.

③ Konisky D M. Regulatory Competition and Environmental Enforcement: Is There a Race to the Bottom?[J].American Journal of Political Science, 2007, 51(4): 853-872.

④ Schwartz E. Autonomous Local Climate Change Policy: An Analysis of the Effect of Intergovernmental Relations Among Subnational Governments[J].Review of Policy Research, 2019, 36(1): 50-74.

⑤ Raju K V, Ravindra A, Manasi S, Smitha K C, Srinivas R. Urban Environmental Governance: Global Experience. In: Urban Environmental Governance in India[J].Environmental Governance in Bengaluru, 2018, (8):273-289.

重于参与主体的特征，囊括机构设置、权责划分及人事安排在内的结构性安排，具有静态的特征。如汤姆森（Thomson）与彼得（Perry）指出高度依赖、资源与风险共担需求、资源稀缺、既往合作历史、资源互利与问题的复杂性等结构性要素可以促进协同产生，并且能够影响协同的最终结果，应重视结构性机制的影响[1]。布莱森（Bryson）和克罗斯比（Crosby）认为结构性机制主要包含成员、结构形态和治理结构[2]，并且这些要素能够对最后的协同结果产生特定性的影响。汉南（Hannam）则提出可以通过建立小型联盟等机构安排来深化全球公共物品供给，以达到更好的协同效果[3]。其次，过程性机制是在诸多因素的共同影响作用之下完成协同治理实践的各动态要素。摩卡（Mocca）强调在协同过程机制中，象征性参与、协调问题、代表性、不平等的权利与影响力、缺乏承诺可能是面临的问题和挑战，需要建议统一的过程性机制安排[4]。安塞尔（Ansell）和加什（Gash）提出应完善包含面对面对话、建立信任、过程投入、达成共识以及阶段性成果要素的协作过程安排[5]。施瓦茨（Schwartz）强调了州和省单位在协作过程性机制中的有效作用，并通过研究发现若地方政府自治力处于较弱地位时，则需要上级政府的纵向干预[6]。爱默生（Emerson）等则更加注重协作过程中原则参与、共同动机以及联合行动能力三要素之间

① Thomson A M, Perry J L. Collaboration Processes: Inside the Black Box[J].Public Administration Review, 2006, 66(s1):20−32.

② Bryson J M, Crosby B C, Stone M M. the Design and Implementation of Cross-Sector Collaborations: Propositions from the Literature[J].Public Administration Review, 2006, 66(12):44−55.

③ Hannam P M, Vasconcelos V V, Levin S A, et al. Incomplete Cooperation and Co−benefits: Deepening Climate Cooperation with a Proliferation of Small Agreements[J].Climatic Change, 2017, 144: 65−79.

④ Mocca E. Collaborative Governance: Opening the Doors of Decision-Making[M]. Partnerships for the Goals. Cham: Springer International Publishing, 2021:162−171.

⑤ Ansell C, Gash A. Collaborative Governance in Theory and Practice[J].Journal of Public Administration Research and Theory, 2008, 18(4):543−571.

⑥ Schwartz E. Autonomous Local Climate Change Policy: An Analysis of the Effect of Intergovernmental Relations Among Subnational Governments[J].Review of Policy Research, 2019, 36(1): 50−74.

的交互关系 [①]。哈迪（Hadi）等学者则指出应重视过程性机制中的利益表达，将公民的利益诉求转化为公共政策的输出，建立完善的利益表达机制 [②]。

2. 国内研究动态

（1）关于包容性发展的研究

2007 年，亚洲开发银行在其《包容性增长：走向繁荣的亚洲》报告中提出了"包容性增长"概念，把工作重点从减少严重贫困转移到追求更高、更包容的增长上来，并将其定义为"倡导机会平等的增长"，指出社会上的弱势群体应当与群体一样享有平等的各项权利，亚洲各国在追求经济发展的同时也要对发展过程中的不平等问题进行重点关注 [③]。在亚行赞助支持下，2005—2007 年，林毅夫等学者著成《以共享式增长促进社会和谐》一书，提出"共享式增长"（Inclusive Growth）概念，对亚洲国家的未来发展路径进行了深入研究，在对该书进行翻译时，有些学者将该书的中心词"Inclusive Growth"译为"包容性增长" [④]。包容性发展（inclusive development）是从包容性增长（inclusive growth）的内涵中演变而来的。包容性增长是包容性发展的基础，包容性发展是在包容性增长的基础上的更深层次、更高水平、更全面的包容。包容性发展既是对经济增长的量的容纳，更是对社会发展的质的升华。2008 年世界银行的世界发展报告指出："构建和实践可持续增长和包容性发展的战略，可将在经济发展过程中取得的巨大成果与民众广泛共享。经济增长成果共享、造福于所有民众，是现阶段消除贫困的有力武器。"包容性发展理念在国际上得到广泛认可，包括中国在内的许多国家致力于在未来推进和实现包容性发展 [⑤]。习近平总书记在谈"一带一路"的时候，提出"两千多

① Emerson, Kirk, Nabatchi. Evaluating the Productivity of Collaborative Governance Regimes: A Performance Matrix[J].Public Performance and Management Review ,2015, 38(4): 717-747.

② Hadi S. Alhorr, Kimberly Boal, Regional Economic Integration and International Strategic Alliances: Evidence from the EU[J] Multinational Business Review, 2012(3): 201.

③ 刘贵文，黄媛媛.包容性发展理念对我国城市治理的启示 [J]. 开发研究 ,2019(04):37-45.

④ 李大阳.包容性发展：和谐亚洲的理性选择 [J]. 社会科学家 ,2014(11):36-39.

⑤ 姚荣.包容性发展：思想渊源、现实意涵及其实践策略 [J]. 理论导刊 ,2013(04):95-98.

年的历史证明，只要平等互利、包容互鉴，不同国家完全可以共享和平、共同发展"。

关于包容性发展的含义及特征的研究，国内学者有各自的看法。邱耕田、张荣洁将包容性发展定义为"要让全体社会成员都能公平合理地共享发展的权利、机会，特别是成果的一种发展"[①]。姚荣认为，包容性发展作为一个动态发展的概念内涵丰富，至少包含六个方面内容：第一，机会平等，主要表现为就业机会、教育机会、就医机会、住房保障机会等的共享；第二，成果共享，让广大人民尤其是社会弱势群体共享社会发展的成果；第三，统筹兼顾，统筹各个行业、各个领域、各个利益群体、各个区域的发展；第四，民主开放，强调权利的平等与共享，注重公民权利的维护；第五，兼容并蓄，各种文明平等、互补、兼容；第六，社会包容，提升社会质量，改善公民的生活状况，建立完善的社会安全网与社会保障体系[②]。高传胜认为，包容性发展强调发展主体的人人有责、发展内容的全面协调、发展过程的机会均等、发展成果的利益共享[③]。王汉林认为，"包容性发展"必须强调三个方面，即"社会融合""社会参与""社会共享"，融合是"包容性发展"的前提，参与是"包容性发展"的动力，共享是"包容性发展"的目的。社会融合，就是要将所有的人包容到社会经济发展进程中，共享社会经济发展的成果；社会参与指所有的相关社会行动者都能融入社会经济发展的主流之中；社会共享指发展、安全和人权的共享[④]。王翼认为，包容性发展的价值取向是发展具有公平性，逻辑起点是发展过程全民参与，理论特征是发展内容全面协调，主要目标是发展成果全民共享[⑤]。单飞跃等认为，包容性发展是对差异性发展模式的肯定，是对以西方国家为发展样本的

① 邱耕田,张荣洁.论包容性发展[J].学习与探索,2011(01):53-57.
② 姚荣.包容性发展:思想渊源、现实意涵及其实践策略[J].理论导刊,2013(04):95-98.
③ 高传胜.论包容性发展的理论内核[J].南京大学学报,2012,49(01):32-39+158-159.
④ 王汉林."包容性发展"的社会学解读[J].科学经济社会,2011,29(04):83-86.
⑤ 王翼."包容性发展":全球化语境中的时代命题——兼析"包容性发展"的中国要义[J].世界经济与政治论坛,2012(04):60-69.

固化发展模式的否定。包容性发展理念表明不同国家的发展模式和发展路径可以同时存在、相互包容[①]。刘贵文等认为，包容性发展是对以往发展观的传承与创新，既强调"包容性"，又强调"发展"，其核心是发展，发展的重点在于包容，二者是辩证统一的关系。发展是动态的，发展重在包容，既要考虑环境保护，又要考虑人与社会的和谐发展；而包容则是为了更好地发展，包容可以将发展的阻力降到最低[②]。

关于包容性发展理念的研究。在公共服务供给领域，学者林荣全通过对公共服务获奖案例的研究，提炼总结出公共服务包容性发展存在政策创新、流程创新与治理创新三种创新逻辑，其中政策创新凸显差异化回应需求，流程创新强调技术赋能服务供给，治理创新则强调多元主体提供服务[③]。学者李长远等则认为，包容性发展视角下的农村养老服务存在服务资源供给不足、配置效率低下、养老服务享受机会非均等化、服务形式单一、内容层次偏低、服务实际利用率低等诸多问题[④]。社区居家养老服务包容性发展需要调动全社会多种力量的积极参与，促进政府、社会、市场部门之间互助合作、协同发展。政府应提升政策的吸引力、规划性、合理性和可行性，明确责任边界，为第三方组织提供政策支持和资金支持，使社会资本有动力持续改善养老服务设施与条件、增加服务项目，进而满足老年人养老的普遍性需要和多层次、多样化的个性养老服务需求[⑤]。吴燕丹等从残疾人体育包容性发展的定义审视我国残疾人体育运行状况，可以发现目前存在的问题，其根本原因就是缺乏包容性发展的理念和治理框架。构建残疾人体

① 单飞跃,王泽群.包容性发展：政治理念及其行动机制[J].理论探讨,2014(01):68-71.
② 刘贵文,黄媛媛.包容性发展理念对我国城市治理的启示[J].开发研究,2019(04):37-45.
③ 林荣全.公共服务包容性发展的创新逻辑——基于全球60个典型案例的分析[J].东北大学学报(社会科学版),2023,25(04):89-96+150.
④ 李长远,张会萍.包容性发展视角下农村养老服务发展的非均衡性及调适[J].现代经济探讨,2018(11):121-126.
⑤ 封铁英,马朵朵.社区居家养老服务如何包容性发展？——一个理论分析视角[J].社会保障评论,2020,4(03):77-89.

育包容性发展的框架，创新残疾人体育治理机制，构建组织包容保障，提升残疾人自身能动性，有助于推动残疾人体育治理体系和治理能力的优化升级[①]。在社会治理领域，何元超认为，包容性发展与治理理论融合为的包容性治理，具有多元主体合作、治理过程开放以及治理成果共享的特征[②]。张尧从包容性发展视角出发，认为完善农村儿童福利供给应注重城乡困境儿童福利供给的均等化，促进供给制度由补缺型向普惠型过渡，强化对农村困境儿童福利供给需求的管理，建立农村困境儿童福利供给的多元主体协同供给模式[③]。郭甜等从包容性发展概念出发，重新审视饮用水水源保护区制度，发现其技术标准体系掩盖了水源地地质与人文特征，产生立法路径偏差；其规制手段采取一刀切式的居民搬迁和企业关停，忽视了人与自然、人与人的共生群落关系[④]。袁达松等从全球治理出发，研究发现许多国家将经济发展与环境保护对立起来，将国内环境与全球环境区隔开来，不利于全球环境的治理。未来可以在"人类命运共同体"基础上以包容性发展为导向，构建以人为本、和平共赢、可持续发展的包容性国际法治框架，推动生态环境国际领域合作[⑤]。在城镇化发展领域，权衡提出包容性城市有助于改变以往单纯依靠土地扩张和人口转移的"浅度城市化"模式，逐步消除城乡二元体制，促进社会融合与城市经济的可持续发展[⑥]。宋冬林等认为，从全国层面来看，对经济区发展进行合理规划明显有利于城市群的包容性

① 吴燕丹，张盼，郑程浩.新时代残疾人事业包容性发展——基于体育视角的研究 [J].东南学术,2021(06):150-157.

② 何元超.包容性治理：来自厦门市 S 区的实证案例 [J].科学发展,2017(02):87-93.

③ 张尧.包容性发展理念下农村困境儿童福利均衡发展研究 [J].湖南农业大学学报 (社会科学版),2021,22(03):77-83.

④ 郭甜，黄锡生.包容性发展视角下饮用水水源保护区的治理与完善 [J].中国人口.资源与环境,2020,30(05):167-176.

⑤ 袁达松，黎昭权.构建包容性的世界经济发展与环境保护法治框架——以"人类命运共同体"理念为基础 [J].南京师大学报 (社会科学版),2019(02):110-119.

⑥ 权衡.城市包容性发展与长三角率先建设包容性城市群研究 [J].苏州大学学报 (哲学社会科学版), 2013, 34(03):102-108+192.

增长，城市群内地区之间的经济差距不断缩小[①]。杨飞虎等认为当前我国城镇化过程中存在着城乡发展互斥、失地农民生计困境和环保压力等不包容问题，我国新型城镇化进程中应建立包含经济、社会、文化、生态等方面的包容性发展制度，构建市场调配、政府监管、社会参与的多维发展体系，形成包含总体模式、实施模式和保障模式"三位一体"的包容性发展创新模式[②]。洪扬等选择机会公平、空间协同、成果共享3个维度的28个指标，构建了我国城市群包容性发展综合测度指标体系，发现2005—2015年十年间，我国城市群包容性发展水平有所提升，但整体水平不高，且我国城市群包容性发展的空间差异明显，呈现出"以长三角为中心"由东向西逐步递减的"圈层状"的空间分布格局[③]。

（2）关于城市群的相关研究

我国对城市群的研究始于20世纪五六十年代，改革开放后随着城市群的快速发展，相关研究也逐渐增多。1983年于洪俊、宁越敏提出"巨大城市带"概念，首次将戈特曼（Gottmann）的理论引入中国[④]。此后，姚士谋、周一星等学者分别提出了"城市群"（urban agglomeration）[⑤]以及"大都市连绵区"（metropolitan interlocking region）[⑥]等概念。此后，国内学者针对城市群展开多方位研究，顾朝林指出，城市群由多个城市组合而成，在空间上具有网络特性，既是人口密集的生活区，也是功能集聚、竞争力更强的经济区，但城市群的快速发展也会带来环境污染、交通堵塞、地区差距拉大等问题，相关

[①] 宋冬林,姚常成.经济区发展规划的实施促进了城市群的包容性增长吗?——来自我国六大国家级城市群的经验证据[J].求是学刊,2018,45(02):27-38+173.

[②] 杨飞虎,王晓艺.我国新型城镇化包容性发展的制度创新与模式选择研究[J].江西社会科学,2020,40(02):223-229.

[③] 洪扬,陈钊,张泉,李辉.中国城市群包容性发展的综合测度及比较——基于我国18个城市群的数据分析[J].现代城市研究,2021(05):106-111+125.

[④] 于洪俊,宁越敏.城市地理概论[M].合肥:安徽科学技术出版社,1983.

[⑤] 姚士谋.中国城市群[M].合肥:中国科学技术大学出版社,2006.

[⑥] 周一星.城市地理学[M].北京:商务印书馆,1995.

城市群优化对策研究变得越来越重要①。宁越敏认为从本质上讲，城市群破除了区域经济的壁垒，使资本、劳动力、技术等生产要素在区域内充分流动，有助于提升城市功能互补性，提高产业集中度和互联互通度，推动区域经济发展②。黄征学认为，随着城市群的发展，其内部的功能整合越来越重要，核心城市的集聚作用也越来越突出，但不论是促进内部整合，还是提升核心城市的实力，都需要尊重市场客观发展规律，让市场起决定性作用，而政府可以通过完善服务设施、保护生态环境等方式发挥辅助作用③。张振等认为随着城市群的不断发展，区域经济的弹性不断增强，同时也存在明显的空间溢出效应④。钮心毅等提出，虽然区域内人员流动对城市群有显著的积极影响，但由于人口密度增大、资源消耗增加、出行频率增加等因素，城市群更容易受到人口流动的消极影响⑤。

（3）关于协作治理的研究

关于协作治理概念的研究。协作治理概念在英文文献中通常表述为"collaborative governance"，而在中文翻译中，出现了合作治理、协作治理、协同治理等外形相似、意义相近的词语。在关键词检索中协同治理相较于合作和协作治理的使用频率更高，鉴于相关概念研究涉及的领域与分析视角，协作治理与合作治理、协同治理的概念差异并不显著，交替使用的现象时有发生，因此本书默认合作治理、协同治理以及协作治理在内涵与外延上意义相同。我国学者郑巧、肖文涛认为协作治理是指在公共生活过程中，政府、非政府组织、企业、公民个人等子系统构成开放的整体系统，借助系统中诸

---

① 顾朝林.城市群研究进展与展望[J].地理研究，2011,30(05):771-784.

② 宁越敏.中国都市区和大城市群的界定兼论大城市群在区域经济发展中的作用[J].地理科学，2011,31(03):257-263.

③ 黄征学.城市群的概念及特征分析[J].区域经济评论，2014(04):141-146.

④ 张振，李志刚，胡璇.城市群产业集聚、空间溢出与区域经济韧性[J].华东经济管理，2021,35(08):59-68.

⑤ 钮心毅，岳雨峰，刘思涵.大规模城际人员流动的负向效应与城市群的安全[J].自然资源学报，2021,36(09):2181-2192.

要素或子系统间非线性的相互协调、共同作用，调整系统有序、可持续运作所处的战略语境和结构，产生局部或子系统所没有的新能量，实现力量的增值，使整个系统在维持高级序参量的基础上共同治理社会公共事务[①]。此后的概念界定大多与之具有相似之处，说明协作治理的概念要素日益得到学者认同。李辉等认为协作治理是指处于同一治理网络中的多元主体间通过协调合作，形成彼此啮合、相互依存、共同行动、共担风险的局面，产生有序的治理结构，以促进公共利益的实现[②]。颜佳华和吕炜指出协作治理是指政府部门和经济组织、社会组织以及社会公众等多元合法治理主体以既存的法律法规为共同行为规范，通过相互配合与协同，有效汇聚多种力量，实现公共利益最大化的过程[③]。张振波认为协作治理以制度规约与政府引导为主导要素，以社会性为出发点和落脚点，强调治理过程中的公共性、有序性与参与性[④]。张贤明和田玉麒归纳得出协作治理具有目标一致、资源共享、互惠互利、责任共担、深度交互的特征[⑤]。崔晶、马江聆提出协作治理是指在开展公共管理活动过程中，政府与市场、社会公众等多主体共同参与、协同发力、优化资源配置以更好地应对和解决公共问题[⑥]。张天民等提出协作治理是通过建立、指导、促进、运行和监督跨部门的组织安排来解决由单一组织或公共部门难以解决的公共政策问题的整个过程[⑦]。李子云则进一步明确了协作治理的本质，主要包括治理主体的多元化、自组织间的协同、各子系统的协同性、共同规则的制定[⑧]。以上各位学者对协作治理的概念界定，基本上与治理理论所强调的平等、合

---

① 郑巧，肖文涛．协同治理：服务型政府的治道逻辑 [J]．中国行政管理，2008(07):48 −53.
② 李辉，任晓春．善治视野下的协同治理研究 [J]．科学与管理，2010, 30(06):55−58.
③ 颜佳华，吕炜．协商治理、协作治理、协同治理与合作治理概念及其关系辨析 [J]．湘潭大学学报 (哲学社会科学版)，2015, 39(02):14−18.
④ 张振波．论协同治理的生成逻辑与建构路径 [J]．中国行政管理，2015(01):58−61+110.
⑤ 张贤明，田玉麒．论协同治理的内涵、价值及发展趋向 [J]．湖北社会科学，2016(01):30−37.
⑥ 崔晶，马江聆．区域多主体协作治理的路径选择——以京津冀地区气候治理为例 [J]．中国特色社会主义研究，2019(01):77−84+108.
⑦ 张天民，艾晋．风险社会治理下网络理性参与机制构建 [J]．现代管理科学，2017(02):64−66.
⑧ 李子云．协同治理视域下的高职教育三维共治研究 [J]．中国高校科技，2021(09): 35−40.

作、多中心和网络化特征具有趋同性。

关于协作治理模型的研究。协同治理的理论分析模型为分析协同治理实践中各协同主体的互动关系、行为、效果评估、动力机制等提供了更合理、清晰的视角和理论方法。我国学者对协同治理分析模型和治理框架的研究，一类是对国外的协同治理模型进行契合性选择并结合中国国情加以修正。周定财、孙星在 Emerson 等的整合性协同治理模型基础上，建构了流域府际协同治理机制分析模型，主要分为四个维度：系统环境、驱动机制、动力机制以及产出机制①。高明、郭施宏在巴纳德系统组织理论的基础上探究了区域协同治理模型，主要包括协作的意愿、共同的目标、信息的交流、权威的来源、职能的界定和科学的决策②。姚中进、董燕基于目前 SFIC 协同治理模型的缺陷，采取利益相关者分析方法，从系统论的角度，提出协同治理新的分析框架，具体包括协同的环境、协同的动因、协同的条件、协同的行为、协同的结果、协同的评价等六个方面。另一类是在调查研究或者案例分析的基础上，构建出新的协同治理模型③。郁建兴、任泽涛通过构建社会协同治理机制，为社会建设协同治理提供了一个分析框架，该框架是指政府发挥主导作用，构建制度化的沟通渠道和参与平台，加强对社会的支持培育并让其发挥自主治理、参与服务、协同管理等方面的作用④。邓念国在研究公共服务协同治理的过程中，构建了协同治理理论模型的分析框架，该模型拥有五大变量，关键影响变量是其核心，参与者结构、制度平台、动力机制、相互作用类型是协同过程的关键因素或者重要环境⑤。刘小泉、朱德米在研究复杂公共问题治理时构建了一个整合的理解框架，

① 周定财,孙星.流域治理中府际协同机制的审视与弥缺——基于 Kirk Emerson 整合性协同治理模型 [J].中共福建省委党校 (福建行政学院) 学报,2020(06):90-96.

② 高明,郭施宏.基于巴纳德系统组织理论的区域协同治理模式探究 [J].太原理工大学学报 (社会科学版),2014,32(04):14-17+68.

③ 姚中进,董燕.医联体建设中的利益协调困境及协同治理机制研究 [J].中国医院管理,2021,41(01):15-18.

④ 郁建兴,任泽涛.当代中国社会建设中的协同治理——一个分析框架 [J].学术月刊,2012,44(08):23-31.

⑤ 邓念国.公共服务提供中的协作治理：一个研究框架 [J].社会科学辑刊,2013(01):87-91.

框架包括起始条件、过程和结果三个部分。起始条件作为协作的起点具有促进和阻碍双重作用；协同过程作为框架的核心，是循环往复的过程；协同结果作为最终目标，阐述了协同治理所能获取的最终成果①。

关于协作治理应用实践的研究。关于协作治理理论在具体领域应用的实践性研究，目前的领域主要有环境治理、应急管理、公共服务等方面。崔晶和马江聆在环境治理领域应用协作治理理论，选取京津冀地区气候治理为案例来分析区域内多主体协同治理，强调构建多主体参与机制的重要性，研究现有的合作情况并且提出优化路径，从而实行区域多主体协同治理②。张成福在公共服务领域应用协作治理理论，他认为在中国社会治理的大背景下，由于社会公共服务的需求更大、治理主体更多、目标更多元、社会背景更加复杂，并非之前将政府视为唯一治理者的治理模式，政府、社会以及公众的共治已经成为当下治理模式的重要选择③。郑恒峰同样也是在公共服务领域进行了深入研究，全面应用协作治理理论对现在的政府创新公共服务的供给机制存在的问题进行了阐述，最终得出研究结论：要实现更高质量的公共服务，政府就要与社会主体建立密切的合作关系，充分发挥社会组织的力量来弥补政府治理的不足，完成"政府—社会"双重结构的协同治理体系的构建④。薛澜和沈华主要探讨了应急管理中的协作治理理念，强调整体机制从条块化应急管理向综合式应急管理的观念转变，倡导多元主体的参与突发事件管理，最终形成政府主导与政社协同并重，提升共同应对水平⑤。

---

① 刘小泉，朱德米.协作治理：复杂公共问题治理新模式 [J].上海行政学院报,2016,17(04):46-54.
② 崔晶，马江聆.区域多主体协同治理的路径选择——以京津冀地区气候治理为例 [J].中国特色社会主义研究,2019(01):77-84+108.
③ 张成福.公共危机管理：全面整合的模式与中国的战略选择 [J].中国行政管理,2003(07):6-11.
④ 郑恒峰.协同治理视野下我国政府公共服务供给机制创新研究 [J].理论研究,2009(04):25-28.
⑤ 薛澜，沈华.五大转变：新时期应急管理体系建设的理念更新 [J].行政管理改革,2021(07):51-58.

（4）关于城市群地方政府协作治理网络结构的研究

国内已有部分学者借鉴协作治理理论与制度性集体主义框架来尝试构建城市群地方政府协作治理网络并对网络结构特征以及演化过程进行研究。如林黎等通过月度空气质量综合指数，构建成渝经济圈大气污染空间网络，表明了经济圈内各城市大气污染无论通过直接或间接方式均会互相影响。因此处于网络中的地方政府必须牢固树立共同的观念，积极走向实质协同[①]。崔晶通过社会网络分析法测度了京津冀都市圈地方政府协作治理的网络特征，比较了京津冀三省市在协同网络中的地位差异，发现北京和天津两个直辖市在协同网络中的地位更为突出，具有辐射带动作用[②]。孙涛等通过对京津冀大气治理府际协同网络演化形式、结构属性与内部结构展开实证分析，发现京津冀区域的大气污染府际协同正逐步由传统的"部委主导、地方被动"演化出"部委引导、地方主动"的特征，但中央政府始终位于网络核心地位[③]。王欣、杜宝贵通过长三角区域府际关系的社会网络构建，发现了区域内府际合作关系逐渐紧密，合作的领域范围不断扩大，关系网络呈现出纵向深入、横向扩散且呈现出一核多元的特征[④]。温雪梅等以京津冀和长三角城市群为案例研究对象，运用社会网络分析法测度了城市群内部公共卫生治理府际协作的网络特征，表明其网络结构呈现出纵向机制嵌入下的双层协作结构，且网络结构受到地理位置、经济发展水平、行政层级等要素的影响[⑤]。李响等基于制度性集体主义框架与随机主体社会网络动力学模型测度了长三角城市群公共服务供

① 林黎，李敬．区域大气污染空间相关性的社会网络分析及治理对策——以成渝地区双城经济圈为例 [J].重庆理工大学学报（社会科学版），2020,34(11):19-30.
② 崔晶．京津冀都市圈地方政府协作治理的社会网络分析 [J].公共管理与政策评论，2015,4(03):35-46.
③ 孙涛，温雪梅．动态演化视角下区域环境治理的府际合作网络研究——以京津冀大气治理为例 [J].中国行政管理，2018(05):83-89.
④ 王欣，杜宝贵．长三角区域一体化政策府际关系研究——基于社会网络分析 [J].公共管理与政策评论，2021,10(06):37-52.
⑤ 温雪梅，锁利铭．城市群公共卫生治理的府际协作网络结构研究：来自京津冀和长三角的数据 [J].暨南学报（哲学社会科学版），2020,42(11):100-115.

给合作网络的动态演进以及影响因素，并发现府际公共服务供给网络正呈现出趋向信任的集聚闭合型动态演进路径[①]。周宇轩则基于社会网络分析，对长三角城市群府际数据共享的网络结构及影响因素展开测度分析，发现网络结构演变趋势上愈加紧密，核心城市的控制作用逐步减弱，协作边界性逐步呈现出以行政边界为主导、地理边界为基础、功能边界凸显的特征[②]。

（5）关于城市群地方政府协作治理困境及其原因的研究

虽然城市群协作已不同程度开展，但在具体的协作实践中仍面临诸多问题。如陈桂生从公地悲剧与集体行动困境逻辑分析京津冀城市群地方政府协同治理大气污染的困境，主要有激励不足、组织虚置、标准不定、法规不全、机制缺失等问题，各协作主体之间的利益需求存在较大差异[③]。杨丞娟等通过探索武汉都市圈府际协同治理实践，归纳出目前协作治理主要存在地区不平衡引发协同治理源动力不足，传统区划壁垒导致协同治理驱使力不强，横向协调机制不健全造成协同治理助推力不够三个方面的问题[④]。孙沙沙等认为长江中游城市群府际协作面临组织机制运行不畅、横向协调机制匮乏、法律法规不够完善、治理主体参与有限的问题[⑤]。朱旭峰则认为当前区域大气污染协同治理在制度执行力度、数据公开透明度、区域协调能力方面仍存在明显不足。

在探究城市群地方政府协作治理困境产生的原因方面，锁利铭认为城市群协作治理困境的产生主要是存在自发性合作与广泛性竞争两个方面。自发

① 李响，陈斌."聚集信任"还是"扩散桥接"？——基于长三角城际公共服务供给合作网络动态演进影响因素的实证研究 [J]. 公共行政评论，2020,13(04):69-89+206-207.

② 周宇轩.府际数据共享的网络结构及其影响因素研究——基于长三角城市群的社会网络分析 [J]. 城市观察，2022(03):115-131+163.

③ 陈桂生.大气污染治理的府际协同问题研究——以京津冀地区为例 [J]. 中州学刊，2019(03):82-86.

④ 杨丞娟，杨文慧，孙沙沙.武汉都市圈府际协同治理：历程、障碍及对策 [J]. 长江论坛，2021(01):38-43.

⑤ 孙沙沙，杨丞娟.长江中游城市群府际协同治理的实践、现实与对策建议 [J]. 长江技术经济，2022,6(06):110-115.

性合作在一定程度上体现出了地方政府的意愿，但实际上往往存在形式大于内容，执行缺乏监督的问题，从而带来治理的低效果。广泛性竞争是指每个地方政府都是独立的利益个体，在发展中竞争是客观存在的，而地方政府间的竞争格局会抑制区域协同，造成协作困境[1]。赵婕玮等认为城市群府际协作中面临的制度性集体行动困境的原因有地方政府受到晋升锦标赛与行政区行政的双重约束、自发性合作与强制性参与之间存在矛盾，整体利益与个体利益之间分配产生冲突，不同城市之间文化难以融合[2]。胡一凡则以长三角地区大气污染治理为例，从关系网络、行动策略以及治理结构三个维度分析地方政府协同困境产生的原因，其中关系网络方面揭示了主体主动参与动机为何不足，行动策略方面揭示机会主义行为何以产生，治理结构方面则揭示了协同为何缺乏稳定与协调[3]。

（6）关于城市群地方政府协作机制具体内容及优化对策的研究

地方政府协作治理机制是指在具体的协作过程中政府发挥作用推进协作治理动态运行、取得持续性效果的一系列运行方式。走向协作的地方政府不能仅仅将协作治理流于形式，因此区域间地方政府必须建立合理且可持续的协作机制以维护协同的稳定性。蔡岚以粤港澳大湾区为研究对象研究大气污染联动治理机制，应用制度性集体行动理论将现有合作机制分为三种类型：嵌入式网络合作机制、约束性契约机制和委托授权机制，各种机制相互作用共同致力于该城市群大气污染的治理[4]。吴建南等以长三角地区大气污染协同治理机制为研究对象，对现有的机制进行充分分析后基于制度性集体行动框

---

① 锁利铭. 协调下的竞争与合作：中国城市群协同治理的过程 [J]. 探索与争鸣, 2020(10): 20-22+143.

② 赵婕玮, 杨凤华. 长三角城市群府际协作的集体行动水平提升研究 [J]. 经营与管理, 2022 (09):171-179.

③ 胡一凡. 京津冀大气污染协同治理困境与消解——关系网络、行动策略、治理结构 [J]. 大连理工大学学报 (社会科学版), 2020,41(02):48-56.

④ 蔡岚. 粤港澳大湾区大气污染联动治理机制研究——制度性集体行动理论的视域 [J]. 学术研究, 2019(01):56-63+177-179.

架解释了该领域治理机制及其发挥作用的制度逻辑，从交易成本和合作风险方面对结构性机制和过程性机制进行了分析，为更好地构建协同治理机制提供了参考①。崔晶和郑戈溪在研究都市圈内地方政府协同治理机制的时候主要从信任与沟通机制、利益分配与补偿机制、监督和评估机制进行分析②。王玉明研究珠三角地区环境合作治理机制，通过分析制约环境治理中政府合作的因素，提出建立政府协同治理机制势在必行，他认为政府环境治理合作机制就是指一套体系和规则，涉及环境治理的多个环节，如决策、执法、保障等③。朱怡应用制度性集体行动理论框架分析了跨区域地方政府在环境协同治理中的相关作用、跨区域治理不同类型的协同机制，不再局限于具体的协同治理机制的研究，而是从整体上呈现地方政府环境治理协同机制的形成和选择应用该机制的原因④。赵新峰等认为在区域政府之间信息沟通中，往往存在着制度规范上、沟通体制上以及沟通保障机制上的障碍⑤。学者戴亦欣等关注到协同机制运行的长效性问题，并从交易成本和协同风险两个角度进行分析，认为协同机制既可以依赖于自愿力量的推动，也可以依赖于强制性的力量推动，在不同的推动模式下，协同机制将呈现出不同特点⑥。周凌一研究发现，上级政策要求往往会促发非正式协同的形成，但基于绩效考核的硬性标准，地方政府则更倾向于选择携手走向正式协同⑦。同时，学者陈子韬等研究发现，

---

① 吴建南，刘仟仟，陈子韬，秦朝.中国区域大气污染协同治理机制何以奏效?——来自长三角的经验 [J].中国行政管理,2020(05):32-39.

② 崔晶，郑戈溪.都市圈地方政府整体性协同治理机制研究 [J].电子科技大学学报(社科版),2017,19(04):15-22.

③ 王玉明.珠三角城市间环境合作治理机制的构建 [J].广东行政学院学报,2011,23(03):10-17.

④ 朱怡.地方政府跨区域环境治理协同机制及其优化路径研究 [D].成都:电子科技大学,2016.

⑤ 赵新峰，王小超.京津冀区域大气污染治理中的信息沟通机制研究——开放系统理论的视角 [J].行政论坛,2016,23(05):19-23+2.

⑥ 戴亦欣，孙悦.基于制度性集体行动框架的协同机制长效性研究——以京津冀大气污染联防联控机制为例 [J].公共管理与政策评论,2020,9(04):15-26.

⑦ 周凌一.正式抑或非正式?区域环境协同治理的行为选择——以 2008—2020 年长三角地区市级政府为例 [J].公共管理与政策评论,2022,11(04):120-136.

我国大气污染联防联控的治理格局并不是单一走向的，而是一种区域治理的差序协同实践模式，即整体性合作和分散式协调的区域协同治理模式，该模式既涵盖了纵向介入机制与横向协调机制的融合，同时又组合了利益和信任两类内在驱动[①]。

在城市群协作治理机制的优化对策方面，不少学者提出了政策建议。如韩兆柱和卢冰基于整体性治理理论，从领导机构、组织构成和组织运行等方面对京津冀雾霾治理的府际合作机制提出优化建议[②]。郭渐强和杨露在研究长江流域的生态补偿机制时认为，合作风险和交易成本是构建合作机制、实现区域合作的最大阻碍因素，为了破解合作治理困境就要构建高效的合作机制[③]。王薇和李月运用政策文本量化分析方法分析海河流域生态环境治理的动机、运行机制及效果，通过研究提出要在合作空间、约束机制及长期动力机制方面进行提升[④]。崔晶提出以公共物品的属性来划分中央与地方的事权，并且加强地方政府之间的权力让渡，强调通过地方政府之间权力让渡和构建跨区域合作组织来实现区域政府之间的协同行动[⑤]。景熠等通过探讨地方政府在大气污染治理中的信任关系，构建出地方政府参与大气污染协同治理的非对称信任演化博弈模型，指出提高直接治理效益、降低治理风险成本、合理确定生态补偿的数额能够提升协同治理主体之间的关系，以便达到信任均衡这种状态[⑥]。邢华首先提出了嵌入式治理机制的概念，并提倡在区域协作中应将

① 陈子韬,章抒,吴建南.区域治理的差序协同实践——基于珠三角大气污染联防联控的案例研究 [J].公共行政评论,2022,15(05):105-125+198-199.

② 韩兆柱,卢冰.京津冀雾霾治理中的府际合作机制研究——以整体性治理为视角 [J].天津行政学院学报,2017,19(04):73-81.

③ 郭渐强,杨露.ICA 框架下跨域环境政策执行的合作困境与消解——以长江流域生态补偿政策为例 [J].青海社会科学,2019(04):39-48.

④ 王薇,李月.跨域生态环境治理的府际合作研究——基于京津冀地区海河治理政策文本的量化分析 [J].长白学刊,2021(01):63-72.

⑤ 崔晶.京津冀都市圈地方政府协作治理的社会网络分析 [J].公共管理与政策评论,2015,4(03):35-46.

⑥ 景熠,杜鹏琦,曹柳.区域大气污染协同治理的府际间信任演化博弈研究 [J].运筹与管理,2021,30(05):110-115.

上级政府纵向嵌入与地方政府横向协调相结合，以有效推动中央与地方政府的有效协同[①]。王喆等从环境污染联防联控机制、环境资源生态管理红线、跨域生态补偿机制、市场化机制以及政绩考核与责任标准五个方面提出了促进区域协同一体化的政策建议[②]。赵新峰等则以京津冀区域大气污染防治为例，提出要在体制层面上从属地管理走向区域协同治理、在机制层面上从运动式治理走向常态化治理、在政策层面上从单一工具走向复合工具使用[③]。

3. 研究评述

通过文献梳理可以发现，有关包容性发展的研究已从概念内涵、内容特征以及应用领域等多个方面展开，且国内的研究更为丰富，具体涉及公共服务供给、社会治理、城镇化发展等领域。有关城市群地方政府协作治理机制的研究方面，从研究内容上看，国外学者对协同治理已取得阶段性成果，协同治理的核心要义研究日益深入，并不断丰富发展协同治理理论分析模型。我国在协同治理理论的实际应用方面已经有很多尝试，对分析框架的应用有所创新，或套用国外学者提出的研究框架并结合中国的实际国情加以改进，或在案例分析的基础上构建新的研究框架。但是在对协同治理的主体进行分析的过程中，以定性分析或者案例分析为主，缺乏对治理组织结构关系和特征的精准描述，运用结构关系图或者特征数据描述协同治理政府主体结构更具有说服力。

国内学者将协作治理理论应用到城市群发展的领域主要集中在环境治理、应急管理、公共服务等方面，主要涵盖三个方面：一是对于城市群地方政府协作治理的主体网络结构进行分析，关注合作网络的结构变化，合作困境与破解路径；二是从城市群协作治理中的参与主体入手，重点研究主体的关系、

① 邢华. 我国区域合作治理困境与纵向嵌入式治理机制选择 [J]. 政治学研究,2014(05):37-50.
② 王喆,周凌一. 京津冀生态环境协同治理研究——基于体制机制视角探讨 [J]. 经济与管理研究,2015,36(07):68-75.
③ 赵新峰,袁宗威. 京津冀区域大气污染协同治理的困境及路径选择 [J]. 城市发展研究,2019,26(05):94-101.

行动逻辑等；三是研究城市群地方政府在协作中的合作模式、竞合关系等。具体到城市群地方政府协作治理机制的研究，现有的文献主要包括机制的优化分析和对机制的具体内容研究，对于机制的优化的研究多是从机制的几个方面提出改进建议，如利益分配机制、主体参与机制等，但是由于缺乏深入分析，提出的对策针对性不够强，对现有机制研究不够深入，较少从现有机制的组织结构和运行逻辑出发研究该机制中存在的问题，从整体上讲，对跨区域协作治理机制的研究仍然是一个热门方向。从研究方法上来看，早期的研究大多从宏观层次出发，多集中于理论探讨与治理模型的构建等定性研究方面。并随着时间的推移，部分研究开始转向针对特定区域的案例研究，以实践案例为研究对象，探讨具体的府际协作机理。在定量研究方面，社会网络分析法在构建地方政府协同网络的应用上逐步增多，也使得地方政府间协作的关系更为清晰可视，并且在效果衡量方面，准实验研究方法的成熟也为客观效果的衡量提供了相应的技术支持。在研究方法上总体呈现定性与定量相结合的研究局面。虽然相关研究已取得很大进展，但不难看出来，这些研究仍存在以下局限：（1）包容性发展理论与城市群地方政府协作机制结合的研究不足。目前，我国城市群发展处于初步积累向快速发展转变的关键时期，包容性发展是城市群健康可持续发展的必然要求，区域协作也需要走向包容全面。时代要求理论和实践者应充分重视城市群内部不同城市间的包容性发展问题，以推动整个区域的协调进步。（2）缺乏统一的城市群地方政府协作治理机制分析框架。虽然国外的区域政府协作机制发展日益成熟，但不能完全符合我国政府协作的发展，须作本土化研究。我国现阶段仍缺乏较为系统完整的城市群地方政府协作治理机制分析框架，理论分析不够全面，尤其是对机制方面分析不足，对地方政府协作治理过程中产生作用的具体机制问题探讨不深。而只有对这类问题进行深入研究，才能使我们站在更高的学术视域上把握城市群地方政府协作机制创新的整体发展脉络，挖掘制约城市群地方政府协作治理机制创新的因素及深层原因，并以此为基础创新地方政府协作治理机制的发展路径。

三、研究内容、研究框架与研究方法

1. 研究内容

本研究在界定相关概念和回顾相关理论研究的基础上，构建了城市群地方政府整体性协作治理机制的理论分析框架。同时，对我国城市群地方政府协作治理机制的演进进行总结与梳理，指出了目前我国城市群地方政府协作治理的发展进程及成效。并以两大城市群大气污染协作治理为例，详细地对城市群地方政府协作治理机制进行实证解析，剖析当前城市群地方政府协作治理机制面临的问题及原因，并在借鉴国外区域协作治理机制经验的基础上，提出我国城市群地方政府协作治理机制的优化路径。具体各章的主要内容安排如下：

第一章　绪论。介绍研究问题的提出及意义；回顾国内外关于包容性发展、地方政府协作治理等有关研究的文献并作出简要的评价；阐明了本书的研究内容与研究方法。

第二章　城市群地方政府协作治理的相关概念及理论基础。系统介绍本研究的理论基础，包括包容性发展理论、新区域治理理论、协同治理理论，并提出了城市群地方政府协作治理的"结构—过程—回应"的分析框架。

第三章　城市群地方政府协作治理机制的历史演进。首先，对我国城市群地方政府协作治理机制的演进进行历史回顾。其次，以三大城市群为例，梳理地方政府协作治理机制发展的政策演进。最后，从协作结构、协作过程与协作回应三个方面解析城市群地方政府协作治理机制取得的成效。

第四章　城市群地方政府协作治理机制的实证解析。选取长三角城市群、京津冀城市群大气污染协作治理作为观测领域，运用内容分析法与社会网络分析法对两大城市群大气污染协作治理的结构与过程及回应进行测度，进而对城市群地方政府协作治理机制进行全方位的审视。

第五章　城市群地方政府协作治理机制面临的问题及原因。从结构、过程、回应三个维度解析我国城市群当前在协作治理机制上面临的主要问题并探究

其背后的原因。

第六章　国外区域地方政府协作治理机制的经验借鉴。详细介绍美国、日本及欧盟区域协作治理机制的实践经验，并总结其经验，从而为探索和优化我国城市群地方政府协作治理机制提供参考。

第七章　城市群地方政府协作治理机制的优化策略。结合国外城市群地方政府协作治理的经验，运用整体性分析框架，从结构、过程、回应三个方面提出提升我国城市群地方政府协作治理机制的优化政策建议。

2. 研究框架

本研究认为，城市群地方政府协作的包容性发展是区域地方政府协作的必然趋势，并提出了基于包容性发展的我国城市群地方政府协作治理机制总体研究框架（见图1.1）。这一分析框架的逻辑起点是城市群地方政府之间协作解决公共问题的实践驱动与城市群协作治理理论的分析总结。

第一，在理论方面，通过对以往城市群和地方政府协作治理理论的分析与总结，归纳出研究城市群政府协作的包容性发展理论、新区域主义理论以及协同治理理论。并结合具体的城市群地方政府协作治理实践，构建适应我国区域包容性发展的城市群地方政府协作治理的"结构—过程—回应"整体分析框架。通过整体性协作治理机制，建立以跨不同层次、不同部门、不同领域，由上一级政府、城市群地方政府、跨区域合作组织、私营部门、非营利性组织共同组成的城市群整体性协作治理模式，为系统考察城市群地方公共事物协同治理提供理论分析框架。第二，对三大城市群地方政府协作进行历史回顾与现状描述：一方面，从时间维度梳理城市群地方政府协作的发展历程；另一方面，从空间维度，以跨省域城市群和省域城市群两类不同形态的城市群为观测视域，分析城市群协作治理的现状。并对城市群地方政府协作治理机制的历史演进进行梳理以及总结当前协作治理机制取得的成效。再次，选取长三角城市群、京津冀城市群两个城市群的大气污染协作治理作为观测域，对案例选择标准、文本来源、案例典型性等方面进行介绍。第三，运用内容分析法与社会网络分析法，借助 MAXQDA、BICOME2.0、UCINET6

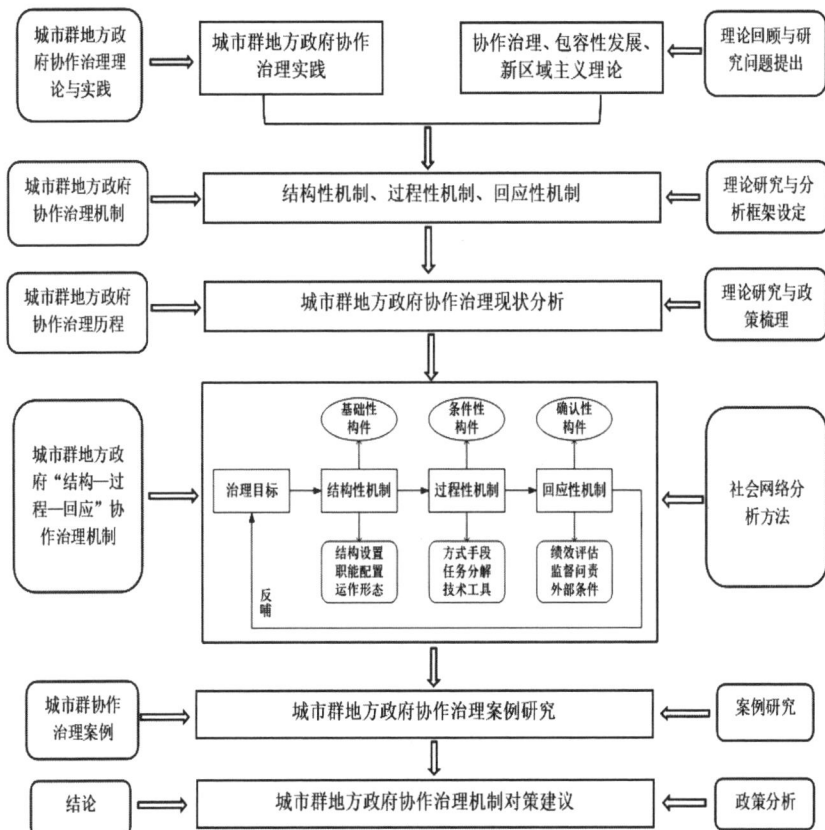

图 1.1 基于包容性发展的我国城市群地方政府协作治理机制总体研究框架

以及 NETDRAW 分析工具，植入"时序"要素，对两大城市群 2012—2022 年大气污染协作治理的结构性机制（括组织结构、职能配置、运作形态等）、过程性机制（方式手段、任务分解、技术工具）以及回应性机制（绩效评估、监督问责、外部条件）进行测度，客观呈现两大城市群近十年大气污染协作治理网络的动态演化规律，继而为城市群地方政府协作治理机制的全方位审视奠定基础。第四，对两大城市群大气污染协作治理网络演化过程中涌现出的问题进行详细诊断，并总结包括协同程度不均衡、主体协同合力不足、监督考核不到位、利益协调障碍、技术信息能力薄弱等城市群地方政府协作治理问题。并在更深层次上剖析反思目前制约政府协作治理的影响因素，包括主体协同因素、价值协同因素、制度协同因素、资源协同因素、技术协同因素等。第五，在理论、实证和规范研究的基础上，结合目前我国城市群政府协作的现实，依据基于包容性发展的我国城市群地方政府协作治理机制总体研究框架，借鉴国外相关区域地方政府协作治理的经验，从完善协作主体结构、优化协作参与过程以及健全协作回应机制三个维度整合和优化地方政府协作治理活动，为城市群实现长期、多元、动态、有效地协作，实现城市群高效一体化协同发展提供对策建议。

3. 研究方法

（1）文献研究法

文献研究法是指结合研究课题、研究指向和研究目的，通过查阅线上、线下多个文献库的相关文献来获取研究所需的具体资料，并对收集的资料进行细致筛选、分类整理、详实分析，力求全面、准确地了解所要研究问题的研究现状，以为本研究提供客观的论证资料。本研究以"包容性治理""协作治理""城市群地方政府协作治理""协同治理机制""新区域治理理论"等为关键词，基于单独检索与交叉检索的方式，在 web of science 核心合集数据库、CNKI 中国知网、读秀等中英文数据库中，对相关领域的中英文期刊论文、书籍著作等进行检索，对国内外包容性发展、城市群治理，以及城市群地方政府协作治理的理论模型、实践困境、优化路径、协作机制等研究现状进行了系统性、全面性的梳理，全方位、立体化了解了包容性视域下城市群地方政府协作治理的理论与实践研究，通过对既有研究成果的分析与理解来找寻本书研究的突破点与发力点，并在此基础上开展系列研究。

（2）案例研究法

案例研究法是一种重在探讨"怎么样"和"为什么"研究问题的方法。罗伯特·K.殷（2017，12）指出，研究方法的选择使用有三个必须要考虑的条件：一是研究要回答的问题的类型是什么；二是研究者对研究对象及事件的控制程度如何；三是研究的重心是当前发生的事，或者是过去发生的事。就本研究关注的问题而言，一方面，城市群地方政府协作治理机制是如何运行的是"怎么样"（HOW）的问题类型，其涉及的是因果联系而非出现的频率和范围；另一方面，该研究问题发生在当代，且对于影响地方政府协作治理机制运行的相关因素都无法进行控制，只能通过参与式观察等进行某种程度的非正式控制，而无法使用实验等其他方法。可见，本研究问题的性质符合案例研究的适用情况。因此，本研究通过对长三角城市群以及京津冀城市群大气污染协作治理实践案例的解构与分析，探讨城市群地方政府协同治理过程中的多主体合作结构及其关系质量、协同治理的方式手段以及动态化反馈调适机制等，从而实现对城市群地方政府协作治理机制的深度透视。

（3）社会网络分析法

社会网络分析是一种分析方法和工具，用于分析被定义为关系的过程和结果的理论构造和概念，在分析不同参与者之间的动态关系、检查复杂的社会过程和社会系统中各种类型的互动等方面意义明显。一个完整的社会网络包括多个节点以及各点之间的连线，即由各行动者及其关系组成的社会网络系统。在城市群地方政府协同治理场域中，各地区、各级政府之间相互作用、协同联动，资源要素自由流通频率提升，呈现出明显的网络结构特征。社会网络分析能够展现出各节点间的关系与整体网络形态，为研究城市群地方政府协作治理问题提供可视化分析工具，进而为网络结构调整提供科学基础。本研究主要运用社会网络分析方法，并辅以 Bicomb、Ucinet 以及 Netdraw 软件构筑城市群地方政府协同治理的结构、过程以及回应之间的合作网络，以探究协同治理过程中各主体的角色地位、联系紧密度以及不同要素及关系在不同时间段的动态演化情况。

第二章 >>>>>

城市群地方政府协作治理的相关概念及理论基础

作为本书的理论基础部分，本章主要在界定相关概念的基础上，梳理与研究相关的包容性发展理论、新区域主义理论以及协同治理理论，在此基础上，得出城市群地方政府协作治理机制的"结构—过程—回应"分析框架，为后续研究提供理论指引。

一、相关概念

1. 城市群

"城市群"一词由法国地理学家戈特曼（Gottmann）用"Megalopolis"一词代指从波士顿到华盛顿（包括纽约在内）的美国东海岸联系密切的巨大城市区域。他认为城市群是由一个或多个具有重要政治和经济意义且人口超过千万的超级城市所组成[①]，为现代城市群理论奠定了基础。弗里德曼（Friedmann）认为，随着工业化的发展，各城市之间经济往来不断增加，文化交流更加频繁，城市之间相互交流、相互吸引，最终形成一体化的城市网络，

[①] Gottmann J. Megalopolis or the Urbanization of the Northeastern Seaboard[J].Economic Geography,1957,33(3):189-200.

即城市群[①]。霍尔（Hall）在已有研究的基础上进一步强调，城市群无论是在地理空间意义上还是在经济功能意义上都不是一个单中心的城市形态，而是一个新型的、多中心的城市形态，由 10 ~ 50 个功能分工互补的城市依靠交通网络聚集而成，城市之间虽然不一定相邻但一定存在经济、政治或文化联系，这些城市由于经济发展水平不同而在地位上有所差异，发展水平较高的城市会成为中心城市且具有更大的影响力[②]。

在我国 20 世纪 80 年代，于洪俊和宁越敏首次引入戈特曼（Gottmann）的城市群理论，系统介绍了西方城市空间结构的经典理论模型，并以上海为例研究了均质区、结节点及商业空间结构，以"巨大城市带"的译名将戈特曼的思想引入中国[③]。后来地理学家和城市规划学者以此为契机，从不同角度对城市群进行了理解（见表 2.1）。学者姚士谋提出了城市群（urban agglomeration）概念，他指出城市群是指在一定的自然条件下，某个区域内的不同类型、差异较大的城市，以一两座特大城市为区域经济的核心，利用现代交通工具、综合交通网络和畅通的信息网络，围绕一个或多个中心城市，创造经济或其他方面的联系，形成的全方位集合体[④]。周一星则提出"大都市连绵区"（metropolitan interlockingregion）概念，以此与发达国家的"大都市带"相呼应，此概念侧重于大城市依靠交通要道与周边地区或其他城市产生经济联系，进而发展成为大型的一体化区域，此区域既包括城市也包括乡村[⑤]。顾朝林依据城镇分布形态、核心城市以及城市数量的多少将中国现代城镇体系地域空间结构划分为条状城市密集区、块状城市集聚区和以大城市为中心的城市群三种基本类型，认为城市群是以大城市为中心、结合周围若干个中小

---

① Friedmann J, Alonso W. Regional Development and Planning: A Reader[J].New Zealand Geographer, 1964, 23(2):179.

② Hall P, Pain K. The Polycentric Metropolis: A Western European Perspective on Megacity Regions[J].Journal of Urban and Regional Planning, 2009.

③ 于洪俊，宁越敏 . 城市地理概论 [M]. 合肥 : 安徽科学技术出版社 , 1983:12-13.

④ 姚士谋 . 中国城市群 [M]. 合肥 : 中国科学技术大学出版社 , 2006:5-6.

⑤ 周一星 . 城市地理学 [M]. 北京 : 商务印书馆 , 1995:7-8.

型城市共同形成的初级城市群体，多见于经济发展较为薄弱的地区[①]。宁越敏认为一个发展水平较高、人口在百万以上的大城市沿着纵横发达的交通线路与周边进行密切联系，对周边区域产生影响、相互连接，构成了城市群[②]。

表 2.1　国内学者对"城市群"的界定

学者	阐释
姚士谋	城市群是指在一定的自然条件下，某个区域内的不同类型、差异较大的城市，以一两座特大城市为区域经济的核心，利用现代交通工具、综合交通网络和畅通的信息网络，围绕一个或多个中心城市，创造经济或其他方面的联系，形成的全方位集合体。
周一星	提出"大都市连绵区"概念，以此与发达国家的"大都市带"相呼应，此概念侧重于大城市依靠交通要道与周边地区或其他城市产生经济联系，进而发展成为大型的一体化区域，此区域既包括城市也包括乡村。
顾朝林	城市群是以大城市为中心、结合周围若干个中小型城市共同形成的初级城市群体，多见于经济发展较为薄弱的地区。
宁越敏	城市群是指一个发展水平较高、人口在百万以上的大城市沿着纵横发达的交通线路与周边进行密切联系，对周边区域产生影响、相互连接。

　　伴随着学界对这一问题的关注，我国政府也适时调整了我国城市群的发展战略，对其发展提供良好的政策支持。2005 年中共中央发布的《关于制定国民经济和社会发展第十一个五年规划的建议》中，党中央首次在国家规划层面提及城市群这一概念，提出了要以特大城市和大城市为龙头、推动形成若干新型城市群的发展目标。2014 年 3 月《国家新型城镇化规划（2014—2020 年）》正式公布，我国新型城镇化战略的序幕由此正式开启，我国城市群的发展由此进入到提升发展质量的重要阶段。2015 年《京津冀协同发展规划纲要》《长江中游城市群发展规划》等重点城市群发展规划获得批复，这

① 顾朝林 . 城市群研究进展与展望 [J]. 地理研究 , 2011, 30(05):771-784.
② 宁越敏 . 中国都市区和大城市群的界定——兼论大城市群在区域经济发展中的作用 [J]. 地理科学 , 2011, 31(03):257-263.

标志着中国地域发展进入了以城市群为主体的发展阶段。2016 年《中华人民共和国国民经济和社会发展第十三个五年规划纲要》提出要以"一带一路"建设、京津冀协同发展、长江经济带发展为引领，形成以沿海沿江沿线经济带为主的纵向横向经济轴带，塑造要素有序自由流动、主体功能约束有效、基本公共服务均等、资源环境可承载的区域协调发展新格局，发挥中心城市和城市群带动作用，建设现代化都市圈。2017 年，党的十九大报告明确提出要"以城市群为主体构建大中小城市和小城镇协调发展的城镇格局，加快农业转移人口市民化"。国务院于 2018 年 11 月 18 日发布的《中共中央　国务院关于建立更加有效的区域协调发展新机制的意见》明确指出，以京津冀城市群、长三角城市群、粤港澳大湾区、成渝城市群等城市群推动国家重大区域战略融合发展，建立以中心城市引领城市群发展、城市群带动区域发展新模式，推动区域板块之间融合互动发展。2021 年 3 月，国家发改委发布的《中华人民共和国国民经济和社会发展第十四个五年规划和 2035 年远景目标纲要》中提出"以促进城市群发展为抓手，优化提升京津冀、长三角、珠三角、成渝、长江中游等城市群，发展壮大山东半岛、粤闽浙沿海、中原、关中平原、北部湾等城市群，培育发展哈长、辽中南、山西中部、黔中、滇中、呼包鄂榆、兰州—西宁、宁夏沿黄、天山北坡等城市群"，共提及 19 个城市群（见表 2.2）[1]。2022 年，党的二十大报告再次强调，以城市群、都市圈为依托构建大中小城市协调发展格局。党和国家发布的一系列重要文件表明，城市群作为国家新型城镇化主体的战略引领地位已经被提高到了前所未有的高度。城市群是世界经济重心转移的重要承载地，充当着国家增长中心和国际增长中心的重要功能，是世界进入中国和中国进入世界的枢纽门户[2]。在新发展格局下，"十四五"期间在城市群数量保持不变的前提下，优化重组形成"5+5+9"

---

① 中华人民共和国国民经济和社会发展第十四个五年规划和 2035 年远景目标纲要 [N]. 人民日报 ,2021−03−13(001).

② 方创琳 . 中国城市群研究取得的重要进展与未来发展方向 [J]. 地理学报 , 2014,69(08): 1130−1144.

的空间组织新格局，即优化提升京津冀城市群、长三角城市群、珠三角城市群、成渝城市群、长江中游城市群等五大城市群，发展壮大山东半岛城市群、粤闽浙沿海城市群、中原城市群、关中平原城市群、北部湾城市群等五大城市群，培育发展哈长城市群、辽中南城市群、晋中城市群、黔中城市群、滇中城市群、呼包鄂榆城市群、兰州—西宁城市群、宁夏沿黄城市、天山北坡城市群等九大城市群。

表2.2　中国主要城市群

序号	城市群名称	包含的地级及以上城市数	包含的地级及以上城市
1	京津冀城市群	13	北京、天津、石家庄、唐山、保定、张家口、承德、廊坊、秦皇岛、沧州、衡水、邯郸、邢台
2	长三角城市群	26	上海、南京、无锡、常州、苏州、南通、盐城、扬州、镇江、泰州、杭州、宁波、嘉兴、湖州、绍兴、金华、舟山、台州、合肥、芜湖、马鞍山、铜陵、安庆、滁州、池州、宣城
3	珠三角城市群	9	广州、深圳、珠海、佛山、惠州、东莞、中山、江门、肇庆
4	成渝城市群	16	重庆、成都、自贡、泸州、德阳、绵阳、遂宁、内江、乐山、南充、眉山、宜宾、广安、达州、雅安、资阳
5	长江中游城市群	28	武汉、黄石、鄂州、黄冈、孝感、咸宁、襄阳、宜昌、荆州、荆门、长沙、株洲、湘潭、岳阳、益阳、常德、衡阳、娄底、南昌、九江、景德镇、鹰潭、新余、宜春、萍乡、上饶、抚州、吉安
6	山东半岛城市群	16	济南、青岛、烟台、潍坊、临沂、菏泽、淄博、泰安、聊城、德州、滨州、东营、威海、日照、济宁、枣庄

序号	城市群名称	包含的地级及以上城市数	包含的地级及以上城市
7	粤闽浙沿海城市群	10	汕头、潮州、揭阳、福州、厦门、泉州、莆田、宁德、漳州、温州
8	中原城市群	24	郑州、开封、洛阳、平顶山、新乡、焦作、许昌、漯河、鹤壁、商丘、周口、晋城、亳州、安阳、濮阳、三门峡、南阳、信阳、驻马店、长治、宿州、阜阳、淮北、蚌埠
9	关中平原城市群	11	西安、宝鸡、咸阳、铜川、渭南、商洛、运城、临汾、天水、平凉、庆阳
10	北部湾城市群	11	南宁、北海、钦州、防城港、玉林、崇左、湛江、茂名、阳江、海口、儋州
11	哈长城市群	10	哈尔滨、大庆、齐齐哈尔、绥化、牡丹江、长春、吉林、四平、辽源、松原
12	辽中南城市群	9	沈阳、大连、鞍山、抚顺、本溪、营口、辽阳、铁岭、盘锦
13	晋中城市群	5	太原、晋中、忻州、阳泉、吕梁
14	黔中城市群	4	贵阳、遵义、安顺、毕节
15	滇中城市群	3	昆明、曲靖、玉溪
16	呼包鄂榆城市群	4	呼和浩特、包头、鄂尔多斯、榆林
17	兰州—西宁城市群	5	兰州、白银、定西、西宁、海东
18	宁夏沿黄城市群	4	银川、石嘴山、吴忠、中卫
19	天山北坡城市群	3	乌鲁木齐、吐鲁番、克拉玛依

综上所述，本研究将城市群定义为由三个及以上的不同等级规模城市组成的，具有特定的地理空间结构、人文环境、经济联系和发展模式，通过区域协同发展实现城市群整体优化和提升的区域性城市集群。本研究认为城市群主要有几项基本特征：（1）具有核心大都市区作为增长极。每个城市群都

存在一个或多个具有经济实力的大都市区发挥增长极的作用，带动整个城市群的经济发展，提高城市的核心竞争力。（2）存在紧密的城际、城乡联系。城市群内部的大都市区间、大都市区与非大都市区之间、大都市区内部、非大都市区内部都存在着紧密的社会关系、经济关系，构成较为完善的社会、经济职能分工，有着较强的一体化倾向。（3）具有较为完善的交通运输、信息运输网络。城市群内部有着发达的基础设施与交通网络，这些网络的发展影响着城市群的发展进程，最终构建出更复杂的网络关系或等级关系。

2. 地方政府协作

地方政府是国家政治制度的重要组成部分，学术界从内涵与外延上对地方政府作出了不同界定。《布莱克维尔政治学百科全书》认为地方政府是"权力或管辖范围被限定在国家的一部分地区内的政治机构。它具有如下特点：长期的历史发展在一国政治结构中处于隶属地位，具有地方参与权、税收权和诸多职责。地方政府机构不同于联邦政治体制下的州和省，不能享有主权。地方政府从属于国家政府或联邦政府和省政府，它必须在为它规定的法律权限范围内活动"[①]。实际上，"地方政府"一词应用于不同国家和政治体制时，有着不同的含义。在联邦制国家，地方政府是州政府的下属政府。例如，美国地方政府是州政府下属的县、市、镇和学区。联邦政府和州政府之间并不存在着从属关系，州政府和联邦政府各拥有部分决定权。在单一制国家中，地方政府是由中央政府按照国家行政区划设置的，和中央政府存在着上下从属的关系。我国1982年《宪法》第105条规定规定："地方各级人民政府是地方各级国家权力机关的执行机关，是地方各级国家行政机关。"地方政府包括了省（直辖市、自治区）、市（自治州）、县（自治县）、镇（乡、自治乡）等几个层级的地方政府。地方政府的内涵，有广义和狭义之分，广义上的地方政府是地方国家机关，包括地方立法机关、地方行政机关和地方司法机关以及地方各级党委；狭义上的地方政府则是指地方的国家行政机关，

---

① 戴维·米勒等. 布莱克维尔政治学百科全书 [M]. 北京：中国政法大学出版社，2002:365-366.

不包括地方立法机关、地方司法机关等。从作用上来看，地方政府和公民的日常生活息息相关。地方政府是"政府管理体制架构中直接为民众提供公共服务的基本单位，是在中央政府和地方政府权力运行关系模式下结合地方实际运行行政权力的基层实体"[①]。因此，本研究关于地方政府的界定，特指中央政府以下所有的地方政府，即省级、自治区和直辖市以及地级市的地方政府。

马克思指出："许多人在同一生产过程或在不同的、但相互联系的生产过程中有计划地一起协同劳动，就是协作。"[②] 与协作（collaboration）相近的概念还有合作（cooperation）和协调（coordination），事实上协作、合作与协调往往会被认为是同义词，马克思曾经使用"协调"一词来解释"协作"的概念，认为："许多人在同一生产过程中，或在不同的但相互联系的生产过程中有计划地协调工作，这种劳动形式叫协作。"也有学者对于此进行详细区分：怀特（White）认为协调与合作的区别主要体现在是否存在着共同制定政策的程序和分配信息的标准；塔耶（Taillieu）将协作看作一种合作过程，有自主性的参与者，并且通过彼此之间正式或非正式的互动和协商，创造出共同的规则，按照规定程序管理参与者之间的关系，促使参与者在议题处理中共同行动[③]。然而在外文文献中，"collaborative governance"既可表示"合作治理""协同治理"，也可表示"协作治理"。故为了资料的广泛性，本书在收集文献资料时默认三个概念的内涵与外延基本一致。

对于地方政府协作概念，我国学者何美霖认为，地方政府协作就是两个或多个地方政府基于共同目标，为了获得更大产业利益或解决相关的公共事务问题时，根据自身的利益需求，通过谈判、制定规则、搭建组织架构等方式或机制，对资源、信息等进行共享，对问题的解决提出双方均能认可的对

---

① 董幼鸿等.地方公共管理：理论与实践 [M].上海：上海人民出版社，2008:8-9.

② 马克思.资本论（第一卷）[M].北京：人民出版社,1975: 362-363.

③ Taillieu T. Collaborative Strategies and Multi-organizational Partnerships [M].Leuven: Garant Publication, 2001:271-272.

策建议，来决定或解决共同关心的事务[①]。胡佳认为，地方政府协作是一个复合的体系，从宏观上来说，地方政府协作能够整合组织运行的机制，联合组织结构；从微观上来说，地方政府协作能够制定相应的法律规范，在非制度化方面也能形成文化和价值[②]。

在协作主体上，地方政府协作分为横向同一级别的地方政府之间的协作以及斜向地方政府协作。横向同一级别政府之间的协作包括省级地方政府之间的合作、地级市政府之间的合作、县级政府之间的合作等；斜向地方政府协作，例如直辖市政府与某省辖区的地级市政府之间进行协作，这种协作不是在平级政府之间，是没有直接的领导与被领导关系的政府之间的协作，由于双方没有隶属关系，因此实现协作需要双方共同的协商和努力。

在协作内容上，地方政府协作包括资源协作、技术协作、组织协作以及信息协作。资源协作是指地方政府间为了实现某一共同目标，各个主体之间进行资源的分享和补偿，例如流域下游政府为上游政府的治理工作提供资金上的支持；技术协作就是将有利于目标时间的技术在协作者间进行分享；组织协作是指主体间为了实现既定的目标而进行配合，实现资源利用效率最大化；信息协作是指不同协作者之间的信息共享。

在协作领域上，地方政府之间的协作已经从经济领域拓展到社会领域，包括环境治理、应急管理、公共服务供给、信息配套建设等方面，例如甘肃"两江一水"区域综合治理，赣鄂应急合作协议，太湖流域水环境治理，泛珠三角区域人才服务、大气污染治理等。在协作时间上，目前来看地方政府间的协作有暂时性的协作也有长期性的协作。暂时性的协作一般由于某项具体事项进而进行简单协助，类似于司法领域内的司法协助；而长期性的协作一般是地方政府之间通过正式或者非正式的途径，在某一领域内进行长期的互动，例如大气污染防治、水污染防治等大型项目或政策。

①何美霖.绵阳市推进跨区域产业合作中的政府间协作研究 [D].成都：四川大学,2023.
②胡佳.跨行政区环境治理中的地方政府协作研究 [D].上海：复旦大学,2010.

在协作方式上，国外学者克里斯坦森（Christensen）指出政府间协作方式主要包括信息交换（Information Exchange）、共同学习（Joint Learning）、相互审查与评论（Mutual Review and Comment）、联合规划（Joint Planning）、共同筹措财源（Joint Funding）、联合行动（Joint Action）、联合开发（Joint Venture）、合并经营（Merger）等方式[①]。国内学者潘小娟也总结出目前我国地方政府协作方式趋于多样化，地方政府协作形式从合作各方领导互访，签订意向书发展到组织联席会、设立合作论坛、举办经贸合作洽谈会、签订合作协议、组建执行机构等。例如，此前成立的西北五市经济技术联席会、闽浙边区三地一市经济技术联谊会、泛珠三角区域合作与发展论坛、长江论坛、泛珠三角区域经贸合作洽谈会、《长株潭三市文化交流与合作框架协议》、《实施关中—天水经济区发展规划战略合作框架协议》、泛珠三角区域合作日常工作办公室、长三角地区重点合作专题组等[②]。

本书中的地方政府协作就是指政府系统内部纵向或者横向的部门为了解决复杂的公共问题，实现公共利益，共同分享资源、共同承担责任的联合行动，这种联合行动可以以部门间的合作、协作和协同等方式进行。

3. 地方政府协作治理

"治理"一词兴起于 20 世纪 90 年代，作为公共管理的核心概念，学界对其研究颇多。与"统治"相比，"治理"是互动的、多维度的管理，更加侧重向公众提供服务和帮助，是一种优于传统政府治理模式的新型管理方式。全球治理委员会将其定义为"各种公共的或私人的机构组织行使组织职能、管理具体事务所采取的各种手段的总和。它是使相互冲突的或不同利益得以调和取得一致，并联合行动的持续的过程"。政治学家俞可平认为治理是为了满足公众需要，运用公共权力对公民活动进行一定的引导、规范和控制，

---

① Christensen, Karen Stromme. Cities and Complexity: Making Intergovermental Decisions [M]. London:Stage,1999:32-39.

② 潘小娟. 加强我国地方政府合作的对策建议 [J]. 行政管理改革 ,2015(03):38-42.

从而实现公共利益最大化。治理理论对于帮助国家转变政府职能，增强政府与公民的互动关系意义重大。本书将"治理"定义为政府为主导的、多种公私管理部门共同参与的、以相互认同为基础，通过对公共利益的维护完成各项公共事务，最终达到"善治"目标的过程。治理是一个多方协调的过程，治理主体通常为政府部门，并将多元公共或私人部门共同纳入协调的各个环节，其形式可以是正式也可以是非正式的。

伴随着公共事务的日益复杂化，尤其是跨域社会问题的出现，单一主体的职权及能力已经无法满足现有社会的需求，因此多主体之间的协作治理成为解决此类复杂性、跨域性社会问题的工具。地方政府协作更多关注于多方主体的合作努力，这些主体致力于处理矛盾分歧，基于资源共享和联合行动共同解决现有的社会问题并提供服务，治理则是指相互依赖且独立运作的参与者通过集体决策制定方案并且实现共同目标的安排与过程，因此，协同治理强调了两个或多个主体之间制度化的集体决策过程，旨在联合解决问题并创造共同价值。在对协作治理概念的界定方面，国外著名学者安塞尔（Ansell）和加什（Gash）认为协作治理主要发生在不同部门间与不同层级间行动者互相作用的过程，指出协作的前提是各行动主体之间的彼此信赖，其中国家行政机构在各主体的协作关系中起到主导作用[①]。汤姆森（Thomson）等学者把协作治理归纳为一种系统化的组织形式，经过正式的服务协议条款，制定共同的未来愿景，共同承担相应的效益与风险。本质上，地方政府协作治理的概念包括三个核心要素：（1）主体间相互依存。由于协作的目标较为复杂，受到资源短缺、职权范围受限的影响，依靠单一政府主体很难解决问题，因此需要主体间达成合作进而实现目标。（2）公共价值导向。参与者的共同目标是为了更好地提供公共服务或为了解决某一社会问题，有着较强的公共价值导向。（3）共同决策过程。政府主体间互相共同交流，在目标设立、

---

① Ansell C, Gash A. Collaborative Governance in Theory and Practice[J]. Journal of Public Administration Research and Theory, 2007:543-547.

资源安排、规则制定等过程中都由参与者共同进行决策。结合协作治理的核心要素，本研究将其概括为，为了公共利益的实现和公共治理目标的达成，地方政府在遵守已达成共识的协议规则的基础上，通过互相沟通、协调与对话，保证各主体的多种利益需要得到持久性的表达并采取一致性治理行动的过程。

4. 地方政府协作治理机制

"机制"一词最早被应用到机械制造领域，本身词义指的是"机器的构造和工作原理"，或者"有机体的构造、功能及其相互之间的关系"。后来学界又把这个词引入经济学、管理学及社会学等社会科学领域之中，其研究对象已从原来的机械、部件运转扩展至社会系统各个组成要素的基本成分、相互关系和运作机理等。在公共管理领域中的"机制"一般表示以特定的方式联系各主体，使它们之间达成协调的状态，以保证稳定运行，达成某种目标。机制本身是抽象的，主要的表现形式有制度、体制、规范以及政策。与此同时，机制与体制又是制度的两个层面，二者有联系同时也存在着一定区别。机制主要包括两个方面：从主观上看，机制是指在政治系统中的各个要素在互动中所形成的非政治，但同时被普遍认可和接受的规则；从客观上看，机制是指在政治系统内各个要素在实际运作过程中所形成的现实关系、互动关系。因此，机制与一般的方式、方法并不相同，方式方法是处理问题的思路，与个人的偏好、经验息息相关，而机制是一种系统化、理论化的方法，需要多种方式和方法来发挥作用，在此基础上进行实践活动。

有国内学者对机制和协作治理机制的概念做了界定，李松林在研究中将机制定义为是遵循和利用某些客观规律，使相关主体间关系得以维系，实现预期的作用过程[①]。沙勇忠、解志元在研究中提出优化协作治理机制，需要在管理理念、组织架构、运行机理和参与主体几个方面通力合作，进而达到协

---

① 李松林.体制与机制：概念、比较及其对改革的意义——兼论与制度的关系 [J].领导科学，2019(06):19-22.

作治理的目的 ①。

由于不同行政区域之间的资源禀赋不同，不同区域的发展必然会受到一定限制，通过地方政府间的协作机制的建立可以在一定程度上实现资源共享，进行优势的互补。这种资源包括了物质资源，同样也包括信息资源。不同的主体通过利用自身的优势参与协作，增加收益的同时降低成本和风险。此外，随着跨界公共问题的凸显，生态恶化、环境污染等导致了单一地方政府没有能够自行解决此类问题的能力，地方政府间的协作机制则提升了单个政府的治理能力。地方政府协作机制离不开以"协作"为核心的制度安排，是政府协作关系的本质特征，同时也是保证地方政府协作有效运行的规范化体系。从体系的构成来看，政府协作机制应该围绕以下三个方面来进行：首先是政府协作主体的功能划分部分，即协作参与方在协作过程中的职能和角色，主要是确定协作中不同政府职能与功能的划分；其次是政府协作中主体关系的定位，即协作者在协作过程中依据何种规则确定他们之间的关系；最后是政府协作运行方式的选择，即如何确保政府协作的有效开展，实现协作目标。因此，地方政府协作是一个包含着协作意愿、协作组织、协作内容、协作目标、协作方式等内容的庞大体系。

结合机制的概念以及学者们对于地方政府协作机制的理解，本研究中的地方政府协作机制是指地方政府间基于共赢的理念，达成协作共识，积极主动进行沟通，并伴随着相关的制度资源、组织载体，采取沟通、利益协调、监督等方式构建起来"结构—过程—回应"三项机制，使协作目标顺利实现。该机制包含结构性机制、过程性机制以及回应性机制。"结构性机制"是城市群地方政府协作治理的基础，由于参与主体之间的价值理念、治理能力等存在着差异，不同主体间也面临着多种困境。因此需要结构性机制从中进行调和和运作，推动城市群地方政府的协作。"过程性机制"是达成城市群地方政府协作治理的保障，通过改进技术、改变资源配置、设置外部约束条件等方式将协作面临的

---

① 沙勇忠，解志元. 论公共危机的协同治理 [J]. 中国行政管理，2010(04):73-77.

挑战进行化解，实现协作目标。"回应性机制"包括结果评估机制和监督问责机制，主要是指作为外部条件约束整个协作过程，对协同治理的阶段性成果进行评估，监督整个协同过程进行，对未完成的治理目标和协同过程中的问题负责人进行问责，最终倒逼协同治理取得良好治理效果。

二、理论基础

1. 包容性发展理论

（1）包容性发展理论的产生背景

2007年10月，亚洲开发银行（以下简称"亚行"）召开了以"新亚太地区的包容性发展与贫困减除"为主题的国际研讨会，并且提出了"包容性增长"（inclusive growth）的概念和要求。此概念是在世界银行早期"广泛基础的增长""对穷人友善的增长""共享式增长"等概念的基础上完善和发展所形成的，并成为世界经济发展主题。此后，"包容性发展"强调经济发展的同时不仅要普惠贫困群体，同时还要对中产阶级发展成果的分享予以重视。"包容性增长"概念的形成与20世纪八九十年代发展的权利贫困理论以及社会排斥方面的研究密切相关，"包容性"反映出了这种理念对于公民权利的强调以及对社会排斥问题的重视，强调了贫困人口不应该因为背景而受到不同程度的歧视，不应该被排除在经济增长的进程以外，在"包容性增长"的概念下应保证贫困人口与他人享有一样的社会经济和政治权利。在1996年亚行就提出了"要对地区的和谐增长做出贡献"，这可以视作"包容性增长"的思想萌芽。亚行还在世纪之交较早地给出了1997年英国的国际发展白皮书所提出的"益贫式增长"概念的定义，认为如果增长是吸收劳动并伴随降低不平等、为穷人增加收入和创造就业的政策，尤其是当经济增长有助于妇女等其他传统上被排除在增长及其成果分享之外的群体时，这种增长就是益贫的。在2007年3月新亚洲开发银行研究报告中，提出了新亚行关注的重点要从应对严重贫困挑战转向支持更高和更有包容性的增长等重要观点，由此亚行在"益贫式增长"

概念的基础上提出了"包容性增长"的概念。2008 年 5 月，世界银行增长与发展委员会发表的《增长报告：可持续增长和包容性发展的战略》进一步明确提出了要维持长期及包容性增长，并相信通过建立包容性确保增长效益为大众所广泛共享。

作为一个全新的发展理念，包容性发展理念成为联合国经社理事会、联合国开发计划署、世界银行和亚洲开发银行等组织的热点研究领域。胡锦涛也先后数次对于"包容性"相关话题发表过演讲：第一次是在 2010 年 9 月出席第五届亚太经合组织人力资源开发部长级会议时，发表了题为《深化交流合作，实现包容性增长》的致辞，强调了包容性增长概念对于中国乃至世界上所有国家的重要意义，并且提出了包容性增长的根本目的在于要让全球经济社会实现协调发展。2010 年 10 月，在党的十七届五中全会上，胡锦涛提议将包容性增长纳入"十二五"规划，认为包容性增长的实现有助于解决经济发展中出现的诸多社会问题，为我国社会的可持续发展奠定坚实的基础。随后，2010 年 11 月，在亚太经合组织第十八次领导人非正式会议上，胡锦涛再次提出了要"倡导包容性增长，增强内生动力"。在 2011 年 4 月 15 日的亚洲博鳌论坛上，胡锦涛发表了以"包容性发展：共同议程与全新挑战"为主题的演讲，阐述了中国对于"包容性发展"的看法以及中国在"包容性发展"上所面临的挑战。

（2）包容性发展理论的主要观点

2007 年亚洲开发银行在其《包容性增长：走向繁荣的亚洲》报告中提出了"包容性增长"概念，"包容性增长"是指将工作重点从减少贫困转移到追求更高、更包容的增长，并将其定义为"倡导机会平等的增长"[①]。在亚行赞助支持下，2005—2007 年，林毅夫等学者著成《以共享式增长促进社会和谐》一书，提出"共享式增长"（Inclusive Growth）概念，对亚洲国家的未来发展路径进行了深入研究，在对该书进行翻译时，有些学者将该书

---

① 刘贵文，黄媛媛.包容性发展理念对我国城市治理的启示 [J]. 开发研究 ,2019(04):37-45.

的中心词"Inclusive Growth"译为"包容性增长"。包容性发展（Inclusive Development）是从包容性增长（Inclusive Growth）的内涵中演变而来的。包容性增长是包容性发展的基础，包容性发展是在包容性增长的基础上的更深层次、更高水平、更全面的包容。包容性发展既是对经济增长的量的容纳，更是对社会发展的质的升华[①]。作为全新的发展理念，"包容性发展"频繁出现在国际组织的报告中，成为联合国经社理事会、联合国开发计划署、世界银行和亚洲开发银行等国际组织的热点研究领域。

随着全球化不断深化，国家之间、地区之间以及社会不同群体之间的不平等日益加剧，包容性发展也引起了广泛关注和讨论。国际包容性增长政策研究中心认为，包容性发展是使人民广泛参与到经济活动中，并共同分享经济发展所带来的效益。国内外学者也对包容性发展的概念进行了充分阐述，萨克斯（Sachs）认为包容性发展首先要确保公民政治权利的行使，民主是真正的基础价值，因为它保证了发展进程所需要的透明度和问责制。所有公民必须在平等的基础上获得针对残疾人、母亲、儿童以及老年人的福利[②]。邱耕田等指出包容性发展是追求发展成果的共享性和发展机会的公平性，但同样也要尊重不同主体之间的"差异性"[③]。王汉林认为"包容性发展"必须强调三个方面，即"社会融合""社会参与""社会共享"，融合是"包容性发展"的前提，参与是"包容性发展"的动力，共享是"包容性发展"的目的[④]。综上所述，本书将包容性发展界定为：让个体能够以更加平等、广泛地参与到经济活动中，实现可持续发展，共享发展成果。

（3）包容性发展理论与地方政府协作治理机制的契合性

第一，强调地方政府协作治理过程中的机会公平。我国城市群在发展的

---

① 李大阳 . 包容性发展：和谐亚洲的理性选择 [J]. 社会科学家 ,2014(11):36-39.

② Sachs I. Working Paper No.35 - Inclusive Development Strategy in an Era of Globalization[J]. Social Science Electronic Publishing, 2006:313-318.

③ 邱耕田，张荣洁 . 论包容性发展 [J]. 学习与探索 ,2011(01):53-57.

④ 王汉林 ."包容性发展"的社会学解读 [J]. 科学经济社会 ,2011,29(04):83-86.

早期阶段，强调发展效率、优胜者优先发展的公平观念占据主导地位，这种发展理念对于城市群迅速实现原始积累有着重要的作用，但同时也为不同城市之间的发展平衡造成了诸多问题。这种结构性的失衡不但是由于城市之间自然、地理资源等因素，而且来源于"效率优先"理念下发展政策、发展规划的失衡。从公平分配的角度出发，公平通常包括起点公平、过程公平和结果公平，在竞争中处于弱势地位的群体应当通过再次分配保证主体在后续阶段中有能力参与新一轮的竞争和交易。因此，基于机会公平的发展理念，在城市群发展过程中不仅要让不同类型、不同层次的城市都获得公平发展的机会和发展资源，还要对自然资源、地理资源等不足的城市给予更多的政策支持。

第二，注重在城市群发展建设中的协同。作为城市集合体的城市群，其发展的包容性不仅涉及起点和结果，发展的过程也至关重要。我国区域经济发展初期，城市间的竞争压力较大，各自为战甚至恶性竞争的现象较为突出，例如在早期京津冀城市群发展进程中的两大城市北京和天津，这两所城市的产业相似度很高，使得二者对于原材料、市场等往往处于竞争关系，两座城市在经济层面上长期处于对峙状态，阻碍了产业效率的提升。因此引入协同发展概念，使其作为城市群发展的主要路径，寻求不同城市间的优势互补、互利共赢，减少恶性竞争，达成协作治理的局面。这种协作方式有利于形成优势互补的产业格局，并在处理跨界性公共事务中处于协调联动的状态。以结果共享达成城市群地方政府的协调发展。共享发展是习近平总书记在党的十八届五中全会提出的新发展理念之一，是指导我国进入新时代实现高质量发展的重要思想[1]。核心要义在于让全体人民共享改革发展成果，形成责任共担、利益共享的发展新格局。共享成果的发展涵盖了各个维度、各个层次的发展成果，对于我国经济社会发展有着重要的指导意义。与此同时，城市群内不同城市都能实现共享城市群发展成果也是城市群包容性发展的最终目的。

---

[1] 刘建朝,高素英.基于城市联系强度与城市流的京津冀城市群空间联系研究 [J].地域研究与开发,2013,32(02):57-61.

2.新区域主义理论

（1）新区域主义的产生背景

新区域主义产生于 20 世纪 90 年代，由学者诺曼·帕尔默（Norman Palmer）首次提出，是在以美国为代表的西方国家大都市跨区域管理发展基础上产生的一种治理理论。美国大都市城市区治理的理论发展经历了三波浪潮：传统区域主义、公共选择学派、新区域主义，新区域主义正是基于传统的区域主义和公共选择理论，在大都市城市区管理中发展而来。学者沃利斯（Wallis）将这三波浪潮进行了具体的梳理概括：第一波浪潮集中于强化中心城市的支配权；第二波浪潮将多中心城市的发展置于优先地位，中心城市的主导变弱；第三波浪潮在政府处理区域问题时引入非政府主体，形成两者之间的合作机制[①]。

第二次世界大战后，城市化的模式先后经历了向心城市化、郊区化、逆城市化、再城市化四个发展阶段[②]。"巨人政府论"此时成为美国大都市城市区管理的主导思想。"巨人政府论"主张通过行扩大管辖区域来改变大都市区的分散治理状况，建立集权的大都市政府，以提高区域性公共问题解决能力。"巨人政府论"的支持者认为通过建立集权政府，能够改进资源分散的非均衡状态，提高公共服务的提供效率，避免地方政府间的恶性竞争、重复建设等问题。但在实际运行过程中，集权的巨人政府与传统自由主义所主张的"管得最少的政府就是好政府"观点相悖，无法得到政府与民众的全力支持。有批评者认为，具有单一主导决策核心的巨人国，容易成为其复杂等级官僚机构的受害者，其复杂的沟通渠道使其对于社群中许多较为地方化的公共利益缺乏回应性，不能满足地方公民对公益物品的需求[③]。

① 张可云,何大梽.改革开放以来中国区域管理模式的变迁与创新方向 [J].思想战线,2019,45(05):129-136.
② 袁政.新区域主义及其对我国的启示 [J].政治学研究,2011(02):99-107.
③ 迈克尔·麦金尼斯.多中心体制与地方公共经济 [M].毛寿龙,译.上海:上海三联书店,2000:55

建立在公共选择理论基础上的多中心治理理论则是与"巨人政府论"相对的一种治理理论。"公共选择理论"认为，不同地方政府间也存在类似于市场的竞争，这也就形成了一种独特的"市场机制"，掌握这种机制才能从根本上提高公共服务提供效率。大都市区地方政府的碎片化对于完善公共服务的供给是有效的[①]，企业与公民可以经由"用脚投票"的形式，实现自主选择。基于这一认识，公共选择理论提出了多中心治理模式。多中心治理论假定地方政府如同市场主体一样能在给定机会和区域政治经济的约束下进行理性选择，但经验研究表明这种理性是有限的，并不能避免"公用地的灾难"[②]。"碎片化"型政府使得不同地方政府间可能出现职责模糊、重复浪费、资源缺乏等问题。归根究底，地方政府并非企业组织，不同于企业简单的经济利益追求，其所承担的政治目标和行政责任具有多元性和复杂性。此外，企业和公民在"用脚投票"的过程中如何设置良好的自主退出机制也是一项难题。因此，多中心治理也不可能有效解决所有的大都市区问题。

20世纪90年代以来，在全球经济一体化进程不断深化的背景下，城市间的依存关系日益增强，逐渐取代主权国家成为衡量空间经济的尺度，这主要表现为以下几个方面：首先，在新自由主义思潮的影响下，社会民主化进程快速发展，其主张公民应积极参与到民主化决策过程中。其次，为了实现经济、社会等方面的可持续发展，各区域必须通过一定的合作来降低成本，充分利用资源。总之，在传统区域主义以及公共选择理论学派融合发展的基础上，在全球化高涨的背景下，新区域主义理论得到发展。"新区域主义"进一步批判和发展了区域主义，使新区域主义更多地赋予"合作"的理念而被广泛应用于区域公共治理的实践指导[③]。

---

① 耿云. 新区域主义视角下的京津冀都市圈治理结构研究 [J]. 城市发展研究,2015,22(08):15-20.

② 张紧跟. 新区域主义：美国大都市区治理的新思路 [J]. 中山大学学报 (社会科学版), 2010, 50 (01):131-141.

③ 全永波. 基于新区域主义视角的区域合作治理探析 [J]. 中国行政管理 , 2012(04):78-81.

表 2.3　区域治理模式理论演变

	传统区域主义	公共选择理论	新区域主义
时间	19世纪末—20世纪60年代	20世纪50—90年代	20世纪90年代至今
问题导向	政治碎片化	权力过度集中	区域可持续发展
治理主体	区域政府	企业与地方政府	企业、政府、社会组织
治理机制	行政命令	市场竞争	行政命令与市场竞争相结合
体系结构	统一集权治理模式	以市场为导向的分权治理模式	网络化协作治理模式

（2）新区域主义理论的主要观点

从新区域主义的发展历程来看，新区域主义不仅代表对区域这一概念的深化理解，也是区域问题治理能力的提升。经过30多年的发展，有许多学者从区域空间、区域整合等角度对新区域主义进行了定义，但新区域主义是一个复杂的范式，无法在理念上进行整合，形成一个特定的概念。但无论如何，"新区域主义"的学者具有相当一致的目标：一是大都市主要通过自愿的方式来促进地方政府的合作；二是新区域主义域治理的主要关注点从效率和均衡的议题转移到区域竞争力的议题上来；三是联合政府必须与其他不同层级的政府建立它们的合作网络关系[①]。因此，可归纳出以下主要观点。

一是区域空间研究的转变。传统上，区域空间往往被定义为地理上的特定区域，如城市、乡村或国家。新区域主义则认为区域空间是一个动态的概念，在以地理界限为依据的基础上，还包括社会、经济、文化和政治层面的交互关系。可见，区域空间包括多种组成因素。许多新区域主义学者认为，区域主要是关系空间、自然空间、物质空间。新区域主义强调区域空间的多元性、

---

① 杨龙. 中国城市化加速背景下的地方合作 [M]. 天津：南开大学出版社,2018:13-15.

包容性与交互性，认为不同的利益相关者在区域空间中有不同的需求和利益，区域空间应该包括所有利益相关者的利益和需求，不应该排斥任何一方，应通过共同协商和合作来解决问题，而在一个特定的地区范围内，区域的各个地方都会受到跨边界外部性的影响[1]，这种外部性是相互的，并且是动态持续变化的，因此需要跨区域和跨部门的合作来解决共同的问题，不断调整和改进区域规划和治理的方式和方法，以适应不断变化的社会、经济和环境条件。新区域主义对区域空间的研究促进了各利益主体之间的合作协商，为其治理模式与治理能力提供了更加包容和多元的空间基础，也形成了经济效益、社会公平等多种价值目标的综合平衡。

二是多层次的主体治理。这包括两个方面：不同层级公共部门的平等协商；非公共部门的参与。新区域主义将不同的区域组织视为一个"多层治理结构"。"多层"指不同层次的公共部门间不再是垂直的命令与服从关系，而是平等与协商的关系[2]。各部门都有权利和义务参与决策过程，并在政策的制定和实施中发挥作用。这种平等与协商的关系有助于消除政府部门之间的竞争和冲突，促进资源共享和知识交流，提高政策的协调性和一致性，例如，20 世纪90 年代以来欧盟通过不断提高区域直接参与欧盟的决策程序，从纵向（欧盟与地方政府）与横向（不同区域地方政峰）两个维度搭建政府间的伙伴关系和网络，形成欧洲的多层治理体系。"治理"指从单一的政府治理到多中心治理主体的转变。传统区域主义把政府视为绝对的主导力量来对整个区域进行管理，新区域主义更集中体现在，社会复杂性不断加强的语境下重塑政府社会关系，在整个区域范围内形成一种嵌入式的政治—经济发展新模式[3]。积极创建政府部门与其他利益相关者之间的合作与协商，包括企业、非政府组织、社区组织等一系列社会组织。通过建立多元参的"网络化"协作机制，增强

---

① Lake David A. Anarchy, Hierarchy, and the Variety of International Relations[J].International Organization,1996(50):1–34.

② 殷为华 . 新区域主义理论：中国区域规划新视角 [M]. 南京：东南大学出版社 ,2013:63.

③ Eugene J.Regional Governance and Regional Councils[J].National Civic Review,1996(85):2.

区域经济社会的稳定与可持续发展。

三是强调治理而非统治。它强调政府与私人部门共同处理区域治理事物，而不是单方面的权威统治。新区域主义强调治理参与的自愿性，以能够最大程度地激发参与者的积极性和创造性，实现资源的最优配置[①]。提高参与自愿性可以通过提高区域认同感来实现。所谓区域认同感指个体对特定地域的情感认同和归属感。区域认同感是由一系列因素共同作用而形成的，包括地理、历史、文化、经济等方面的因素。新区域主义注重信任和沟通，实现"效率优先"到"以人为本"的转变，认为拥有高度信任关系的网络将有助于降低交易成本，不必再依赖高层级的权力结构介入或通过正式制度来化解集体行动的困境[②]。新区域主义反对传统区域主义的"统治"理论，重点关注议程设置和资源动员的非正式结构和过程而不是正式的制度安排。通过沟通与动员以获得较强的共同利益诉求和行为约束契约，实现更加民主和包容的区域治理模式。

（3）新区域主义理论与城市群地方政府协作治理机制的契合性

第一，新区域主义理论强调增强区域认同感。区域协作的持续性主要取决于区域的社会凝聚力、经济凝聚力、政治凝聚力以及组织凝聚力的长久保持[③]，反映了区域内部是否拥有强大的凝聚力，是地方政府开展协作的基础。各地方政府都是独立的利益主体，具有"经济人"特性，在这种情况下，各地方政府虽有协作的意愿，但因为本地利益的优先性，具体的政策措施将难以制定与推进。在此基础上，若区域内公民或是政府对本区域不具有很强的认同感与归属感，将会对地方政府协作造成巨大阻力。反之打破各自为营的传统思维，增强区域认同感，真正转变地方政府各自为利的传统观念，增进

---

① 曹海军,霍伟桦.城市治理理论的范式转换及其对中国的启示[J].中国行政管理,2013(07):94-99.

② 曹海军.新区域主义视野下京津冀协同治理及其制度创新[J].天津社会科学,2015(02):68-74.

③ 张树剑,黄卫平.新区域主义理论下粤港澳大湾区公共品供给的协同治理路径[J].深圳大学学报(人文社会科学版),2020,37(01):42-49.

区域空间的多元性、包容性与交互性，则会减少地方政府之间的分歧和矛盾，从而提高协作效率，推动协作治理的顺利实施。

第二，新区域主义理论强调优化以治理为核心的协作。所谓治理指重新厘定政府的职能范围，强调治理主体多元化网络的一种实践模式。新区域主义强调治理而非统治，通过治理的横向网络，由多个地方辖区联合，形成跨部门而非单一部门的协作治理层次[1]，并且在地方政府协作过程中要重点关注议程设置和资源动员的非正式结构和过程而非正式的制度安排。这种协作理念在地方政府协作中发挥重要作用。在政策制定与执行过程中，需政府与社会各界的合作、协商和参与，综合各种观点和信息，确保决策的全面性和公正性；需整合和调动政府和社会各界财政资金、技术支持、人力资源、社会组织等各种资源，更加灵活快速地制定决策、动员和分配资源、共享信息，以更快地应对变化和挑战，推动地方政府之间的协作。

3. 协同治理理论

（1）协同治理理论产生的背景

协同治理理论，是在"协同论"和"治理理论"的基础上经过发展起来的综合性治理理论，近年来广泛应用于公共管理领域的研究。协同治理始于19世纪，随着社会工业化发展和专业分工协作的深化，协同治理在私人组织管理领域得到了广泛应用，是公司治理理论的原型，是社会化分工不断发展的必然结果。赫尔曼·哈肯（Hermann Haken）最早在协同学领域开展研究，提出了协同学的概念，构架了协同治理的理论体系。该理论重点探索了客观世界中各类完全不同的系统从无序状态发展为有序状态的类似性，阐明了从无序状态到有序结构的原因及前提条件，展现了协同与有序之间的因果关系[2]。基于对协作的理解，美国学者汤姆森（Thomson）把协作治理理解为是一种地方政府为实现其目的所采取的一种治理策略，政府、非政府组织以及

---

① 叶林. 新区域主义的兴起与发展：一个综述 [J]. 公共行政评论，2010(03): 175-189+206.
② Haken H. Synergetics—An Introduction[M]. Springer—Verlag Berlin New York,1983:38.

社会公众等利益相关者在协作治理的具体实施中，以不同的方式参与到为解决共同问题的决策制定与实行中去。

"治理"发源于20世纪后期，詹姆斯（James）系统阐述了治理理论的内涵，是治理理论的创始人之一。他指出治理与统治的区别，认为治理既包括政府机制，还包括非正式、非政府机制[①]。治理理论强调各主体间合作与竞争的重要性，为了实现治理目标，尽可能制定出被大多数人所接受的规则。罗茨（Rhodes）则认为"治理"是一种不同于以往的统治过程和全新的社会管理方式，同时，他还对六种情境下的治理行为的定义进行了明确界定，指出治理是发生在政府公共部门与私人部门之间相互作用的一种方式，强调的是合作互动与协作共赢[②]。在我国的治理实践中，强宇豪和燕继荣认为协同治理理论的关注重点在多元主体在治理公共事务时的合作与协同，目的是实现治理效能的最大化[③]。

协同治理理论是从"协同"和"治理"两个理论概念中演变而来的。尽管这一理论尚未形成完整成熟的研究框架，但国内外学者已在概念界定和治理模式构建等方面进行了深入的探索。其中，库伊曼（Kooiman）和范弗利特（Van Vliet）是西方较早研究协同治理理论的学者。他们引入了协同学的思想，强调治理活动的秩序并非通过外部力量施加产生，而是需要多元主体间的相互作用和影响来实现[④]。这种思想揭示了治理过程中自组织行动方式的产生。安塞尔（Ansell）和加什（Gash）教授则将协同治理定义为多个公共机构与非公共机构或私人机构之间，以共同目标为导向的、非临时的集体审议决策过程，

---

① 詹姆斯·N.罗西瑙.没有政府的治理[M].张胜军，刘小林等译.南昌：江西人民出版社，2001:5.

② Rhodes R. The New Governance: Governing Without Government[J].Political Studies, 1996,44(45):652-667.

③ 强宇豪，燕继荣.从"治安"到"治理"——协同治理理论在群体性事件治理中的应用[J].陕西师范大学学报(哲学社会科学版),2024,53(02):135-144.

④ Kooiman J, Vliet M V. Governance and Public Administration[J].Managing Public Organizations,1993:64

旨在推行或实施公共政策①。而约翰（John）等从跨部门协同治理的角度出发，将协同治理定义为两个及以上部门通过共享资源、信息、行动等，实现单独部门无法实现的结果或目的②。

国内学者也从不同视角对协同治理理论的概念界定开展讨论。学者从公共政策执行过程的角度对"协同治理"进行界定，张蓓等认为"协同治理"指由公共管理者和私人利益相关者共同参与，以达到一定程度共识为目标的一种协调性公共政策制定与实施模式③。崔晶、马江聆提出"协同治理"是指在开展公共管理活动过程中，政府与市场、社会公众等多主体共同参与、协同发力、优化资源配置以更好地应对和解决公共问题④。李子云、童寒川进一步明确了"协同治理"的本质，主要包括治理主体的多元化、自组织间的协同、各子系统的协同性、共同规则的制定⑤。以上各位学者对"协同治理"的概念界定，基本上与治理理论所强调的平等、合作、多中心和网络化特征具有趋同性。综合"协同学"与"治理理论"的观点，全球治理委员会将协同治理定义为：公、私部门以及个体行动者协同联动对公共事务进行管理的手段、方式和工具的总和，强调以实现共同目标或利益为取向，不同利益主体协同采取持续性的联合行动。

（2）协同治理理论的主要观点

协同治理理论主要强调打破公、私部门之间的边界，使多元行动主体共

---

① C.Ansell, Gash A. Collaborative Governance in Theory and Practice[J].Journal of Public Administration Research and Theory,2007:543−547.

② John M B, Barbara C C, Melissa Middleton Stone. The Design and Implementation of Cross−Sector Collaborations: Propositions form the Literature[J].Public Administration Review,2006,66:44−45.

③ 张蓓，叶丹敏，马如秋.跨境电商食品安全风险表征及协同治理 [J]. 人文杂志,2021(10):115−121.

④ 崔晶，马江聆.区域多主体协作治理的路径选择——以京津冀地区气候治理为例 [J].中国特色社会主义研究,2019(01):77−84+108.

⑤ 李子云，童寒川.协同治理视域下的高职教育三维共治研究 [J].中国高校科技,2021(09):35−40.

同参与治理活动，实现主体功能的互补，面临复杂的社会问题很难通过单个主体的努力解决系统性问题，通过多主体的协同治理可以在发挥各主体的功能的同时实现协同治理的合力。另外，多元主体协商形成规则，进行集体行动，多个子系统结构耦合，各子系统相互协作，为了达成目标持续性运行，在治理的过程中形成了开放的治理系统。一方面，可以吸引多元主体参与社会治理，通过平等协商对话的方式达成协同治理意愿；另一方面，可以实现治理过程中信息和资源的公开与共享。

一是治理主体多元性。随着经济社会的快速发展，公共管理事务不断增加，仅依靠政府、事业单位作为治理主体已经无法应对现代社会发展带来的全部问题。因此，企业、各种非营利性组织和公众等多元主体需要共同参与到社会治理中来，成为社会公共事务领域的治理主体。各治理主体之间应该以共同利益为目标，通过资源的有效整合，发挥自身优势特点，共同促进目标的实现。这种多元性治理主体的参与有助于提高公共管理的效率和质量，促进社会和谐稳定发展[1]。

二是政府治理主导性。政府在治理系统中存在的必要性在于，它应该发挥主导作用，与其他治理主体保持相对平衡的关系。政府不应该仅仅起到幕后作用，而是需要积极参与治理过程。作为系统中最具权威的子系统，政府需要充分发挥其权威性、先天性权利和资源优势，协调其他子系统之间的关系，引领和主导整个系统的有序发展。通过培育和发展第三部门，增进政府与第三部门、公众之间的合作，完善协同参与机制，建立起以政府为主导，企业、社会团体、民众等三维框架下的协同治理机制。这种协同治理机制能够提高公共管理的效率和质量，促进社会的和谐稳定发展[2]。

三是治理系统协同性。治理系统中各个治理主体之间应该协作互动。在

---

① 司林波，聂晓云，孟卫东.跨域生态环境协同治理困境成因及路径选择 [J].生态经济,2018,34(01):171-175.
② 张振波.论协同治理的生成逻辑与建构路径 [J].中国行政管理,2015(01):58-61+110.

实际治理中，政府应利用其权威性和资源优势，发挥主导和引导作用，同时通过与公民和其他社会治理主体之间的对话交流，达成共识。通过与其他治理主体之间的协作对话、互动合作，加强信息交流协作，促使政府与企业、社会团体、公民等非政府治理主体之间形成合理有序的治理结构，共同实现治理目标。此外，要着重追求公民的参与平等地位，使公民能够通过平等的参与推动治理目标的实现。另外，自治组织作为协同治理过程中的重要行为体，它们之间也应该实现有效协作，互相尊重，推动治理根本目的达成[①]。

四是治理过程的动态性。协同治理理论强调治理是一个持续、有序的动态过程，社会环境的复杂性和多变性使得治理过程成为一个动态区间。协同治理的本质是为了实现利益的协调与整合，通过利益协调来化解矛盾冲突和价值偏好分歧，最终达成理念的统一，通过利益整合来消弭集体行动中可能存在的"搭便车"行为，实现各自行动上的相互协作。协同治理侧重于研究组织间行为，因此不仅是一种集体行为，也是一种动态过程。多方治理主体在系统内进行持续性的动态互动，这种互动是双向甚至多向的，在治理主体间相互认可的基础上进行[②]。

（3）协同治理理论与城市群地方政府协作治理的契合性

协同治理理论可以为城市群地方政府协作治理提供重要的理论指导和实践参考。各地方政府需要基于共同利益和目标，加强沟通和协作，实现城市群的协同发展和治理。同时，也需要不断调整和优化治理策略，保持持续的动态性和持续性，以适应不断变化的环境和需求。协同治理理论在城市群地方政府协作治理中的应用体现在以下几个方面。

第一，协同治理理论强调多元主体基于利益共同体需要采取集体行动，互相配合、相互协调、协同进步以达到协同治理优势。在城市群地方政府协

---

① 郑巧，肖文涛. 协同治理：服务型政府的治道逻辑 [J]. 中国行政管理,2008(07):48-53.
② 孙忠英. 基于协同治理理论的区域环境治理探析 [J]. 环境保护与循环经济,2015,35(09):18-21.

作治理中，各地方政府作为不同的治理主体，需要基于共同利益和目标，通过协作和协调，实现城市群的整体发展和治理。协同治理理论强调各治理主体之间的平等和互相尊重。在城市群地方政府协作治理中，各地方政府作为平等的治理主体，需要相互尊重、平等对待，避免出现权力争夺和利益冲突。只有建立在平等和互相尊重的基础上，才能实现有效的协作和合作。

第二，协同治理理论强调治理过程中的动态性和持续性。在城市群地方政府协作治理中，由于城市群的发展是一个动态的过程，各地方政府需要不断调整和优化治理策略，保持持续的沟通和协作，以适应不断变化的环境和需求。同时也要加强学习和借鉴其他地区或国家的成功经验和做法，不断完善自身的治理能力和水平。此外，协同治理理论还强调组织间行为的协调和整合。在城市群地方政府协作治理中，各地方政府需要相互认可、相互信任，通过协商和合作，实现资源的共享和优化配置，提高治理效率和效果。

第三，协同治理理论强调治理过程中的透明度和参与度。在城市群地方政府协作治理中，各地方政府需要加强信息公开和透明度，让公众和其他利益相关者了解治理过程和决策依据，同时也要鼓励公众和其他利益相关者参与治理过程，提出意见和建议，促进治理的民主化和科学化。

第四，协同治理理论还强调治理过程中的监督和评估。在城市群地方政府协作治理中，各地方政府需要建立有效的监督机制和评估体系，对治理过程和结果进行监督和评估，及时发现问题和不足，提出改进措施和建议，促进治理的持续改进和发展。

综上所述，协同治理理论在城市群地方政府协作治理中具有广泛的应用价值。各地方政府需要基于共同利益和目标，加强沟通和协作，实现资源的共享和优化配置，提高治理效率和效果。同时也要不断调整和优化治理策略，保持持续的动态性和持续性，以适应不断变化的环境和需求。

三、城市群地方政府协作治理机制的"结构—过程—回应"分析框架

基于上述分析，可以发现包容性发展理论、新区域主义理论以及协同治理理论，均为我们深入分析城市群地方政府协作治理机制的基础构件、行动过程、保障条件等提供了基本遵循。在此基础上，我们有必要建构一个整合性的城市群地方政府协作治理分析框架，并通过该分析框架深入理解包容性发展视域下我国城市群地方政府协作治理机制的内在逻辑理路，为我国城市群地方政府协作治理机制的优化创新提供方向性指导。

与传统单中心治理模式相比，多主体协作治理能够有效规避资源疲力、信息偏差等痼疾，并通过吸纳社会、市场等力量建构起系统化、全面化、立体化的城市群协作治理耦合网络，为城市群治理的精细化、精准化、精益化提供方向性指引。伴随全球化进程的加快，起源于20世纪80年代末的协同治理理论逐步发展成一种新的研究范式，能够为城市群地方政府协作治理行为的开展提供潜在理论解释与支撑。协同治理理论由"协同学"与"治理理论"共同交叉融合而成，全球治理委员会将其定义为，公、私部门以及个体行动者协同联动对公共事务进行管理的手段、方式和工具的总和，强调以实现共同目标或利益为取向，不同利益主体协同采取持续性的联合行动[1]。协同治理强调公共部门以及非公共部门之间应摒弃界限思维、柔性化其部门间边界，树立平等观念，保持其地位的公平性。同时，需要强调的是协同治理并非是一蹴而就的短期行为，而是一个持续化过程，在这个过程中所有行动者均应为实现同一目标或利益而协同互动，共担责任与风险。治理主体多元、治理过程协同、治理保障有力构成协同治理的核心要义。

---

[1] Commission on Global Govermance.Our Global Neighborhood[R].Oxford:Oxford University Press,1995:2-3.

"包容性发展"最早由世界银行在 2008 年发表的《增长报告：可持续增长和包容性发展的战略》中提出，旨在针对部分国家与地区经济发展缓慢、人民生存环境恶劣等问题，强调要在实现经济增长的同时取得社会与人的共同发展[①]。历经数年的实践积累和理论发展，包容性发展的内涵与外延均实现了进一步拓阔，发展机会公平[②]、发展过程协同[③]、发展成果共享[④]构成其核心要义。从包容性发展的本质来看，包容性不仅是指城市群内不同城市之间的包容性问题，同时还涉及不同主体之间（政府、社会、市场等）的包容性、可持续发展过程中代际之间（当代人、后代人）的包容性以及发展成果惠及全民等。由此而看，包容性发展与协同治理既相互区别，又存在紧密联系，可以将包容性视为城市群地方政府协作治理的理论内核，协作治理则构成实现城市群包容性、高质量发展必然要件，组织结构开放、治理过程协同、结果反馈有力是包容性在城市群地方政府协作治理领域的集中体现。基于此，本研究建构起包容性视域下城市群地方政府协作治理机制的"结构—过程—回应"分析框架，如图 2.1 所示。

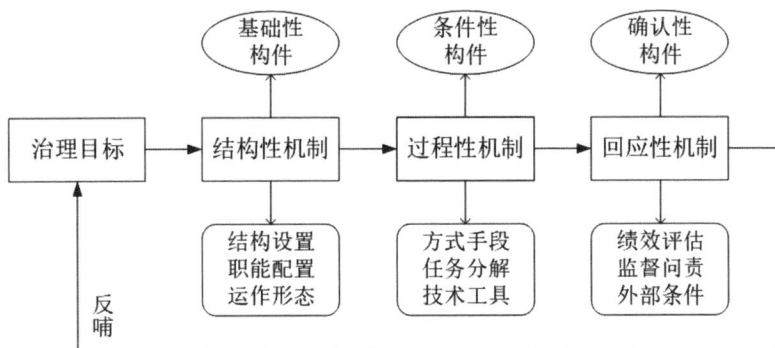

图 2.1　城市群地方政府协作治理机制的分析框架

① 世界银行 . 增长报告：可持续增长和包容性发展的战略 [M]. 孙芙蓉，张林，张晓莹，等，译 . 北京：中国金融出版社 ,2008:11-27.

② 高传胜 . 论包容性发展的理论内核 [J]. 南京大学学报 ,2012(01):32-39.

③ 李辉，洪扬 . 城市群包容性发展：缘起、内涵及其测度方法 [J]. 甘肃行政学院学报 ,2018(02):106-113+128.

④ 周小亮，刘万里 . 包容性发展水平测量评价的理论探讨 [J]. 社会科学研究 ,2012(02):1-8.

1. 结构性机制：城市群地方政府协作治理的基础性构件

结构性机制是实现城市群地方政府协作治理的基础与关键。城市群地方政府协作治理涉及跨区域、跨层级、跨部门的复杂主体，不同主体内部的价值理念、利益动机、治理能力、资源禀赋等均存在一定差异，由此相互交织出复杂的组织结构关系。比如，基于主体的外部性维度考察，可以将主体间的关系划分为政府与市场之间、政府与社会之间以及市场与社会之间的关系；基于主体的内部性视角考察，可以将政府内部的关系划分为中央政府和地方政府之间、地方政府之间以及政府部门之间的多维关系。同时，不同类型主体既有自身的资源禀赋优势，但同时也面对不同的挑战与困境，政府面对部门碎片化、府际竞争激烈、信息孤岛频现等多种困境；市场体系则存在不同类型、不同规模企业的不正当竞争现象；社会内部中介乱象、混乱无序等痼疾难除。协作治理结构性机制的设计既要克服内部的部门主义、视野狭隘和各自为政的弊病，提高对涉及不同公共部门、不同行政层级和政策范围的复杂问题的应对能力，又要调整与社会、市场的横向关系，以政府为纽带，发挥其战略协作的作用，构建政府与市场、社会通力合作、运转协调的治理网络[①]。同时，结构性机制既包含结构设置、职能配置、权利义务归属等静态研究，又涉及组织动员、协商讨论、行为博弈等动态研究。要实现结构性机制赋能协作治理高质量发展的最终目标，应注意将静态的结构研究和动态的治理过程分析相结合，同时，兼顾宏观主体视角与微观个体视角，从而实现城市群地方政府协同治理相关利益主体的全方位、系统性合作。

2. 过程性机制：城市群地方政府协作治理的条件性构件

过程性机制是实现城市群地方政府协作治理的条件与保障。协作治理过程主要是指在不同主体达成基本共识的基础上，对协同任务的纵、横双维分解，并通过设置外部约束条件、改进资源配置、强化技术配备与支撑等方式方法，最终实现主体间协同治理理念转变为实际协同治理效果的价值目标。这个过

[①] 刘伟.论"大部制"改革与构建协同型政府 [J].长白学刊,2008(04):47-51.

程，应以公共需求为核心，通过利益协调机制、信息共享机制、利益补偿机制以及信任机制的建构与实施，实现治理全过程整体效益的最大化。例如，结合协同治理实际情况动态化完善法律法规，明确治理主体的责任以及义务边界，规范不同治理主体的协同行为，形成包容、开放、良好的治理环境与氛围；通过建立利益协调机制，逐步消解不同主体的资源失衡、能力不足问题，更充分调动利益相关者的参与热情积极性。值得注意的是，协同治理的过程并非畅通无阻，可能还会受到不同治理环境或者规则规约的制衡，建立健全良好的考核评估以及沟通反馈机制有利于克服治理过程中的各种梗阻，从而形成最优化的协同效应，最终实现既定的协同价值。

　　3.回应性机制：城市群地方政府协作治理的确认性构件

　　回应性机制是对城市群地方政府协作治理的反馈与归纳。若将城市群地方政府协作治理的结果视为一种客观事实，那么，回应性机制就是对这种既定事实的感知与评估。从城市群协作治理的客观主体来看，治理的成效与居民生活质量直接相关，因此，居民对"美好生活向往"的期待也督促地方政府进一步强化对城市群协作治理的过程监督与结果评估。由于协作治理是一个包含设计、启动、运作、反馈的全闭环过程，因此有必要对协作治理的每一环节、每一流程进行全方位监督，以维持城市群协作治理过程的基本秩序，从而保证协作治理成效与初始治理目标相契合。同时，对于协作治理成效的评估与考核，除协作治理客观对象的主观体验与感知以外，仍需从客观维度出发进行适时反思与反馈，比如效率、效益、公平、满意度、回应性等维度，如此才能够全面、系统、详实地为城市群地方政府协作治理绩效的确认提供科学、有效的依据，进而检视其与既定期望值与目标的风险与差距。

第三章 ≫≫≫≫

城市群地方政府协作治理机制的历史演进

20 世纪 80 年代以来，伴随着全球化的经济市场化和地方分权化的发展趋势，探索促进区域平衡发展、推进区域一体化进程的有效模式和方法，成为世界各国、各地区和各地方政府谋求发展、提升竞争力所面临的普遍问题。由于各国的历史文化、自然资源、行政结构等不同，政府协同治理模式也各不相同。我国城市群地方政府协作治理经过复杂的发展历程，也形成了一些基本的协作形式和具体的协作机制。基于此，本章首先从时间维度梳理城市群地方政府协作治理机制的发展历程，其次从空间维度选取长三角城市群、京津冀城市群和珠三角城市群作为研究视域，深入分析城市群地方政府协作机制如何在政策指导下发展与推进，梳理地方政府协作机制发展的具体脉络，总结城市群地方政府协作治理机制成效的特点。

一、城市群地方政府协作治理机制的发展历程

1. 政府协作治理机制的建立期（20 世纪 80 年代—2000 年）

早在 1982 年，京津冀地区开始尝试建立区域协作机制，中共中央、国务院批复《北京市城市建设总体规划方案》中首次提出"首都圈"概念，并形成了环京津经济协作区。1985 年，由国家计划委员会牵头制发了《京津唐地区国土总体规划》以及农业、工业、能源、交通、水利与水资源、城建、生态、

环保等 8 个专项规划。

在 20 世纪末期前，长三角经济圈的政府协作便已经开始，在国务院的规划下于 1985 年以上海为中心城市，将周边三省市内邻近上海的 15 座地级以上城市共同规划为上海经济区，该经济区的合作范围初步拓展到以上海为中心的扇形区域。1992 年，长三角 15 个城市建立起经济协作办主任联席会议制度，后更名为"长江三角洲城市经济协调会"，这一组织的成立对于长三角地区经济的发展有着重要的促进作用，长江三角洲城市经济协调会以经济协作为纽带，为长三角地区的经济发展做出了显著贡献。

珠三角同样是我国地方政府协作较早的地区，1995 年广东省建设委员会组织编制了《珠江三角洲经济区城市群规划》，对于规划、引导区域的协作发展进行了初步尝试。2005 年，广东省政府和当时的建设部（现为住房和城乡建设部）联合编制的《珠江三角洲城镇群协调发展规划》将珠三角经济圈划分为九类地区四级管治，与此同时明确了各级政府及相关部门相对应的权力和责任。伴随着协作的不断深入，珠三角经济圈逐步由地理概念转变为经济概念，也开始逐步转向为由政府宏观调控下的市场自发型经济圈。

这个阶段下的社会发展程度较弱，中央对地方的控制力较强，对于社会经济的各项事务也采取全面的管理。同时，政府将精力更多地放在生产经营上，在政府部门内部，主要采取的是以计划经济为生产的部类为准则，从而来确定政府各部门间的分工配置以及权责范围，形成了"计划配置，各司其职"的分工关系。这种政府间的关系能够将职责分工与政府管理进行有效的衔接，进一步促进经济发展。这一时期的政府关系主要表现为中央政府为主导，地方政府在政治、经济上往往都依赖于中央，并且地方政府之间缺乏直接交流的动力，部门间关系表现为纵向关系较多，横向联系较少。因此，在此阶段地方政府间的横向协作发展并不顺利，主要归结于以下几类原因：第一，在协作过程中缺乏制度化、法制化的沟通平台。第二，部分传统行政管理思想仍然限制着地方政府协作的进行。第三，上级领导往往通过多种手段对下级政府进行控制，导致存在地方政府部门利用职权进行牟利。这一阶段的地方政府关系是不成熟的、不健康的，容易引发部门间的恶性竞争以及地方政府绩效考核只着眼于眼前的利益等一系列不良后果，在这种情况下的地方政府之间的协作程度较低。总的来说，在政府协作治理机制发展期间，地方政府之间的协作已经产生了很大的进步，横向联系也变多，但是这种横向联系仍然处于初步状态。

2. 政府协作治理机制的发展期（2000—2015 年）

2001 年沪苏浙三省市建立定期"沪苏浙经济合作与发展座谈会"制度，2004 年启动"两省一市主要领导座谈会"制度，在地方政府的决策层面将协作不断制度化、规范化。2009 年，将安徽省吸纳进原有的地方政府协作圈，至此，长三角经济圈地方政府协作范围基本确定。

在长期的协作中，长三角地区的地方政府协作积累了大量的经验，随之建立起的"3 层次 +1 制度"的地方政府协作机制也成为目前国内较为完备的地方政府协作机制[1]。其中的"3 层次"是指由决策层、协调层、执行层构成的由省市再到具体的政府部门共三个层次的联席会议，"1 制度"则是指专项合作制度[2]。"3 层次"中决策层是长三角政府协作机制的第一个层次，是指"长三角地区主要领导座谈会"，由长三角城市群的各省（市）主要领导出席，对于长三角协作的发展方向、宏观发展等问题进行协商协作；协调层是长三角政府协作机制的第二层，主要指"长三角地区合作与发展联席会议"，主要任务是基于协作决策层的战略部署，进行长三角区域内重大项目的推进与合作；执行层则是长三角协作机制的第三个层次，具体包括"联席会议办公室""重点合作专题组"等组织机构，依据决策层与协调层的工作安排，进行各项工作的落实。此外，长三角还设立了包含信息、交通等 10 多个重点协作专题组织，以此加强各个领域之间的协作。"1 制度"指的是专项合作制度，每当出现跨区域性的问题时，例如重大基础设施建设、跨区域环境保护

---

[1] 杜春甫. 胶东经济圈地方政府协作模式及其路径优化研究 [D]. 北京：中共中央党校, 2023.
[2] 王学栋，杨军. 国内外区域发展中政府协调机制建设的经验与借鉴 [J]. 科学与管理, 2013, 33(05):9–14.

等依靠单一政府主体难以应对的问题，长三角城市群各级政府可以通过专项合作制度，通过协作将此类问题进行化解。

珠江三角洲于 2003 年广东省人大会议期间提出要建立"珠江三角洲地区市长联席会议制度"，2008 年 12 月经国务院批准，《珠江三角洲地区改革与发展纲要》正式出炉，这标志着珠江三角洲地区区域合作有了一个整体性的方案。2014 年，广东省政府编制《珠江三角洲全域规划》(以下简称为《规划》)，对前几轮珠三角区域的规划进行了进一步的修订、梳理、深化和细化。《规划》强调要打破行政区划壁垒，规划"多中心、网络化"城市群空间结构；划定生态红线，建立区域性环境联防联治机制；推动珠三角与粤东西北地区的产业梯度转移与资源互补。《规划》是我国首个以"全域"为视角的区域规划方案。

2004 年，为了提升北京市作为首都的国际地位而通过了《北京城市总体规划（2004—2020）》，旨在让北京的城市发展与渤海湾地区的城市产生紧密的联系。2004 年 2 月，国家发改委地区经济司与部分主要城市共同商议，为解决京津冀区域合作发展的难题，在经济协作、资源协调、基础设施建设等多个领域达成"廊坊共识"。为进一步促进京津冀的发展，2008 年天津市发改委提出倡议并且联合三省市发改委共同召开了"京津冀发改委区域工作联席会"。

随着经济的不断发展，极大促进了地方政府之间的沟通与交流，催生了地方政府之间的协作以及互动。在经济转型期间为了更快地发展经济，地方政府拥有了更多的自主管理权，不单单听从于上级政府的指令。与此同时，省级政府也不断将权力进行下分，极大促进了下级政府的生产积极性，进一步促进了当地区域经济社会的发展。在这个阶段，地方政府协作具有几个方面的特点：第一，地方政府之间进行利益共享。这个时期下的地方政府协作迎来了深化发展，地方政府之间基于自身利益的基础上与其他政府之间进行利益共享，协作处理公共事务问题。第二，地方政府从被动参与协作转向了主动参与协作。在这一阶段，地方政府主动进行协商协作，协作主体之间有着高度的信任感。第三，构建起地方政府协作机制。该机制的建立对于地方政府协作进行了制度化安排，保障整个协作过程。

3. 政府协作治理机制的攻坚期（2015—2020年）

2015年以来，京津冀、长三角、粤港澳大湾区、成渝等几大城市群相继编制了规划纲要，为地方政府协作的发展提供了指导。伴随着不同地区之间空间统筹布局、产业分工、基础设施建设、生态环境联保共治等内容的完善，地方政府间的协作也进一步深化，步入了攻坚期。

京津冀地区提出了北京市及城六区人口控制目标以及一系列行政与市场相结合的调控措施，将非首都功能疏解作为推动北京区域协作的关键，还针对交通、生态、产业等重点协同领域提出了工作目标和重点工作内容。随后在我国"十二五"规划纲要中，提出了要以首都北京为核心城市建设起"首都经济圈"。2015年4月，中共中央政治局会议通过了《京津冀协同发展规划纲要》，再一次强调了京津冀协同发展的目的在于有序疏解北京非首都功能，使该地区在地区交通一体化建设、生态环境保护等关系着地区经济发展、公共服务的重要领域取得较大的成效。2016年，国家发改委发布的《"十三五"时期京津冀国民经济和社会发展规划》标志着京津冀地区在"十三五"阶段仍是发展的关键，并且要求各地方政府将城市自身的发展融入区域共同发展中。2017年，中共中央于4月向社会公布在河北省设立雄安新区的重大战略决策，京津冀地区将会逐渐形成北京城市副中心——河北雄安新区的"两翼"新格局。在党的十九大报告中，又再一次强调了协作发展的重要目标，即疏解北京非首都功能。2017年，由北京市政府发布的《北京城市总体规划（2016—2035）》中指出必须将北京市的发展置于京津冀区域的总体发展中，北京市的建设必须放眼世界，打造以北京作为首都功能的世界级城市群。至此，京津冀城市群已经演化成为"一核、双城、三轴、四区、多节点、两翼"的空间整体布局，并将逐步转移北京非首都功能至周边省市，北京、天津两个直辖市是带动该地区发展最为关键的核心动力，围绕北京市的京津、京保石、京唐秦产业发展带和城镇聚集轴支撑京津冀协同发展，对京津冀区域发展具有重要作用的四大区域要明确其建设重点，对河北省的多个节点城市的发展予以重视，建设北京城市副中心——雄安新区的两翼格局①。

长三角城市群在这段时期注重区域生态环境治理短板，将长三角生态绿色一体化发展作为生态协同治理的重要抓手，在生态环境治理上探寻一套可循的协作治理机制。此外，长三角致力于打造与国际通行规则相衔接，更具国际市场影响力、国际竞争力的经济功能区，带动长三角产业的发展。2018年，长三角区域合作办公室在上海正式设立。为了应对与解决日益复杂的公共事务问题，政府之间的协作迎来了不断的调整与改进，包括搭建地方政府协作平台，促进常态化的协作机制建设，以此提高政府治理复杂公共事务的能力以及丰富政府职能。同年，上海市举办首届中国国际进口博览会，习近平总书记在开幕式上的演讲强调了上海及其周边地区在中国对外开放格局中有着重大意义，并将长三角区域一体化战略进一步升格为国家级战略，随着战略地位的提升长三角也迎来了新一轮的发展机遇，对长三角协作治理提出更高的要求。2019年10月15日，长三角城市经济协调会在芜湖召开第十九次会议，全票审议通过《关于吸纳蚌埠等七城市加入长三角城市经济协调会的提案》，意味着该地区的41座地级市以上的城市均加入长三角经济协调会。2019年12月，中共中央、国务院发布《长江三角洲区域一体化发展规划纲要》中指出长三角的地理位置、经济规模以及技术产业在我国现代化建设大局和全方位开放格局中有着重要的战略意义，长三角城市群要勇于创新并坚持对外开放战略，努力带动周边区域共同发展，为全国其他地区的协同发展做出良好表率。

2015年3月，国家发改委、外交部以及商务部联合发布了《推动共建丝绸之路经济带和21世纪海上丝绸之路的愿景与行动》，提出了"充分发挥深圳前海、广州南沙、珠海横琴、福建平潭等开放合作区作用，深化与港澳台合作，打造粤港澳大湾区"，至此，"粤港澳大湾区"这一概念正式提出，

---

① 王艺璇.区域环境治理中的地方政府合作网络研究[D].上海：华东政法大学,2023.

将粤港澳大湾区的建设提升至国家战略布局层面。随后，2016年国家"十三五"规划提出了"推动粤港澳大湾区和跨省区重大合作平台建设"，强调"携手港澳共同打造粤港澳大湾区，建设世界级城市群"。同年提出的《关于深化泛珠三角区域合作的指导意见》也明确了粤港澳大湾区在合作深化过程中的地位和方向。2017年《深化粤港澳合作推进大湾区建设框架协议》提到了要完善创新合作机制，促进互利共赢的合作关系，并提出要打造国际一流湾区和世界级城市群，粤港澳大湾区正式进入建设阶段。2019年2月提出的《粤港澳大湾区发展规划纲要》对于粤港澳大湾区的战略定位、发展目标、空间布局进行了详尽的规划，为粤港澳大湾区地方政府协作提供了理论和实践指南，成为大湾区管总的纲领性文件。同年，伴随着《中共中央　国务院关于支持深圳建设中国特色社会主义先行示范区的意见》的提出，进一步助推了粤港澳大湾区的发展和建设，并且规划了深圳新一轮改革发展的蓝图。同时，气象发展规划、城际建设规划、产业规划等专项规划也陆续印发实施，制定了一系列的配套政策与方案。凭借着其他城市的建设、发展经验，粤港澳大湾区通过传统文化弘扬、就业创业环境完善等工作，吸引各类国际人才聚集。此外，粤港澳大湾区积极破解"一国两制"制度差异，通过构建多种合作平台形成了多方位、多层次、多元化的协作机制。

　　成渝地区双城经济圈是国家2016年批复的第四个国家级城市群[①]，2016年由国家发展改革委、住房和城乡建设部联合印发《成渝城市群发展规划》标志着成渝地区在长期的发展和演化后，由国家层面通过规划正式确立城市群的成立，指出了成渝地区发展的"一轴两带、双核三区"的新空间格局。"一轴"为成渝发展主轴，"两带"为沿江城市带和成德绵乐城市带，"双核"为成都和重庆主城区，"三区"则包括川南城镇密集区、南遂广城镇密集区、达万城镇密集区。2020年，习近平总书记主持召开中央财经委员会第六次会议首次提出推动成渝地区双城经济圈建设，此后成渝地区双城经济圈建设与

---

① 叶文辉，陈凯.成渝城市群创新协同及空间效应特征[J].经济体制改革,2020(05):65-72.

京津冀协同发展、长三角一体化发展、粤港澳大湾区发展一同正式上升为国家战略。2020年4月，四川省文化和旅游厅、重庆市文化和旅游发展委员会签署《推动成渝地区双城经济圈建设战略合作协议》以及《推动成渝地区双城经济圈文物保护利用战略合作协议》，通过发展成渝地区独特的自然风光、民俗民情、特色餐饮等，打造出高品质的消费空间，建设巴蜀文化旅游走廊。同时，通过构建西部陆海新通道、统筹完善亚欧通道、优化畅通东向开放通道，建立综合立体的国际大通道，建设川渝自由贸易试验区协同开放示范区等高水平开放平台，打造内陆改革开放高地，在西部改革开放中发挥示范带动作用。

4. 政府协作治理机制的新时期（2020年至今）

"十四五"时期是开启全面建设社会主义现代化国家新征程的第一个五年，我国进入新发展阶段，发展环境面临深刻复杂变化。当今世界正经历百年未有之大变局，保护主义、单边主义上升使世界进入动荡变革期。与此同时，我国正处于实现中华民族伟大复兴的关键时期，经济已由高速增长阶段转向高质量发展阶段，正在形成以国内大循环为主体、国内国际双循环相互促进的新发展格局。在这一大背景下，我国地方政府协作也呈现出多领域、多层次、多方面的发展态势。

随着新一轮科技革命以及产业变革的到来，以数字化、网络化、智能化为特征的信息化浪潮蓬勃发展，地方政府协作迎来了新的机遇。2023年5月，习近平总书记在河北考察并主持召开深入推进京津冀协同发展座谈会时强调了"京津冀作为引领全国高质量发展的三大重要动力源之一，拥有数量众多的一流院校和高端研究人才，创新基础扎实、实力雄厚，要强化协同创新和产业协作，在实现高水平科技自立自强中发挥示范带动作用"。在新时代的背景下，京津冀要始终引领创新、强化协同创新，不断提升科技创新以及产业融合的发展水平。2023年11月，在工信部指导下，由北京市科委、中关村管委会联合天津市、河北省高新区主管部门共同推动，成立了京津冀国家高新区联盟，联盟的成立进一步提升了京津冀的协作治理能力。

在经济建设方面，随着2021年9月27日首届京津冀自贸试验区联席会议在天津市圆满举办，标志着京津冀自贸试验区联席会议机制正式建立。发布会上，三地共同签署了《京津冀自贸试验区三方战略合作框架协议》，京津冀自贸试验区联席会议机制的成立推动了三地自贸试验区突破体制机制阻碍，实现了产业链、创新链的深度融合，成为京津冀协同发展历程中的又一标志性成果。此外，三地自贸试验区联席会议机制促进了金融、数据、人才等关键核心要素跨区域自由流通，成功打造了有国际影响力的产业链和产业集群，为国家扩大开放提供更多区域协同开放经验。2023年12月，广西自贸试验区协同发展区正式设立，在南宁、钦州、崇左、北海、防城港设立广西自贸试验区协同发展区，广西自贸试验区新添5个成员。广西自贸试验区协同发展区的设立，是落实国家沿边临港产业园建设部署的有力举措，能够进一步助力中国—东盟产业合作区建设。同时，推动广西自贸试验区、协同发展区、中国—东盟产业合作区在制度创新、产业发展、物流建设、要素共享、服务配套、监督管理等方面协同发展为推动广西经济社会高质量发展和高水平开放注入强劲动力。

在教育领域，2023年10月北京市教委、天津市教委、河北省教育厅共同签署了《京津冀教育协同发展行动计划（2023—2025年）》，北京教育科学研究院、天津市教育科学研究院、河北省教育科学研究院、北京市通州区教育委员会、河北雄安新区公共服务局共同签署了《深化共建京津冀教育协同发展研究中心总体框架协议》。通过教育协同推动北京创新资源和天津研发转化紧密衔接，深化京津冀地区的协同创新和产业协作。2023年12月，西部基础教育协同发展联盟成立大会在重庆举行，由西南大学发起，西部13所师范大学和114所普通中小学校共同成立了西部基础教育协同发展联盟，涉及重庆、四川、云南、贵州、广西、西藏、新疆、青海、陕西、宁夏、甘肃、内蒙古12个省、市、自治区。宗旨是整合西部教师教育资源，协同推进西部基础教育优质均衡发展，同时举办首届西部基础教育协同发展论坛，搭建西部师范院校和中小学的研修共同体，共同促进西部基础教育教师专业能力提升，大力推动西部基础教育高质量发展。

在数字化治理方面，2023 年 10 月川渝两地经信、发改等 12 个部门联合印发《成渝地区双城经济圈网络安全产业高质量协同发展行动计划（2023—2025 年）》（以下简称《行动计划》），提出聚焦安全治理服务，共同开展网络安全护航行动。此外，《行动计划》还指出，要共同开展技术创新提升行动，重点突破人工智能安全、区块链安全、云安全等领域关键技术，布局组织运行开放、治理结构多元的创新平台，完善成果转化服务链条。2023 年 11 月，长三角网信办主任会议在上海召开，上海、江苏、浙江、安徽四省（市）委网信办签署《关于推进长三角区域网信工作协同发展的合作备忘录》。随着三省一市的主流思想舆论不断扩大，网络综合治理体系效能不断增强，取得区域数字化服务共享、数字基础设施共建共用等合作成果，形成了长三角网络传播协作机制、网络安全联席会议制度、网络综合治理协同机制等一批创新实践，为服务全国网信事业高质量发展贡献长三角力量。

在环境保护方面，2021 年 5 月底，云南、贵州和四川三省人大常委会分别审议通过了《关于加强赤水河流域共同保护的决定》，云南、贵州和四川三省未来将加大对流域内污染物的防治与监管，健全赤水河流域生态环境、水文、气象、航运、自然灾害等监测网络体系和信息共享系统，推动流域内受益主体参与流域生态环境保护。2020 年打赢蓝天保卫战三年行动计划顺利收官，但中国没有停下大气污染治理的步伐，2022 年 6 月京津冀三地环保部门联合签署《"十四五"时期京津冀生态环境联建联防联治合作框架协议》，在北京城市副中心、河北雄安新区等重点区域着力开展治理行动，重点关注大气污染、生态环境执法等领域。同年，河北省三河市和北京市顺义区首次开展生态环境治理合作，就大气污染协同治理两地签署《环境污染应急合作协议》以及《大气污染防治联防联控合作协议》。此外，审议通过《关于建立生态环境保护工作对接机制的实施意见》，通过拓展联防联控渠道和开展联合执法等方式加强了合作。

在旅游与交通方面，2023 年 6 月 6 日，在第五届长三角一体化发展高层论坛上，沪苏浙皖文化和旅游部门共同签署《长三角文化和旅游高质量一体化发展框架协议》（以下简称《协议》）。《协议》的签署能够充分发挥长三角文化和旅游联盟、长三角数字创意产业联盟以及各类专业和馆际联盟等平台作用，同时强化信息互通共享，进一步推动协作机制的完善。2022年，长江中游三省协同推动高质量发展座谈会在线上展开，三省签署了《发挥西部陆海新通道及中老铁路作用，融入共建"一带一路"新格局的协议》，涉及基础设施互联互通、开行国际铁路联运班列、强化集货力度、通关便利化、建立多式联运跨境信息平台、通道沿线产业融合等多个方面，为长江中游的协作解决了交通难题，进一步促进了三省的沟通与交流。

二、城市群地方政府协作治理机制发展的政策演进：以三大城市群为例

1. 长三角城市群

1982年12月，全国人大五届五次会议通过《关于第六个五年计划的报告》，确定了以上海为中心的长江三角洲的经济区规划，包括长江三角洲的苏州、无锡、常州、南通和杭州、嘉兴、湖州、宁波等8个城市以及上海。1984年12月，安徽、江西和福建三省加入。2003年8月，台州加入长江三角洲城市经济协调会，逐渐形成了以苏浙沪16个城市为主体形态的长三角城市群的概念。2018年，长三角区域一体化发展上升为国家战略，长三角一体化进入新的发展阶段。在这一背景下，2019年12月1日，中共中央、国务院印发了《长江三角洲区域一体化发展规划纲要》。在文件中明确，长三角包括上海市、江苏省、浙江省、安徽省三省一市全域，面积达到35.8万平方公里。且在三省一市基础上界定了中心区，以及长三角生态绿色一体化发展示范区、中国（上海）自由贸易试验区新片区等概念和功能。其中中心区包括上海市、江苏省、浙江省和安徽省的27个城市，辐射带动41个城市。

改革开放特别是党的十八大以来，长三角地区经济发展成效显著，成为经济最活跃、开放程度最高、创新能力最强的区域之一，是全国经济的重要

增长极。对长三角区地方政府协作治理机制的发展历史进行分析,可分为启动阶段、建设阶段、高速发展阶段与高质量发展阶段(见表3.1)。

(1)启动阶段(1992—2000年):协商机制形成

自改革开放以来,长三角地区由于缺乏有效的区域机构、协调机制以及共同合作的治理体系,导致地方政府各自为政,地方保护主义的现象频发,严重制约了长三角地区的协调发展。与此同时,中央作出上海浦东开发开放的重大决策。面对上海浦东的发展机遇,为促进长江三角洲地区经济一体化、协调可持续发展,长三角一体化发展再次成为迫切需求。

1992年,上海、南京、杭州等14个城市政府自发组织成立长三角协作办(委)主任联席会,此次会议标志着长三角政府协商机制开始全面启动,至1996年共召开五次会议。1997年,江苏省泰州市加入,长三角协作办主任联席会议组成新的经济协调组织——长三角城市经济协调会。协调会设常务主席方和执行主席方,由上海市担任常务主席方,由除上海市外的其他城市轮流担任执行主席方。同年,会议通过了《长江三角洲城市经济协调会章程》,对长江三角洲城市经济协调会的目的、任务和组织结构等进行了规定,构建了长三角城市合作的基本框架[①]。1999年5月,长三角城市经济协调会第二次会议在杭州召开。会议进一步讨论了深入推进区域科技合作,推动国有企业改革与资产重组,筹建国内合作信息网等合作专题。

(2)建设阶段(2001—2007年):协商机制进一步发展

继上海浦东开发开放、长三角一体化发展等战略出台,我国经济进一步发展。2001年,中国加入WTO,为长三角地区一体化提供良好发展环境。另外,上海及长三角腹地得天独厚的地理优势和良好的基础设施,吸引了越来越多外资,以企业为主导的地域分工,使长三角内部联系更为紧密[②]。

为了更进一步提升长三角地区的合作,2001年,沪苏浙两省一市发起

---

① 张学良,林永然,孟美侠.长三角区域一体化发展机制演进:经验总结与发展趋向[J].安徽大学学报(哲学社会科学版),2019,43(01):138-147.

② 马仁锋.长江三角洲区域一体化政策供给及反思[J].学术论坛,2019,42(05):114-123.

"沪苏浙经济合作与发展座谈会"制度，标志着长三角区域一体化机制上升到省级层面，进入了一个立足于长期性、战略性、整体性协作的新阶段。部分区域充分发挥自主性，就自身发展实际状况与特点，就共同开发、产业分工等方面开展双向互动。同时经济协调会制度也不断发展，2003 年，浙江省台州市加入，城市经济协调会规模进一步扩大。2004 年，经济会议以"完善协调机制，深化区域合作"为主题，讨论并通过了《关于设立信息、规划、科技、产权、旅游、协作专题工作的提案》等议题，签署《城市合作协议》。同年，沪苏浙三省市主要领导座谈会制度启动，这是由时任浙江省省委书记习近平提议设立的一种定期磋商机制，旨在应对长三角地区协同发展中的各种问题。2006 年 11 月，《长江三角洲地区区域规划纲要》编制完成。至此，以长江三角洲城市经济协调会、沪苏浙经济合作与发展座谈会和长三角各职能部门主持召开的各种合作会议为基础，初步建立起了长三角内部地方政府协作机制。

（3）高速发展阶段（2008—2017 年）："三级运作"机制形成

2008 年全球金融危机爆发，此时已成为我国外贸重镇的长三角地区也受到巨大影响，出口受阻、投资减少、就业率下降等问题纷至沓来。同时，经济高速发展导致的空气、水资源等环境问题也层出不穷。这一系列社会、经济、环境问题都促使着沪苏浙三地从长三角区域这个中观层面去思考和研究新的发展动力和社会与自然关系等[①]。在国际国内环境下，为应对各种各样的挑战，更好地促进区域发展，长三角区域提出更为完善的协作机制，协作范围进一步扩大。

2008 年以前，由于区域间发展差距较大，安徽省并未加入长三角区域协作。2008 年，国务院发布《关于进一步推进长江三角洲地区改革开放和经济社会发展的指导意见》，指出"要积极探索新形势下管理区域经济的新模式，坚持政府引导、多方参与的合作机制。积极推进泛长江三角洲区域合作，要

---

① 郭继 . 上海与长三角一体化发展历史回顾 [J]. 党政论坛 ,2018(12):11-14.

进一步加强与中西部地区经济协作和技术、人才合作，带动和帮助中西部地区发展"[①]。同年，安徽省出席长三角地区主要领导座谈会，标志着安徽省正式加入长三角区域协作。2010年，国务院先后印发《全国主体功能区规划》《长江三角洲地区区域规划》，将安徽省纳入长三角地区。2016年，《长江三角洲城市群发展规划》明确指出"长三角城市群在上海市、江苏省、浙江省、安徽省范围内"，长三角地理区域不断扩大，先后18个城市加入长三角城市经济协调会。

在此阶段，长三角政府形成了决策层、协调层和执行层"三级运作"的区域合作机制。其中，决策层包括长三角地区主要领导座谈会，协调层包括长三角地区合作与发展联席会议，执行层包括联席会议办公室、重点合作专题组、城市经济合作组。

（4）高质量发展阶段（2018年至今）：协作发展新局面

"三级运作"机制是一个交流沟通的机制，但是在区域一体化过程中，各层级组织缺乏一个各方授权、各方认可的能进行管理的领导机构。因此，各组织之间仅是简单的开会交流，而没有从根本上协调起来去合作，各地区间缺乏执行监督平台，恶性竞争现象难以避免。而成立长三角区域合作办公室，则是迈上协作治理的关键一步。

2018年1月，成立长三角区域合作办公室作为日常协调机构，由三省一市讨论谋划最基层、最基础的合作意向，提出各自的需求，制定长三角一体化发展的行动计划。2018年4月，习近平总书记作出重要批示，要求上海进一步发挥龙头带动作用、苏浙皖各扬所长，使长三角实现更高质量的一体化发展[②]。2018年6月，《长三角地区一体化发展三年行动计划（2018—2020年）》发布，长三角一体化发展进入高质量发展阶段。2018年11月，习近平总书记在首届中国国际进口博览会上宣布，支持长江三角洲区域一体化发展

① 国务院关于进一步推进长江三角洲地区改革开放和经济社会发展的指导意见 [EB/OL]. (2008-09-16)[2022-01-03].http://www.gov.cn /zwgk /2008 - 09/16/content_1096217.htm.
② 刘志彪，陈柳.长三角区域一体化发展的示范价值与动力机制 [J]. 改革,2018(12):65-71.

并上升为国家战略。2019 年 12 月，中共中央、国务院印发《长江三角洲区域一体化发展规划纲要》，在文件中明确指出长三角包括上海市、江苏省、浙江省、安徽省三省一市全域，要强化区域联动发展，推进跨界区域共建共享，形成区域协调发展新格局。2021 年，为推动长三角区域加快形成多主体参与、多手段结合的网络综合治理格局，三省一市召开长三角区域网络综合治理协同机制座谈会，会议通过《关于长三角区域网络综合治理协同工作机制实施方案》，在数据共享、内容治理、举报处置、互联网党建等方面，积极运用经济、法律、技术等多种手段进行区域网络综合治理，形成网络综合治理一体化合作模式，构建一体化网络综合治理协同体系。

表 3.1　长三角城市群地方政府协作治理机制政策演进

演变阶段	时间	政策名称
启动阶段	1992—2000 年	1997 年《长江三角洲城市经济协调会章程》
建设阶段	2001—2007 年	2004 年《关于设立信息、规划、科技、产权、旅游、协作专题工作的提案》 2004 年《城市合作协议》 2006 年《长江三角洲地区区域规划纲要》
高速发展阶段	2008—2017 年	2008 年《关于进一步推进长江三角洲地区改革开放和经济社会发展的指导意见》 2010 年《全国主体功能区规划》 2010 年《长江三角洲地区区域规划》 2016 年《长江三角洲城市群发展规划》
高质量发展阶段	2018 年至今	2018 年《长三角地区一体化发展三年行动计划（2018—2020 年）》 2019 年《长江三角洲区域一体化发展规划纲要》 2021 年《关于长三角区域网络综合治理协同工作机制实施方案》

2. 京津冀城市群

京津冀城市群是中国的"首都经济圈",是中国三大城市群之一,也是北方最大的城市群。京津冀城市群幅员面积达 21.6 万平方公里,其中河北占比 86.9%。京津冀城市群共包括 2 个直辖市、1 个省会城市、10 个地级市和 22 个县级市。京津冀城市群包括北京、天津 2 个超大城市,石家庄、唐山、秦皇岛、邯郸、保定和张家口 6 个 II 型大城市,承德、沧州、廊坊、衡水和邢台 5 个中等城市,以及定州、辛集 2 个省直管市和河南省的安阳。京津冀的空间格局以北京市为核心,以北京副中心城市和雄安新区为两翼,以北京市、天津市为双城,以京津、京保石、京唐秦作为三大发展轴线,包括石家庄、唐山、邯郸等区域中心城市和张家口、承德、廊坊、秦皇岛、邢台、衡水等节点城市。

2014 年,京津冀一体化发展上升为国家战略,自此,协同发展成为京津冀区域发展的重要引擎。京津冀在交通、环保、医疗、联合执法、经济等方面的协同发展都开展了积极有益的探索和实践,成为休戚与共的命运共同体。纵观京津冀区域协作治理机制发展历程,可分为以下四个阶段:启动阶段、建设阶段、高速发展阶段与高质量发展阶段(见表 3.2)。

表 3.2 京津冀城市群地方政府协作治理机制政策演进

演变阶段	时间	政策名称
启动阶段	1980—2000 年	1982 年《京唐地区国土总体规划》 1996 年《北京市经济发展战略研究报告》 1996 年《中华人民共和国国民经济和社会发展"九五"计划和 2010 年远景目标规划纲要》
建设阶段	2001—2013 年	2001 年《京津冀北(大北京地区)城乡空间发展规划研究》 2006 年《北京市人民政府、河北省人民政府关于加强经济和社会发展合作备忘录》 2008 年《天津市人民政府、河北省人民政府关于加强经济和社会发展合作备忘录》

演变阶段	时间	政策名称
建设阶段	2001—2013 年	2008 年《北京市、天津市、河北省发改委建立"促进京津冀都市圈发展协调沟通机制"的意见》 2011 年《中华人民共和国国民经济和社会发展第十二个五年规划纲要》
高速发展阶段	2014—2017 年	2015 年《京津冀协同发展规划纲要》 2015 年《京津冀协同发展交通一体化规划》 2015 年《京津冀协同发展生态环境保护规划》 2016 年《京津冀产业转移指南》 2016 年《"十三五"时期京津冀国民经济和社会发展规划》
高质量发展阶段	2018 年至今	2018 年《河北雄安新区规划纲要》 2023 年《京津冀产业协同发展实施方案》 2023 年《京津冀区域市场一体化建设举措》 2023 年《关于协同推动绿色金融助力京津冀高质量发展的通知》 2023 年《京津冀人社部门人才工作协同发展合作框架协议》

（1）启动阶段（1980—2000 年）：动力机制建设

1978 年，我国实行改革开放的基本国策，但是由于改革开放前不合理的区域发展政策，一些地区经济相对落后。为解决地区间发展差距过大的问题，中国中央政府致力于推动区域均衡发展，提出要搞"横向经济联合"。

在"横向经济联合"背景下，1981 年 10 月 5 日，第一个区域协作组织——华北地区经济技术协作会成立，协作区由北京、天津、河北、山西和内蒙古组成。1982 年，《北京城市建设总体规划方案》中首次出现"首都圈"一词，将首都圈分为内圈和外圈，内圈包括北京、天津与河北省的唐山、廊坊和秦皇岛，外圈则包括承德、张家口、保定和沧州。同年，原国家计划委员会规划并制定了《京唐地区国土总体规划》，这可以看作是政府部门研究京津冀一体化的开端①。1986 年，天津提出了环渤海区域合作，环渤海地区 15 个城市共同发起成立了环渤海地区市长联席会，京津冀三大区域的积极协作就此展开。1988 年，北京市与河北的保定、廊坊、唐山、秦皇岛、张家口、承德六市组成环京经济协作区，建立市长、专员联席会议制度②。

1995 年，河北省正式提出"两环开放带动战略"，其中两环指环渤海、环京津，主动加强与京津两地的合作。1996 年，《北京市经济发展战略研究报告》中提出建立以北京、天津为核心，包含河北省唐山、秦皇岛、承德、张家口、保定、廊坊和沧州的"2+7"合作模式。报告的提出代表着地方政府初步摆脱了局限于自身利益的安于故俗观念，树立了开放合作的"区域观"。同年，《中华人民共和国国民经济和社会发展"九五"计划和 2010 年远景目标规划纲要》明确指出要促进区域经济协调发展，发挥交通发达、大中城市密集、科技人才集中、煤铁石油等资源丰富的优势，以支柱产业发展、能源基地和运输通道建设为动力，依托沿海大中城市，形成以辽东半岛、山东半岛、京津冀为主的环渤海综合经济圈③。

在各项政策的影响下，京津冀三地突破行政界线，逐步形成跨区域的合作机制，但由于计划经济的影响以及各地方政府自成体系的传统观念，使得该时期三个区域间的竞争关系仍超于协作。

（2）建设阶段（2001—2013 年）：合作机制与联席会和联络员制度建立

21 世纪后，全球化程度的加深以及长三角与珠三角区域合作建设的不断发展，进一步促进了京津冀地区区域协作进程。2001 年 10 月，建设部审定并发布了《京津冀北（大北京地区）城乡空间发展规划研究》，"大北京"规划的基本思路是以北京、天津"双核"为主轴，以唐山、保定为两翼，廊坊

---

① 魏丽华 . 建国以来京津冀协同发展的历史脉络与阶段性特征 [J]. 深圳大学学报（人文社会科学版),2016,33(06):143-150.

② 姚鹏 . 京津冀区域发展历程、成效及协同路径 [J]. 社会科学辑刊 ,2019(02):127-138.

③ 中华人民共和国国民经济和社会发展"九五"计划和 2010 年远景目标纲要 [J]. 人民论坛 ,1996(04):6-9.

为腹地，疏解大城市功能，调整产业布局，发展中等城市，增加城市密度，从而构建"大北京"地区组合城市[①]。2004年2月，国家发展和改革委员会地区经济司，北京市、天津市、河北省发展和改革委员会在廊坊市召开京津冀地区经济发展战略研讨会，会议形成"廊坊共识"，京津冀三地的合作由虚转实。同年11月，国家发展和改革委员会地区经济司召集北京市、天津市、河北省发展和改革部门开展京津冀规划座谈会，宣布正式开展京津冀都市圈区域规划编制工作，但由于部门变动以及三地出于自身利益考虑等问题难以达成共识，规划工作难以进行。

2006年10月，北京市与河北省两地政府签署了《北京市人民政府、河北省人民政府关于加强经济和社会发展合作备忘录》，内容涉及交通、资源、能源、旅游等诸多领域。2008年11月，天津市与河北省两地政府签署了《天津市人民政府、河北省人民政府关于加强经济和社会发展合作备忘录》，京津冀合作更进一步。2008年2月，京津冀发改委区域工作联席会在天津召开，三地共同签署《北京市、天津市、河北省发改委建立"促进京津冀都市圈发展协调沟通机制"的意见》。确立了建立联席会和联络员制度，建立发改委区域工作信息发布制度等[②]，形成了正式的横向沟通协商机制。2011年3月，《中华人民共和国国民经济和社会发展第十二个五年规划纲要》（以下简称《纲要》）发布，指出推进"京津冀一体化发展"，"打造首都经济圈"。《纲要》的发布，使得京津冀一体化发展得到国家层面的支持。2013年，京津、京冀、津冀分别签署合作框架协议，具体详实地制定了环境、公共服务等多领域的合作。2013年5月，习近平总书记在天津调研时提出，要谱写新时期社会主义现代化的京津"双城记"。同年8月，习近平总书记在北戴河主持研究河北发展问题时强调，在京津"双城记"的基础上，积极推动京津冀协

---

① 吴良镛.京津冀北城乡空间发展规划研究——对该地区当前建设战略的探索之一 [J].城市规划,2000(12):9-15.

② 锁利铭，廖臻.京津冀协同发展中的府际联席会机制研究 [J].行政论坛，2019, 26 (03): 62-71.

同发展①，京津冀协作进入新阶段。

该时期京津冀区域协作经历了曲折发展，建立了横向沟通协商的联席会制度，区域协作领域扩大，但协作广度和深度仍十分有限，无法有效解决"自说自话"现象。其根本原因在于区域内部各自为政观念没有完全转变，合作更多地停留在概念层面。

（3）高速发展阶段（2014—2017年）：协作治理机制初步建立

2014年2月，习近平总书记主持召开京津冀三地协同发展座谈会，明确了实现京津冀协同发展是重大国家战略，强调了京津冀抱团发展的重要性，要求打破"一亩三分地"的思维定式，坚持优势互补、互利共赢，实现京津冀科学可持续的协同发展，这标志着京津冀协作治理进入高速发展时期。2014年8月2日，京津冀协同发展领导小组成立，由中共中央政治局常委、国务院副总理张高丽担任组长，对京津冀区域发展进行顶层设计与统筹布局。2015年4月30日，中央政治局会议审议通过《京津冀协同发展规划纲要》，明确提出了"一核、双城、三轴、四区、多节点"的空间布局，指出要在京津冀交通一体化、生态环境保护、产业升级转移等重点领域率先取得突破，标志着京津冀协同发展的顶层设计基本完成。

在此基础上，中央相关部委接续出台了《京津冀协同发展交通一体化规划》《京津冀协同发展生态环境保护规划》《京津冀产业转移指南》等顶层纲领性指导文件，京津冀交通、生态、产业等领域合作不断深化，取得了一系列积极成果。同时，各地方政府也纷纷出台了相应的配套政策和措施，如交通方面，京津两市签订《交通一体化备忘录》；生态方面，环保部联合京津冀三省市先后印发《京津冀区域环境保护率先突破合作框架协议》《京津冀大气污染防治强化措施（2016—2017年）》等；产业方面，京津冀三地政府和国家财政部先后签订并印发了《关于加强京津冀产业转移承接重点平台

---

① 新华网.打破"一亩三分地"习近平就京津冀协同发展提七点要求[EB/OL].(2024-2-27)[2024-03-12].http://new.xinhuanet.com/politics/2014－02/27/c_119538131.htm.

建设的意见》和《京津冀协同发展产业转移对接企业税收收入分享办法》等，推动京津冀协同发展取得实质性进展。2016 年 2 月，全国印发实施了第一个跨省市规划——《"十三五"时期京津冀国民经济和社会发展规划》，规划在经济、产业结构、生态等方面明确了京津冀地区至 2020 年的发展目标，为推进京津冀协同深入发展提供了科学指引。2017 年 4 月 1 日，中共中央、国务院决定设立河北雄安新区，为京津冀地区提供新的增长点和发展动力。

这一时期，京津冀区域不再仅仅是简单的合作，而是进入了全方位的协作阶段。中央政府出台一系列顶层设计文件，明确了京津冀协同发展上升为国家战略，为协同发展提供了政策支持和指导，有助于优化资源配置，提高经济效益，促进协同发展，为京津冀地区的经济社会发展注入了新的活力。

（4）高质量发展阶段（2018 年至今）：协作治理机制深入发展

全球范围内，区域一体化发展已成为促进经济增长和提升国际竞争力的重要方式。京津冀地区作为以首都为核心的世界级城市群、区域整体协同发展改革引领区、全国创新驱动经济增长新引擎、生态修复环境改善示范区，经过 30 年的发展，在生态、产业等诸多领域取得成绩。党的十九大报告明确指出"我国经济已由高速增长阶段转向高质量发展阶段"，京津冀协同发展也将面临新的阶段性转变[①]。京津冀协作思路开始由高速发展向高质量发展转变。

2018 年 4 月，国务院批复《河北雄安新区规划纲要》[②]，明确了建设雄安新区以调整优化京津冀城市布局和空间结构，加快构建京津冀世界级城市群的重要意义，这是以习近平同志为核心的党中央深入推进京津冀协同发展作出的一项重大决策部署。在雄安新区的规划建设中，吸引了大量科技创新型企业和高端产业的落户，为整个区域的产业升级提供了新的动

---

① 刘李红,高辰颖,王文超,等.京津冀高质量协同发展:演化历程、动力机理与未来展望[J]. 北京行政学院学报,2023(05):61-71.
② 中国雄安.河北雄安新区规划纲要[EB/OL].(2018-04-21)[2023-01-26].http://www. xiongan.gov.cn/2018-04/21/c_129855813.htm.

力。京津冀三地政府相继出台《关于进一步做好京津产业转移承接平台建设工作的指导意见》《关于吸引更多京津科技成果到河北转化孵化整改工作方案（2018—2020年）》《京津冀及周边地区秋冬季大气污染综合治理攻坚行动方案》《京津冀生态环境联合联动执法工作方案》等政策，在各个领域提高京津冀协作水平。

2019年1月18日，习近平总书记主持召开京津冀协同发展座谈会，对新阶段京津冀协同发展作出战略部署，指出"当前和今后一个时期进入到滚石上山、爬坡过坎、攻坚克难的关键阶段，需要下更大气力推进工作"[①]。2023年5月12日，习近平总书记在河北考察，主持召开深入推进京津冀协同发展座谈会并发表重要讲话，对京津冀协同发展明确提出了新定位："努力使京津冀成为中国式现代化建设的先行区、示范区。"这一定位再次树立了一个新的里程碑，新定位赋予了京津冀新的重大使命。2023年出台的《京津冀产业协同发展实施方案》《京津冀区域市场一体化建设举措》《关于协同推动绿色金融助力京津冀高质量发展的通知》《京津冀人社部门人才工作协同发展合作框架协议》等政策文件，标志着京津冀地区在实施产业协同发展、市场一体化建设、绿色金融推动和人才工作协同发展方面迈出了重要的一步，这些举措有助于加强区域协同发展，促进经济增长和可持续发展。

3. 珠三角城市群

珠江三角洲，位于中国南部沿海地区，包括广州、深圳、珠海、佛山、东莞、中山、江门、肇庆、惠州9个城市以及香港、澳门两个特别行政区。拥有发达的水路、陆路和空运输网络，与香港、澳门两个国际金融中心相邻，为地区的外向型经济发展提供了有力的支持，有利于与国际市场的联系和合作。珠江三角洲地区以其高度发达的制造业和服务业而闻名，是中国最重要的经济中心之中综合实力最强的三大城市群之一，也是全球最大的城

[①] 习近平在京津冀三省市考察并主持召开京津冀协同发展座谈会时强调稳扎稳打勇于担当敢于创新善作善成　推动京津冀协同发展取得新的更大进展 [N]. 人民日报,2019-01-19(001).

市群之一。

珠三角包括 "小珠三角" "大珠三角" "泛珠三角" 三个层次。1994 年在《珠江三角洲经济区城市群规划》第一次提出 "珠三角城市群" 概念，建立 "多核心结构" 城市群目标和中东西 "三大都市区" 结构。自珠三角城市群概念提出以来，珠三角地区各地方政府间协作治理机制稳步发展，最初的 "珠三角" 区域即小珠三角，主要包括了广州、深圳、东莞、佛山、珠海、中山、肇庆、惠州、江门 9 个城市。在 21 世纪的珠三角区域协作中，更加注重内地与港澳特区之间的互动，对外开放更加走向深化。"小珠三角" 逐渐发展为涵盖广东全省、香港和澳门三地的 "大珠三角"。 2003 年，广东发起建立包括粤、闽、赣、桂、琼、湘、川、滇、贵省（区）和香港、澳门特别行政区在内（又称 "9+2"）的 "泛珠三角经济圈" 的倡议。2015 年出现建设 "粤港澳大湾区" 的概念。梳理珠三角城市群政府协作治理机制的有关政策文件，将其政策演变划分为三个阶段：启动阶段、深化阶段和全面发展阶段（见表 3.3）。

表 3.3　珠三角城市群地方政府协作治理机制政策演进

演变阶段	时间	政策名称
启动阶段	1978—1993 年	1979 年《关于对外经济活动实行特区政策和灵活措施的报告》 1979 年《关于大力发展对外贸易增加外汇收入若干问题的规定》
深化阶段	1994—2014 年	1994 年《珠江三角洲经济区城市群规划》 2003 年《内地与香港关于建立更紧密经贸关系的安排》 2004 年《珠江三角洲城镇群协调发展规划（2004—2020）》

演变阶段	时间	政策名称
深化阶段	1994—2014 年	2006 年《广东省珠江三角洲城镇群协调发展规划实施条例》 2008 年《珠江三角洲地区改革发展规划纲要（2008—2020 年）》 2009 年《横琴总体发展规划》 2009 年《大珠江三角洲城镇群协调发展规划研究》 2010 年《前海深港现代服务业合作区总体发展规划》 2011 年《粤港合作框架协议》 2011 年《粤澳合作框架协议》
全面发展阶段	2015 年至今	2015 年《推动共建丝绸之路经济带和 21 世纪海上丝绸之路的愿景与行动》 2015 年《珠江三角洲全域空间规划》 2016 年《关于深化泛珠三角区域合作的指导意见》 2017 年《实施〈粤港合作框架协议〉2017 年重点工作》 2017 年《深化粤港澳合作　推进大湾区建设框架协议》 2019 年《粤港澳大湾区发展规划纲要》 2023 年《粤港澳大湾区国际一流营商环境建设三年行动计划》

（1）启动阶段（1978—1993 年）：区域经济一体化

在改革开放背景下，我国实行根据国情选择局部试点的改革开放道路，陆续开放了数个沿海城市和沿海经济区。1979 年，在《关于对外经济活动实行特区政策和灵活措施的报告》中指出，要在广东、福建两省试办特区；同年 8 月出台了《关于大力发展对外贸易增加外汇收入若干问题的规定》，鼓励出口和办好特区。改革开放初期，以珠三角城市群区域经济一体化为主要特征，受到香港与珠三角的比较优势差异和内地市场有限开放下出口市场力量的驱动，珠三角成为 20 世纪 80 至 90 年代承接港资制造业北上转移的首要目的地。这一阶段，粤港之间的区域经济一体化被总结为著名的"前店后厂"（Front Shop, Back Factory）模式[1]，其中，"前店"指港澳地区，"后厂"指珠江三角洲地区，主要是优势互补、互惠互利的关系。这种模式的形成背景主要有两个方面：一是港澳地区有海外贸易窗口的优势，能够利用这一优势承接海外订单；二是珠江三角洲地区拥有丰富的土地自然资源和劳动力优势，适合进行产品的加工制造和装配。随着广州、深圳等珠三角城市在劳动力、优惠政策等方面的环境优势迅速显现，香港的大部分制造业逐渐北移，以"三来一补"的形式生产运营（"三来"指来料加工、来料装配、来样加工，"一补"指补偿贸易），带动了珠三角本地加工企业的成长。20世纪80年代中后期，形成了"前店后厂"的地域分工模式：广州、深圳等珠三角城市成为香港的制造业基地，香港为深圳等地提供厂商服务。

这种模式中，港澳地区利用海外贸易窗口的优势，接受海外订单，开展制造和研发新产品、新工艺，提供原材料和零部件，进行市场推广和外销，扮演"店"的角色。而珠江三角洲地区则利用土地自然资源和劳动力优势，进行产品的加工制造和装配，扮演"厂"的角色。这种独特的地域分工合作模式充分发挥了两地资源的互补优势，实现了强强联手，推动了两个地区经济的共同发展。同时，这种模式也使得珠江三角洲地区成为全球最大的电子和日用消费品生产出口基地之一。

（2）深化阶段（1994—2014年）：区域制度一体化

1994年，基于珠江三角洲地区经济的快速发展和城市化进程的加速，主管省领导、珠三角地级及以上市市长和省计委、省科委、省建委三个厅局负责人组成了"珠江三角洲经济区规划协调领导小组"，参与编制实施《珠江三角洲经济区城市群规划》，其中首次提出了"珠三角经济区"的概念。该经济区以广州、深圳、佛山、珠海、东莞、中山等9个城市为中心，旨在建

---

① 叶玉瑶，王翔宇，许吉黎，等.新时期粤港澳大湾区协同发展的内涵与机制变化 [J]. 热带地理 ,2022,42(02):161-170.

立一个"多核心结构"的城市群。同时，《珠江三角洲经济区城市群规划》还提出了中东西"三大都市区"的结构。东部以广州、深圳为核心，是珠江三角洲地区经济发展的重要引擎；中部以佛山、东莞等城市为主，是珠江三角洲地区工业发展的重要区域；西部则以珠海、中山等城市为主，是珠江三角洲地区新兴产业和科技创新的重要基地。

1997 年香港回归祖国，为加强粤港两地政府之间的沟通与协调，推动双方在经贸、科技、文化等领域的合作与发展，1998 年，建立粤港高层合作联席会议制度，就双方经贸合作、科技创新、文化交流等进行了深入交流与合作。1999 年，澳门回归，"一国两制"成为实现国家和平统一的基本国策，粤港澳地方政府之间的合作也开始步入正轨。2000 年 2 月，由于广东省编制委员会的机构调整，"珠江三角洲经济区规划协调领导小组"更名为"珠三角经济区现代化建设协调领导小组"。2003 年开始，为促进中国内地和香港特别行政区经济的共同繁荣与发展，加强双方与其他国家和地区的经贸联系，内地陆续与香港地区签订《内地与香港关于建立更紧密经贸关系的安排》。

2004 年 6 月，在首届泛珠三角区域合作与发展论坛上，"9+2"成员签署了《泛珠三角区域合作框架协议》，定义了泛珠三角洲的区域，同年发布《珠江三角洲城镇群协调发展规划（2004—2020）》，将区域中心调整为两主一副，提出"一脊三带五轴"的区域空间结构。即广州、深圳为主中心，佛山、珠海为副中心，同时培育东莞、中山、惠州为次级中心城市。"一脊"指广州至珠海沿珠江的地区，"三带"指广佛肇、深莞惠、珠中江三大经济带。"五轴"指南北向的广州至清远、广州至佛山—江门—中山—珠海、佛山—江门—新会、肇庆—东莞—深圳、惠州—东莞—深圳等五条发展轴线。2006 年，为了促进珠江三角洲城镇群全面、协调与可持续发展而制定出台了《广东省珠江三角洲城镇群协调发展规划实施条例》，该条例强调珠江三角洲地区的发展应当注重生态保护、资源节约和环境友好，推动经济结构调整和产业升级，加强交通、能源、水利等基础设施建设，促进区域内的协调发展。

2007 年 7 月，为进一步加强省市两级的城乡规划协同，成立珠三角规划局长联席会议制度 [①]。

2008 年，国务院明确指出"要以粤港澳区域一体化为前提，加强珠三角城市间的合作"，此后有关粤港澳合作的政策规划不断涌现。2008 年，发布《珠江三角洲地区改革发展规划纲要（2008—2020 年）》，明确了以广东省的广州、深圳、珠海、佛山、江门、东莞、中山、惠州、肇庆为珠三角的主体范围，指出把解决当前问题与谋划长远发展结合起来，保持珠江三角洲地区经济平稳较快发展，为保持港澳地区长期繁荣稳定提供有力支撑，为珠三角地区的改革发展和粤港澳三地协作治理机制的完善提供了契机 [②]。2009 年 8 月，《横琴总体发展规划》发布，计划将横琴地区逐步打造成"一国两制"下粤港澳合作新模式示范区。同年 10 月，广东省、香港特别行政区、澳门特别行政区三地政府联合发布了《大珠江三角洲城镇群协调发展规划研究》，涉及交通、能源、水利等基础设施建设，以及产业结构调整和优化升级等方面的内容。通过加强合作与交流，实现资源共享、优势互补，共同应对城市化进程中出现的各种问题，提高区域的综合实力和竞争力。

2010 年，国务院正式批复同意《前海深港现代服务业合作区总体发展规划》，计划将前海深港合作区打造成全国现代服务业的重要基地，深化粤港澳合作并促进产业结构升级。随后到 2011 年，广东省政府与港澳陆续签订了《粤港合作框架协议》《粤澳合作框架协议》，关于珠三角地区政府间协作治理框架基本形成，区域内制度一体化进程持续推进。

（3）全面发展阶段（2015 年至今）：区域全方位要素融合

2015 年 3 月，《推动共建丝绸之路经济带和 21 世纪海上丝绸之路的愿景与行动》发布，"粤港澳大湾区"正式成为一个整体词汇问世。同年，《珠江三角洲全域空间规划》中指出，要统筹生产、生活、生态发展，落实国家

① 李建平.珠三角区域一体化协同发展机制建设研究 [J]. 南方建筑,2015(04):9-14.
② 李建平.粤港澳大湾区协作治理机制的演进与展望 [J]. 规划师,2017,33(11):53-59.

战略部署，充分衔接新型城镇化规划，目标是实现珠江三角洲地区的全面协调可持续发展，包括优化城市群布局、推进城乡一体化、加强生态环境保护、促进产业升级转型等方面。

2016 年开始，在政策文件中逐渐细化对粤港澳大湾区建设的要求，在"十三五"规划中提出要深化粤港澳大湾区平台建设，携手港澳扩大开放合作，高质量建设宜居宜业宜游的国际一流湾区和世界级城市群。同年 3 月，发布《关于深化泛珠三角区域合作的指导意见》，指出要构建以粤港澳大湾区为龙头，以珠江—西江经济带为腹地，带动中南、西南地区发展，辐射东南亚、南亚的重要经济支撑带①。11 月，发布的广东省"十三五"规划中，从省级层面对"粤港澳大湾区"进行重点谋划。2017 年，在全国"两会"政府工作报告中，"粤港澳大湾区"正式上升为国家战略。同年 3 月，广东省政府与香港特别行政区政府在港签署《实施〈粤港合作框架协议〉2017 年重点工作》，涵盖 20 个重点合作领域，包括金融、专业服务、青年发展、创新及科技、旅游、教育、文化体育、大湾区建设等。同年 7 月，在习近平总书记视察并出席庆祝香港回归祖国 20 周年大会暨香港特别行政区第五届政府就职典礼的过程中，为进一步打造国际一流湾区和世界级城市群，粤港澳三地政府在香港签署了《深化粤港澳合作　推进大湾区建设框架协议》，通过对基础设施、科技创新、现代产业体系等重点领域的合作建设，充分发挥粤港澳地区的综合优势，为粤港澳发展注入新动能。

2019 年 2 月，中共中央、国务院印发《粤港澳大湾区发展规划纲要》，在珠三角城市群的基础上纳入了香港和澳门，珠三角的东莞、佛山、广州、惠州、江门、深圳、肇庆、中山、珠海 9 个城市与香港、澳门两个特别行政区，开启了一体化发展的局面。2023 年 12 月 5 日，国务院发布《粤港澳大湾区国际一流营商环境建设三年行动计划》，指出要使粤港澳大湾区成为新发展格

---

① 国务院印发关于深化泛珠三角区域合作的指导意见 [EB /OL].(2016-03-15). https://www.gov.cn/zhengce/content/2016-03/15/content_5053647.htm.

局的战略支点、高质量发展的示范地、中国式现代化的引领地，推动粤港澳大湾区加快打造具有全球竞争力的国际一流营商环境^①。自此，为了实现区域全要素一体化发展，粤港澳大湾区正在不断努力，以进一步提升其在国家经济发展和对外开放中的支撑引领作用。

三、城市群地方政府协作治理机制的成效

1. 协作治理网络结构初步形成

在城市群地方政府协作治理机制发展的政策演进研究中，协同治理网络结构的形成是取得成效的重要方面，城市群地方政府协作治理网络已经初步形成。各地方政府通过建立协调机构、制定协作政策、机制联席会议和合作协议等方式，加强了彼此之间的合作和交流，在基础设施建设、产业协同发展、环境保护、交通一体化等领域展开了一些合作项目，共同推动城市群的整体发展。

（1）跨层次协作机制建立

早在改革发展早期，我国就已认识到跨区协作发展的重要性并将其付诸实践。建立起许多的协同机制，如长三角区域合作办公室、京津冀协同发展领导小组、京津冀发改委区域工作联席会、珠江三角洲经济区规划协调领导小组等。除了从宏观的整个区域的层面建立政府间协作机制，随着城市群发展的需要，各地方政府也逐渐认识到通过跨层次协作，可以实现资源共享、优势互补，促进城市群的共同发展。为了便于各地方政府之间的协作，城市群各地方政府通过建立组织、网络、会议等支持地方政府跨层次联合的形式，加强各地方政府之间的信息交流、协商和决策。

城市群地方政府跨层次的协作机制建立是一个不断发展和完善的过程。

---

① 法规司 . 粤港澳大湾区国际一流营商环境建设三年行动计划 [EB /OL].(2023-12-25). https://www.ndrc.gov.cn/xxgk/zcfb/ghwb/202312/t20231225_1362911.html.

以长三角地区为例，自 1992 年以来，长三角城市群地方政府间逐渐建立起政府合作协商机制。从长三角协作办（委）主任联席会议到长三角城市经济协调会，再到沪苏浙经济合作与发展座谈会，长三角地区逐渐形成了决策层、协调层和执行层"三级运作"的区域合作机制。通过这些机制的建立，各级政府可以共同开展交流合作，加强政府间的沟通与协调，形成协同治理网络结构。2018 年，为解决缺乏各方授权认可的领导机构、缺乏执行监督平台、恶性竞争、无法从根本上协调起来去合作等问题，成立了长三角区域合作办公室，由三省一市共同制定长三角区一体化发展行动计划。2021 年，三省一市召开长三角区域网络综合治理协同机制座谈会，促进长三角地区更快地建立起由多方参与、多种方法相结合的网络全面管理模式。这些合作机制为长三角地区的各级政府提供了重要的平台和机会，各级政府通过协商、协调和合作，形成协作治理网络结构，使得长三角地区的各级政府能够在政策制定、资源整合、项目合作等方面形成更加紧密的协作，共同应对区域内的发展挑战，推动区域内的基础设施建设、产业升级、环境保护等方面的发展。

（2）部门协作机制建立

部门协作机制是指在限定区域内各级政府内部，同部门之间、不同部门之间建立的协同合作机制，形成工作合力，以推动区域的一体化发展和治理。城市群内部地区的发展不平衡问题一直存在，区域内的发展需要各部门之间的密切配合，通过跨部门职能协作，促进知识、技术、人才等创新要素的流动和共享，更好地整合资源、优化配置，提高区域整体竞争力和创新能力，推动城市群协作发展。我国已经建立起以促进部门之间的合作与协调、实现共同的目标为目的的跨部门协作机制。

长三角地区从 2000 年开始，各职能部门之间的合作协调机制也广泛建立，现共形成了 30 多个以职能部门为协作主体的府际联席会。诸如长三角区域大气污染防治协作小组、长三角物流发展联席会议、长三角市场监管联席会议、长三角旅游高层联席会议、长三角妇联主席联席会议、长三角对外宣传联席会议等协作机制广泛建立。如长三角区域大气污染防治协作小组：该小组由上海、江苏、浙江和安徽四省市的环保部门共同组成，负责对每年度的大气污染协同治理计划进行协商规划、审议工作章程并签订相关协议，让各地方政府和相关管理部门切实参与进来，从多层次开展大气污染协同治理工作。

京津冀地区也设立了许多部门联合机制，如由京津冀三省市营商环境牵头部门共同组建协同专题工作组，涉及三地市场监管、政务服务、商务、海关、知识产权等80余个部门的营商环境协同专题工作组，由三地北京市交通委员、天津市交通运输委员会、河北省交通运输厅共同签订《京津冀交通新闻宣传协同联动机制》以及旨在促进公共服务资源的优化配置和共享，提高公共服务的质量和效率，由京津冀三地的教育、医疗、文化等部门组成，建立的公共服务资源共享机制等。

上述实例表明，在中国城市群地方政府协作治理中，跨层次、跨部门的协作机制初步建立，通过政府之间的协同合作，有力促进了城市群的整体协同发展。

2. 协作治理过程逐步完善

在城市群发展过程中，过程性机制是一种能够促进城市群地方政府协作治理的制度安排和运行方式，其特点是具有灵活性、包容性和持续性。过程性机制的建立和运行是实现城市群地方政府协作治理的条件与保障。随着我国经济的发展，信息技术手段已经成为城市群协作治理的重要方式手段，在此基础上区域间利益协调机制、信息共享机制等过程性机制也不断发展完善。

（1）信息化技术在协作治理过程中的创新应用

信息化技术在协作治理过程中的应用体现在通过物联网、大数据和人工智能等技术建立统一的数据共享平台，实现城市群各政府部门间的数据交换和整合。这有助于打破信息孤岛，提高数据利用效率，加强跨部门沟通与合作以及保障信息安全，对区域内的交通、环境、安全等关键领域进行实时监控和预警，为跨部门的决策提供更全面的信息支持。

在长三角城市群，特别是在上海、江苏、浙江等地的合作中，政府通过建设数字化卫士平台，整合了各级政府的数据和资源。当发生重大突发事件时，如台风、洪水等自然灾害，该平台能够实时监测、预警，并启动联合应急响应机制。通过这一数字化平台，各级政府能够快速获取关键信息，实现跨区域、跨部门的快速响应，最大限度地减小了灾害带来的损失；通过建设城市智慧公共服务平台，提供在线投诉、建议和意见搜集的渠道，实现了政府决策与市民需求的直接对接。

京津冀地区适应协作发展的要求，建立京津冀大数据综合试验区，该试验区是国家批复的大数据综合试验区之一，旨在推动区域内的数据共享和开放，促进大数据产业的发展。通过该试验区，京津冀地区可以推动数据资源的整合和共享，促进数据创新和产业升级，激发社会资源和企业之间形成多层次、多领域的合作。例如在交通领域设立京津冀交通一卡通，居民可以在三地公交、地铁等公共交通领域使用。通过该产品，京津冀地区可以实现交通信息的共享和互通，方便市民的出行和生活；在旅游领域，三地旅游主管部门共同签署《京津冀地区旅游信用协同监管合作备忘录》，搭建京津冀旅游信用信息监管平台，建立三地旅游信用信息共享和联合发布机制，实现信用信息跨区域公示，推动联合执法、协同监管；在教育领域，成立京津冀教育大数据一体化协同推进办公室，推进构建京津冀互联网教育公共服务大数据云平台，并编制完成《京津冀互联网教育公共服务大数据云平台建设方案》等[1]。

（2）利益协调机制形成

协同过程的优化在于利益协调机制的初步形成。各级政府在合作中逐渐认识到，城市群政府间有效协作的关键是构建以利益协调为核心的合作机制，通过建立协商、磋商机制，不同地区的政府能够在资源分配、项目推进等方面形成共识。城市群地方政府协作治理机制的优化在于利益协调机制的初步形成。目前，我国存在着制度化与非制度化两种形式的利益协调机制，制度

---

[1] 高技术司 . 数据要素融合应用助力京津冀协同发展 [EB /OL].[2020-07-03].https://www.ndrc.gov.cn/xwdt/ztzl/szhzxhbxd/zxal/202007/t20200703_1233047.htm.

化的利益协调机制是指综合运用缔结合作协议、协商谈判、上级政府或法院裁定等协商方式；非制度化的利益协调机制包括领导人的集体磋商、非正式沟通会谈等协商方式。通过制度化与非制度化的利益协调，解决城市协作发展过程中的分歧和纠纷，不同地区的政府逐渐找到共赢的路径，有效缓解了合作中的潜在矛盾。

"十四五"时期，着重构建了流域性生态建设、跨地区经济合作、共享中心城市优质公共服务三大区域的利益协调机制。长三角地区通过《长江保护法》《长三角规划纲要》等文件对其作出详细说明。长三角地方政府联席会议制度是国内最有代表性的协调机制，在长三角城市群，浙江、上海、江苏等地政府通过联席会议制度，共同制定了一体化发展规划。通过协商，各地政府明确了产业布局、基础设施建设等方面的合作目标，有效解决了在城市群发展中可能出现的利益冲突。这种形式的联席会议为不同地区政府提供了平等参与协商的机会，从而初步形成了相对平衡的利益协调机制。通过制定协商机制，政府间的磋商更加深入、高效，有助于推动城市群各方的共同发展，实现了协同发展中的利益均衡。

在珠江三角洲城市群，广东、香港、澳门等地政府通过定期的合作峰会，开展高层次的协商与磋商，形成了一系列的合作协议。其中，就跨境企业税收政策达成一致，避免了因税收差异而引发的企业迁移，推动了城市群内产业的协同发展。通过这种协商机制，不同地区的政府在维护自身利益的同时，更加注重整体的发展，实现了利益的平衡和共同繁荣。

3. 协作治理回应性机制不断优化

回应性机制是对城市群地方政府协作治理过程中的成效与产生问题的感知、评估与反馈，它能够及时反馈民众的需求和诉求，协调各地方政府间的利益关系。目前，我国城市群地方政府协作治理已形成了以公众需求为导向、以公共服务为核心的回应性机制。

（1）监督与评估体系的建立健全

为确保协作治理的有效性，城市群地方政府间采取如第三方评估、公众参与等多种形式对协作过程和效果进行监督和评估，以确保评估的客观性和公正性，为协作治理提供了有力的监督和保障。

在长三角地区，政府部门定期对协作治理项目进行评估，了解项目的实施情况和效果，并根据评估结果进行调整和完善。例如，在大气污染治理领域，目前长三角地区已经构建了跨多个环境要素、多个专项、多个层级的环境监测和评估体系，以及同步建设统一的主要污染源监测监控体系、预警和应急监测体系，长三角区域大气重点污染源在线数据、国控站点监测数据和指定超级站监测数据的信息共享基本完成，特别是建立了区域应急监测协作机制，在保障大型活动的时间节点，将长三角的重点城市的国控空气自动监测站点纳入长三角区域大气污染联合监测范围，实现空气检测一体化，深化移动污染源协同治理，明确保障重大活动的环境空气质量监测预报预警方案以及长三角区域空气重污染应急联动工作。另外，大气污染监测体系的完善为监管企业行为提供了有力的支撑，能够通过数据的监测及时发现有违规排放、废气处理不达标的企业，进行行政处罚。

而珠三角地区在评估标准制定、信息共享建设、第三方评估等诸多方式建立监督评估机制，对城市群地方政府协作行为进行监督评估。在评估标准制定方面，为了规范监督评估行为，珠三角地区制定了一系列评估标准，如《珠江三角洲地区改革发展规划纲要》《广东省实施珠江三角洲地区改革发展规划纲要保障条例》《推进珠江三角洲区域一体化工作评价指标及评价办法（试行）》等一系列文件，对组织协调、信息共享、评估考核机制进行概要规定，对珠三角城市群发展进行监督、评估、考核；在信息共享建设方面，珠三角地区建立了多个信息共享平台，如珠三角区域信息共享平台、广东省政务信息共享平台等，这些平台的设立有利于提高监督与评估的效率和透明度，可以及时发现和纠正地方政府间的不当协作行为；另外，为了保障监督的客观性与公正性，珠三角城市群也引入如广州社会科学院区域发展研究所、深圳综合开发研究院等第三方研究中心对区域发展进行研究评估。

（2）公众参与度不断提升

首先，公众参与协作治理的监督与评估。通过建立民众满意度调查制度，定期对政府工作进行评估，了解民众对政府工作的满意度和评价，通过民众的反馈和评价来监督政府的工作。在长三角城市群，政府通过建设城市智慧公共服务平台，提供在线投诉、建议和意见搜集的渠道，实现了政府决策与市民需求的直接对接。在城市规划和基础设施建设中，政府广泛征集市民的意见，通过公开透明的决策过程，增强了市民对城市发展方向的参与感[1]。通过建立民众参与渠道，鼓励民众对区域治理提出意见和建议，可以增强民众的参与感和归属感，为政府决策提供更广泛的民意基础。同时，这种形式的民众参与不仅使城市群治理更具民主性，也更符合不同层面、不同领域的需求。在珠三角城市群，政府通过社交媒体和城市公共论坛等平台，与市民开展多元化、多层次的互动。在环保和城市规划方面，政府鼓励市民通过在线投票、专题讨论等方式参与决策。通过这些互动活动，政府不仅了解了市民的期望，也提高了政策的合法性和社会接受度，使治理更加贴近市民需求。这种参与度的提高不仅推动了城市治理的民主化，也为城市群的长期发展打下了更为广泛的社会基础。

其次，政府与非政府机构之间的协作互动。非政府机构、企业、学术界等参与城市群协作治理，共同制定政策和解决问题。社会组织可以发挥专业优势和资源优势，为政府提供技术支持和咨询服务，同时也可以通过参与决策和监督过程，促进政府行为的透明度和公信力。这种多元参与的协作机制有助于更全面地考虑不同利益主体的需求，提高治理的包容性。政府与非政府机构之间的协作互动也是城市群地方政府协作治理网络结构的一部分，是推动城市群发展的重要动力。例如，佛山联合清华大学合作建设"智慧安全佛山"项目，实现对城市安全运行态势进行 7×24 小时实时监测预警和综合

---

① 唐坚 . 积极探索智慧政务异地互通机制推动长三角智慧城市群发展 [J]. 智库时代 ,2019 (28):13-14+144.

研判分析[①]。随后，佛山、江门、肇庆、清远、云浮五市共同签订《城市安全应急联动合作协议》，这是实现城市群实现可持续发展的安全基础；北京的"自然之友"和天津的"绿领环保"等组织积极参与环保项目，与政府合作推动环境改善，在京津冀地区的空气质量监测、水污染治理等方面与政府展开合作，提供科学数据和政策建议等。

综上所述，我国城市群地方政府协作治理机制在协同治理网络结构初步形成、协同过程的优化和协同保障方面取得了显著成效。这为城市群的包含性发展奠定了坚实基础，为未来更深层次的协同治理提供了有益经验。然而，仍需要在进一步深化协同机制、加强法规建设和优化治理流程等方面持续努力，以更好地推动城市群的可持续发展。

---

① 宋世伟.佛江肇清云五市签订城市安全应急联动合作协议 [EB /OL].(2020-08-20)[2022-06-20].https://www.foshan.gov.cn/zwgk/zwdt/jryw/content/post_4461292.html.

第四章 ❯❯❯❯

城市群地方政府协作治理机制的实证解析

    城市群地方政府协作治理是推进城市群治理的精细化、精准化、精益化水平不断提升的有效方式，对于克服传统单中心治理模式弊端具有增益功能。随着城市群区域治理的不断深化，地方政府之间的协同联动行为日益成熟，并在协作基础上形成了各具特色的协作形式与具体机制。本章首先对案例的选取、案例的内容、案例数据收集以及研究方法作基本介绍；其次，基于纵向历史视角，梳理长三角城市群大气污染协作治理机制与京津冀城市群大气污染协作治理机制的发展历程，并分别测度其结构性机制、过程性机制以及回应性机制基本情况；最后，提炼并归纳两个城市群大气污染地方政府协作治理机制的共性与一般特征，从宏观维度对城市群地方政府协作治理的基本现状进行解析。

一、案例的选择与介绍

    案例的选择、资料收集以及深度分析是在理论分析模型的基础之上，促进研究纵深发展的关键步骤。本研究中，依据案例的代表性、典型性以及研究数据可获得性原则，借助理论抽样的方式对与研究主题高度关联的案例进行了筛选，最终选取长三角城市群与京津冀城市群大气污染地方政府协作治理作为研究案例。同时，通过多信息源混合方法获取与案例相关的材料，并借助内容分析法对地方政府协作治理的结构、过程、回应这三个维度对文本资料——进行编码、归纳、整合，最后利用社会网络分析法构筑城市群地方政府协作治理结构、过程与回应之间的合作网络，以探究城市群协作治理的结构性机制、过程性机制以及回应性机制。

1. 案例选择依据

（1）案例的典型性

"典型性"是案例特有属性的一种界定，即案例是否反映了相关研究对象或研究问题的共性特征，以及某一类别的现象的重要特征①。在公共管理案例研究中，有学者认为案例选择的重点应聚焦于反常规认知、趣味性以及特殊的社会现象，"典型性"原则尤为关键，选取的案例应体现出反哺既有理论以及催生新理论的基本功能②，并符合罗伯特·殷提出的"分析性一般化"的外部效度理念③。由此而看，研究应通过对典型性案例的深度挖掘，以获取一般化、普适性的知识性命题④，以及隐于其中的构念与中层理论解释。

本研究的研究问题及研究对象主要集中在城市群地方政府协作治理机制上，因此要以基本代表性和典型性为原则，对城市群地方政府协作治理实践案例进行取样。案例本身需要体现至少三个层面的特征才能够被纳入案例选择库中，主要体现在以下三点：第一，基于研究案例的场景角度，聚焦于城市群地方政府协作治理内容。因此，案例选择首先要基于城市群地方政府协作治理的具体内容开展。第二，基于研究主题的性质角度，反映出城市群地方政府协作治理的核心特征。这意味着案例实践必须体现出：在城市群地方政府协作治理过程中各级地方政府的职能配置、运作形态以及互动结构；地方政府在协作治理进程中为保证协作结果而进行的充分且完整的协作过程，

①　王宁.代表性还是典型性？——个案的属性与个案研究方法的逻辑基础 [J].社会学研究,2002(05):123-125.
②　侯志阳,张翔.作为方法的"中国"：构建中国情境的公共管理案例研究 [J].公共管理学报,2021,18(04):126-136+174.
③　于文轩.中国公共行政学案例研究：问题与挑战 [J].中国行政管理,2020(06):105-112.
④　张静.案例分析的目标：从故事到知识 [J].中国社会科学,2018(08):126-142+207.

集中体现为协作治理的方式、协作治理的工具、协作治理的任务分解等；地方政府对协作结果考核、评估后所作出的集中、统一的反馈。第三，基于研究问题绩效角度，不同城市群地方政府协作治理的基础性成果。这意味着案例实践需取得了阶段性的结果用以衡量过程性成果和产出，在形式上可能表现为案例项目经验传播扩散较广、获得荣誉或得到专业认可等。

（2）数据的可得性

丰富的数据资料是案例研究的基础，这就决定了资料的"可得性"成为开展案例研究的根本原则。本研究中，数据的可得性主要体现在以下几个方面：一是案例场域的可进入性。研究者从事区域治理多年，与多个地区的地方政府始终保持着紧密的联系与良好合作关系，这为研究团队进入实践场域开展参与观察与深度访谈提供了机会。二是数据收集的充分性与便捷性。本研究基于"三角互证"原则对城市群地方政府协作治理中的各级政府、社会组织、企业、公众以及其他相关利益者进行一手资料采集，并将相关政策文件、新闻报道以及内部资料等二手资料作为案例资料的内容补充，以支撑丰满的案例过程描述与理论建构，为深度探究城市群地方政府协作治理机制提供了富足的资料基础。

2. 案例内容介绍

基于上述案例选取的基本原则，在充分考量案例典型性与数据可得性的基础上，最终选取长三角城市群和京津冀城市群两大城市群作为案例研究对象，对其地方政府协作治理机制进行剖析与可视化呈现，以发现当前协作治理的基本情况以及动态变化规律，并对现存的短板与不足进行诊断。在案例择定的基础上，本研究首先对涉及的两个案例内容作具体的介绍，主要包括案例故事发生的起因背景、协作治理的基本过程等内容。

（1）长三角城市群大气污染协作治理

长三角城市群的雏形是上海经济区，包括长江三角洲的苏州、无锡、常州、南通和杭州、嘉兴、湖州、宁波等8个城市以及上海，在此之后，上海经济区的范围逐渐扩大，然后到长三角城市群核心区。2003年8月，台州进入长江三角洲城市经济协调会，形成了以苏浙沪 16 城市为主体形态的长三角城市群的概念。2018 年，长江三角洲区域一体化发展上升为国家战略，长三角一体化进入新的发展阶段。在这一背景下，2019 年 12 月 1 日，中共中央、国务院印发《长江三角洲区域一体化发展规划纲要》，明确了长三角包括上海市、江苏省、浙江省、安徽省三省一市全域，面积达到 35.8 万平方公里。且在三省一市基础上界定了中心区，以及长三角生态绿色一体化发展示范区、中国（上海）自由贸易试验区新片区等概念和功能。其中，中心区包括上海市、江苏省、浙江省和安徽省的 27 个城市，辐射带动 41 个城市；长三角生态绿色一体化发展示范区包括上海青浦、江苏吴江、浙江嘉善，示范引领长三角地区更高质量一体化发展。本书中以 2019 年 11 月国务院印发的《长江三角洲区域一体化发展规划纲要》为依据，界定长三角城市群为上海市，江苏省南京、无锡、常州、苏州、南通、扬州、镇江、盐城、泰州，浙江省杭州、宁波、温州、湖州、嘉兴、绍兴、金华、舟山、台州，安徽省合肥、芜湖、马鞍山、铜陵、安庆、滁州、池州、宣城 27 个城市。

　　长三角城市群是我国城市化水平最高、城镇最密集的地区之一，也是大气污染问题多发地区，跨区域的大气污染问题迫使长三角各地联合起来共同解决问题、应对挑战。2004 年，江苏、浙江、上海三地政府签订了《长江三角洲区域环境合作倡议书》，提出在长三角区域内率先突破行政边界，就区域污染问题开展合作治理。2008 年苏浙沪两省一市签订了《长江三角洲地区环境保护合作协议（2009—2010 年）》，建立了两省一市环境保护合作联席会议制度，推进区域环境准入和污染物排放标准一体化，提出环境监测数据互通共享的设想。2009 年，江苏、浙江、上海召开长三角地区环境保护合作第一次联席会议，确定本年度环保合作方案，标志着长三角地区环境保护合作工作正式启动。同年，长三角地区建立了跨界环境污染纠纷处置和应急联动机制，共同治理大气污染问题、打击污染物乱排放行为。2012 年，政府在环保合作联席会议上明确提出要进一步完善区域大气污染联防联控机制，加快实施规划编制进程，在预防技术和治理技术方面加强交流与合作。

2014 年 1 月，长三角三省一市和国家相关部门共同建立了长三角区域大气污染防治协作机制，成立区域大气污染防治协作小组，负责对每年度的大气污染协作治理计划进行协商规划、审议工作章程并签订相关协议。2021 年，长三角区域生态环境保护协作小组第一次会议召开，提出以碳达峰、碳中和为目标，加强整体协同，打造绿色一体化发展和绿色低碳发展的典范。长三角地区经过多年的地区协作治理工作探索与创新，已经形成了较为成熟的协作治理机制，这些治理经验和治理机制为其他城市群大气污染协作治理提供了有益参考。

（2）京津冀城市群大气污染协作治理

京津冀城市群是中国的"首都经济圈"，是中国三大城市群之一，也是北方最大的城市群。包括北京、天津两大直辖市，更囊括了河北省保定、唐山、廊坊、石家庄、秦皇岛、张家口、承德、沧州、衡水、邢台、邯郸 11 个地级市以及定州、辛集 2 个省直管市和河南省的安阳。京津冀的空间格局以北京市为核心，以北京副中心城市和雄安新区为两翼，以北京市、天津市为双城，以京津、京保石、京唐秦作为三大发展轴线，包括石家庄、唐山、邯郸等区域中心城市和张家口、承德、廊坊、秦皇岛、邢台、衡水等节点城市。

京津冀地区作为我国北方的经济、政治和文化中心，集聚了大量人口。早前的粗放式发展带来的生态后果日益显现，2017 年，大气质量最差的 10 个城市分别为石家庄、邯郸、邢台、保定、唐山、太原、西安、衡水、郑州和济南，其中有 6 个地市属于京津冀城市群范围。北京、天津、石家庄 2019 年空气质量情况达到和好于二级的天数分别为 240、219 和 174 天，与全国其他主要城市相比，优良天数较少，排名偏后。其中，石家庄市的优良天数在全国主要城市中排名最后一位。中央政府基于可持续发展的考量加之民众对于良好空气质量的需求，大气污染治理成为当务之急。2014 年，京津冀一体化发展上升为国家战略，自此，协同发展成为京津冀区域发展的重要引擎。《京津冀协同发展生态环境保护规划》指出应提升联防联控力度，充分在调整产业结构、能源结构以及治理交通污染等方面进行协作。2016 年《"十三五"

生态环境保护规划》指出要在 2020 年明显削减京津冀区域大气颗粒物浓度，促进生态环境质量好转，让臭氧浓度也趋于平稳。到党的十九大时，打赢蓝天保卫战这一概念被正式提出，成为区域生态治理的重点发力方向。2018 年发布的《打赢蓝天保卫战三年行动计划》被普遍认为是"大气十条"二期，它与 2016 年颁布的《"十三五"生态环境保护规划》中对主要污染物 PM2.5 的控制指标都是要求 2020 年比 2015 年降低 18% 以上，且进一步明确在此后三年阶段内大气污染协作治理的主要任务和目标，包括产业、能源、运输、土地结构的调整优化，错峰生产和运输，以及进行重点整治。在此期间，为有效降低大气污染，京津冀及周边地区大气污染防治领导小组成为京津冀大气污染联防联控的重要领导组织机构，负责统筹研究解决区域大气环境突出问题，研究确定区域内部重污染事件发生时进行应急联动的相关政策和措施，组织实施各地方进行共同应对工作；及时会商、预报污染天气，发布预警信息；基本实现重污染天气应急工作预案的协同，形成统一的预警分级标准。同时，京津冀三地制定了《京津冀环境执法联动工作机制》，深入开展联合执法，进行具体部署，加强统筹规划，启动联合执法机制，推进京津冀城市群空气质量共同改善，协作治理效果显著。

3. 数据收集整理

研究团队在 2019—2023 年之间，依托课题相关平台，通过多信息源混合方法，紧密围绕城市群地方政府协作治理议题展开数据收集，以确保数据的信度与效度。本研究所收集的数据主要是通过政府官方网站、统计年鉴、新闻报道等途径，以"大气污染""大气污染治理""京津冀大气污染治理""京津大气污染治理""津冀大气污染治理""京冀大气污染治理""长三角大气污染合作治理""长三角一体化""大气污染合作治理""环境考察"等为主要关键词进行依次搜索，提取两大城市群内省级和市级两个级别的大气污染合作文本，比如，两大城市群开展的多边协作治理实践，或是京津、京冀、津冀开展的双边协作治理实践，或是两大城市群各地方政府基于达成的倡议、联席会议、法律法规、政策文件等而采取的单方面行动。为了尽可能保证所获数据的有效性，避免无效数据造成实证分析结果失真，对收集的数据根据全面、准确的审查原则进行处理。"全面"是指所收集的数据尽可能包括长三角城市群在各阶段的大气污染治理过程中的所有文件，"准确"是指所收集的数据与本研究主题紧密相关。经筛选与剔除，共获得有效文本数据 653 份，为实证分析奠定了数据基础。数据提取流程如图 4.1 所示。

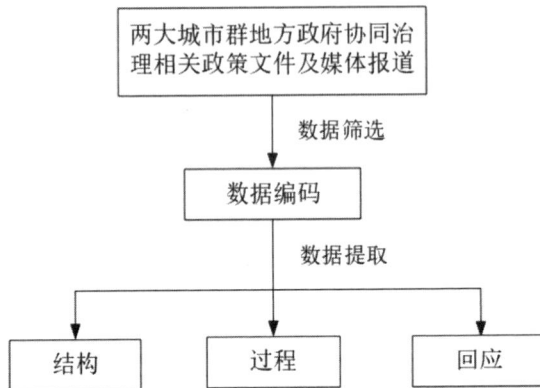

图 4.1 研究数据提取流程

4. 研究方法介绍

（1）内容分析法

内容分析法（Content Analysis）是一种定量与定性相结合的研究方法，通过相关技术手段将定性的文本资料有机转化为可进行实际测度的定量数据，依此对研究的主要内容与研究主题进行合理化判断与推导论证[1]。本研究主要是从结构、过程、回应这三个维度对文本资料一一进行编码、归纳、整合，为后续构筑三维度要素之间的结构关系夯实基础。

具体而言，在对协作治理的"结构"进行编码过程中，应评估相关参与者是否真正参与了长三角与京津冀两大城市群大气污染的协作治理活动。协作治理的"过程"编码，主要是指大气污染协作治理过程中的各项程序性安排，

[1] 沙勇忠，牛春华.信息分析 [M].2 版.北京：科学出版社,2016:127.

比如，协作治理的形式、具体行动、技术工具以及治理所依托的基础保障等。协作治理的"回应"编码，主要是考察两大城市群大气污染地方政府协作治理的系列的评估、考核机制、举措，以及治理过程中的监督监管措施。

（2）社会网络分析法

社会网络分析法（Social Network Analysis）主要用于研究社会网络结构与关系，通过分析特定时空范围之内的行动者关系，以发现其关系特征以及对组织的主要影响[①]。在城市群地方政府协作治理过程中，城市群内部各地区、各级地方政府相互联系、相互作用，资源要素自由流动，呈现出明显的自组织网络特征。本研究主要运用社会网络分析法构筑城市群地方政府协作治理的结构、过程与回应之间的合作网络，探究在协作治理过程中各主体的角色地位、联系紧密度，以及不同要素间的关系在不同时间段的动态演化情况。

具体而言，首先，建立共现矩阵。在对文本资料进行系统整理、分析的基础上对文本节点进行归纳、记录，将记录好的文本节点导入 Bicomb 软件中，对文本节点进行关键词提取并生成要素词篇矩阵和共现矩阵，然后将共现矩阵导入 Ucinet 软件中进行密度、关联度、中心度、凝聚子群与核心—外围分析，用 Netdraw 软件绘制两大城市群大气污染协作治理要素网络。在要素网络中，每个节点代表一个参与主体，连线表示两个参与主体之间至少一次同时出现在某个文本资料中，即两个参与主体之间存在关联，节点之间的连线越多表示该主体与其他主体的关系越紧密。

其次，在网络结构关系方面，通过"网络密度""网络关联度""凝聚子群"来测度不同要素之间的联系紧密度。其中，网络密度（Network Density）是网络中各节点之间实际存在的关联数与理论上的关联数之间的比值，反映治理网络中各治理主体之间联系的紧密程度，网络密度越大表示主体之间的联系

---

① 刘军 . 社会网络分析导论 [M]. 北京 : 社会文献科学出版社 ,2004:1-5.

越密切[1]。网络关联度（Connectedness）通过可达性来测量网络的关联性程度，是衡量大气污染协作治理网络稳健性的主要指标，数值介于 0—1 之间，网络关联度越高，网络的可达性和稳健性越高。

最后，在网络节点位置方面，通过"中心度"指标考察节点在网络中的角色与地位，包括度数中心度（Degree Centrality）、接近中心度（Closeness Centrality）以及中间中心度（Between Centrality）三类指标。"度数中心度"测算的是在网络中与某一节点直接链接的所有节点数量之和，[2] 若某节点度数中心度越高，表明该节点在整个网络中与其直接联系的节点就越多，距离整个网络结构的中心地位就越近。"接近中心度"根据"距离"来测定网络中某个节点的中心性程度，"距离"是指该节点到网络中其他所有节点距离的总和，若某节点接近中心度越高，则代表该节点与其他节点间的接近程度越高，其他节点对该节点的依赖性就越高。[3]"中间中心度"指网络中某节点在网络中的中心程度，即整个网络围绕某一个节点或某一组节点运行的程度，中间中心度越高，表明该节点占据更聚焦的中心位置，其在网络中的控制能力就更强。[4]

二、长三角城市群大气污染地方政府协作治理机制分析

1. 长三角城市群大气污染协作治理机制发展历程

长三角地区在全国范围内开展大气污染跨域协作治理的探索工作起步比较早，从最初协作治理理念的提出到形成较为完善的协作治理机制，协作治理的组织结构不断完善，治理内容日益饱满，协同行动不断拓展深化。其中，

① 刘军.整体网分析:UCINET 软件实用指南 [M].上海：上海人民出版社.2019:138-167.
② 郭雪松，赵慧增，石佳.基于时间动态网络的应急响应组织协调机制研究 [J].上海行政学院学报,2018(06):31-44.
③ 王超.我国突发性网络舆情事件的关联网络结构分析 [J].现代情报,2019,39(12):121-130.
④ 李保强，蔡运荃，吴笛.我国高等职业教育研究学术群体知识图谱构建——基于作者共被引分析的视角 [J].高等教育研究,2016(08):40-47.

机制的形成与地方政府积极推动和中央政府提出诸多政策建议密不可分，中央主体从顶层设计上对大气污染协作治理的高效开展给予了制度支撑。根据协作治理的内容和程度划分包括协作治理机制起步阶段、协作治理机制深化阶段和协作治理机制完善阶段三个不同的发展阶段。

（1）协作治理机制起步阶段

区域协作治理理念初步形成，积极探索区域联防联控。在初期参与治理的城市较少，主要协作治理内容是针对专项事件和突发事件，2003年长江三角洲地区环境安全与生态修复研究中心成立，能够进一步突破行政区划界限，集聚更多的科技资源，为改善长三角地区生态环境提供支持。2004年，国内首个跨省、跨地区气候环境监测评估网络——长三角气候环境监测评估网络建成，有利于实现环境监测联动和环境质量数据共享，并为预警研判提供重要参考，为制定大气污染防治对策提供科学依据。同年签订了《长江三角洲区域环境合作倡议书》，这也是国内第一份关于区域性环境合作的宣言，明确区域内合作的新机制，同时探索建立排污权交易市场。2008年，江浙沪两省一市签署《长江三角洲地区环境保护工作合作协议》，强调各区域控制大气污染排放，推行机动车环保分类管理制度。2009年，沪苏浙皖四省市环保相关部门开展了长三角地区跨界环境污染纠纷处置和应急联动工作联席会议，在信息互通共享、联合执法监督和联合采样监测、协同处置应急事件等方面展开合作，共同研判环境风险，处置环境应急事件。

（2）协作治理机制深化阶段

通过出台政策法规和保障大型活动为契机推动区域协作治理。国家对于大气污染治理工作非常重视，通过颁布政策法规，规范协作治理机制以促进区域大气污染协作治理向纵深发展。在中央层面，自2013年陆续出台了《大气污染防治行动计划》《打赢蓝天保卫战三年行动计划》等相关文件部署大气污染防治工作，在《大气污染防治行动计划》中提出要加快建立包括政府、企业、市场和公众在内的大气污染防治新机制，在具体措施中提出重点关注区域环境治理工作，在长三角区域建立大气污染防治协作机制，重视环境治理目标考核工作。在《打赢蓝天保卫战三年行动计划》中提出要继续发挥长三角区域大气污染防治协作小组作用，强化区域联防联控。在协同保障大型活动举办和专项事件方面，长三角地区以改善大型国际峰会和活动等举办地的空气质量为机遇，倡导全区地级市联合开展行动，如2010年为了保障上海世博会的召开，长三角地区建立了空气质量监测数据平台，对区域内的大气环境质量和大气污染物的排放实施有效的监管。2014年，为保障南京市青奥会顺利举办，南京等10个城市签订了青奥会大气保障协议——《"绿色奥运"区域大气环境保障合作协议》，控制大气污染物的排放，出台了《长三角区域协作保障南京青奥会空气质量工作方案》以部署各区域的大气治理工作，保障活动举办期间的空气质量。此外，在秋冬大气污染综合治理攻坚行动中，各省市积极推进联动执法检查工作，开展落实船舶入港排放控制区使用低硫油和淘汰柴油营运货车等工作，严格监督秸秆焚烧行为，加强指导秸秆综合利用工作。

（3）协作治理机制完善阶段

完善组织结构设计，优化工作机制。在长三角城市群内部，各地方政府不断探索大气治理合作新模式，以设置新的管理机构和不断健全管理制度体系等形式完善大气污染协作治理机制。2013年5月，上海、江苏、浙江、安徽的环保部门签署了《长三角地区跨界环境污染事件应急联动工作方案》，推动构建跨界污染纠纷处理与应急联动机制，在多个方面开展更加深入的协作，不断促进长三角城市群大气污染协作治理的推进。2014年1月，长三角三省一市和国家八部委成立了长三角区域大气污染防治协作小组，并首次召开长三角区域大气污染防治协作机制工作会议，明确了"协商统筹、责任共担、信息共享、联防联控"的协作原则，建立了"会议协商、分工协作、共享联动、科技协作、跟踪评估"的工作机制，对于能源结构优化、污染治理、应急联动、大气污染防治政策和标准的对接，推进多方合作等方面进行重点工作安排，该组织机构的设立是长三角地区大气防治污染工作中的重大突破，在组织结构层面有了基本保障，让各地方政府和相关管理部门切实参与进来，从多层次开展大气污染协作治理工作。同年，长三角大气污染预警中心成立。目前，长三角城市群基本实现地区大气重点污染源在线数据和站点监测数据共享等，构建以重大活动为保障的空气质量预测预报支撑体系，促进地区环境质量总体提升。2015 年，三省一市建立健全区域、省、市联动的应急响应体系，建立完善污染预警会商研判机制。2018 年，长三角区域合作办公室正式成立，三省一市共同设立跨行政区域的常设机构，三省一市干部统一集中办公，这是一个行政体制上的重大突破[①]。

综上所述，自长三角大气污染防治协作机制建立以来，区域内的政府及其职能部门在不断深化完善协作机制，经历了协同起步期、协同深化期和协同完善期，各省市遵循共商、共治、共享的原则，发挥协作机制的平台作用，探索出了一套跨区域大气污染协作治理工作模式，组织结构逐渐完善，协作治理持续性深入，相继完成污染数据监测、预报等的信息共享，协同出台多项污染物排放标准等举措，协同机制持续运行，区域整体空气质量逐渐提升，同时有力推动了区域经济协同发展和转型升级。

2. 结构性机制分析

（1）协作治理结构形态

当前长三角城市群大气污染协作治理已形成了较为稳固的组织结构，包含长三角区域大气污染防治协作小组（以下简称"协作小组"）、中央生态环境相关部门、地方生态环境部门以及其他职能部门四类主体在内的协作网络逐步成熟，协作治理机制日趋完善。其中，协作小组是主要决策主体，对治理工作进行总体安排决策，多通过会议协商形式推进大气污染协作治理工作。中央生态环境相关部门主要通过协作小组参与区域大气污染治理工作，形成中央与地方共同参与的治理格局，以强力政治保障推进协作治理落地落实。地方政府和生态环境部门作为承担大气污染治理工作的主要主体，负责

---

① 周苗苗. 长三角城市群大气污染协同治理网络结构研究 [J]. 重庆科技学院学报 (社会科学版),2020(04):62-66.

本省市具体协同方案的制定与分解落实。地方其他职能部门为协作治理工作的开展提供大气质量数据传输、信息供给、技术支持以及应急管理等保障，以支撑协作治理机制的顺畅运行。

（2）协作治理主体中心性分析

为测算长三角大气污染协作治理过程中不同主体的角色地位，通过UCINET6与NETDRAW建立结构维度的1-模异质网并予以可视化拓扑图呈现（见图4.2），"方块"面积越大，代表其中心性越强、重要性越高；连接某节点的线条越多，则代表该节点与其他节点间的联系越紧密，如此，有助于直观展示1-模异质网中各要素中心性及整个网络拓扑结构。

从对度数中心度的分析中可以看出，长三角三省一市的生态环境厅（局）在协作网络中处于核心位置，与其他治理主体互动频繁且联系紧密，协作治理工作偏向与同等级、职能相近的地方政府部门开展。协作小组同样是实现省级政府部门和中央部委联动的重要行动主体，在协作行动中发挥至关重要的作用。生态环境部华东督察局以及长三角地区三省一市人民的度数中心度处于上游位置，是推动协作治理开展的关键力量。长三角三省一市信用部门和环境执法机构的度数中心度比较低，位于网络边缘位置，说明长三角城市群环境信用管理工作仍在推进中。从对接近中心度的分析中可以看出，长三角三省一市人民政府及生态环境厅（局）、协作小组、科技部、国家能源局等主体的接近中心度较高，表明该行动主体能够迅速构建与其他主体的联系，能有效带动大气污染协作治理行动的整体节奏。应急管理厅、环境执法机构等主体的接近中心度较低，说明该类主体在大气污染协同行动中受到的影响与牵制更少。从对中间中心度的分析中可以看出，长三角地区三省一市人民政府及生态环境厅（局）、协作小组、科技部、生态环境部（华东督察局）的中间中心度较高，表明其对整体协作网络的控制作用较强，对协作行动起着重要支配作用，是联系各主体共同参与大气污染协作治理工作的重要媒介。

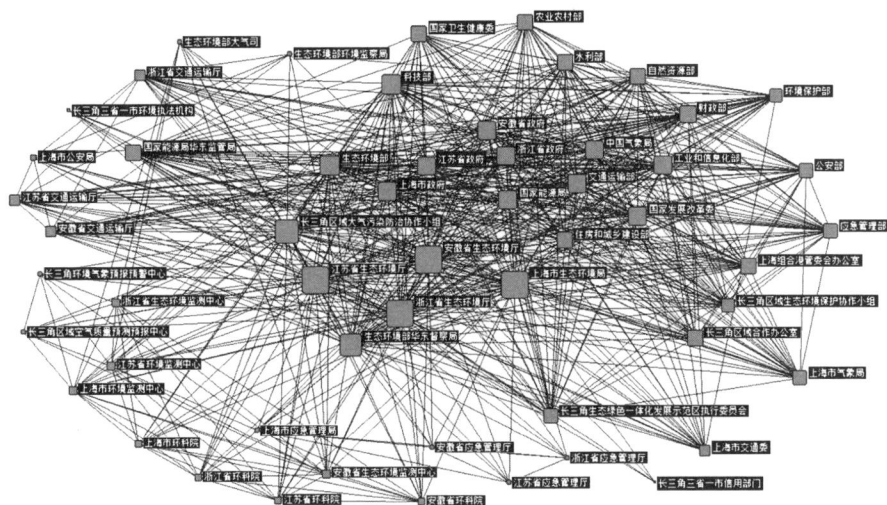

图 4.2　长三角城市群地方政府大气污染协作治理网络结构（中心度差异）

表 4.1　长三角城市群大气污染地方政府协作治理结构节点中心度（前十五名）

节点	接近中心度	度数中心度	中间中心度
上海市生态环境局	0.982	0.981	0.085
江苏省生态环境厅	0.982	0.981	0.085
浙江省生态环境厅	0.982	0.981	0.085
安徽省生态环境厅	0.982	0.981	0.085
长三角区域大气污染防治协作小组	0.871	0.852	0.057
生态环境部华东督察局	0.831	0.796	0.043
生态环境部	0.771	0.704	0.020
上海市政府	0.740	0.648	0.003
江苏省政府	0.740	0.648	0.003
浙江省政府	0.740	0.648	0.003
安徽省政府	0.740	0.648	0.003
住房和城乡建设部	0.701	0.574	0.001
国家能源局	0.740	0.648	0.003

节点	接近中心度	度数中心度	中间中心度
交通运输部	0.740	0.648	0.003
国家发展改革委	0.740	0.648	0.003

（3）协作治理主体联系紧密度分析

网络密度能够直观呈现主体之间互动关系与联系紧密度。从长三角城市群大气污染协作治理结构网络来看，协作治理网络疏密程度存在显著差异，部分主体之间的互动沟通较为频繁，联系较为紧密，但仍有部分主体与其他主体之间的链接较少，主体间的互动联络整体处于不平衡状态。为了更科学地评估长三角大气污染协作治理网络的整体特征，通过软件测度整个协作网络的网络密度、平均路径与凝聚力指数。经测算，整体网络密度为 0.485，说明节点之间的联系紧密度较不均匀，在长期的协作治理行动中部分参与主体形成了频繁合作的关系，能进一步吸引处于合作网络边缘的主体参与进更紧密、更直接的合作中。同时，网络中的凝聚力随着网络中独立路径的数目增加而增加，长三角大气污染协作治理网络的凝聚力指数为 0.885，表示整体协同网络的主体凝聚程度比较高，平均路径长度为 1.516，意味着两个行动主体之间平均通过约 1.5 个主体就能完成两者的联系，说明在整体的协作治理中主体协同联系效率高。总体而言，长三角大气污染协作治理网络的网络密度不高但是节点间的联通效率较高，呈现一定程度的"去中心化"态势，行动主体之间的沟通交流更高效，互动渠道进一步拓阔。

3.过程性机制分析

根据文本资料，本研究将协作治理过程分为三部分。第一部分为各治理主体之间的协同形式，包括会议、活动、协议、考察以及合作。会议是主体就大气污染协作治理开会研讨，活动类是指主体为保证大型活动期间空气质量良好而开展运动式治理，协议类是指网络主体签订大气污染协作治理协议，考察类是指主体之间就大气污染治理展开考察、交流与学习，合作类是指主体就大气污染治理展开具体合作行动。第二部分为长三角大气污染协作治理的具体行动，主要包括严控污染物排放、污染预警、联防联控、空气质量联合监测、数据共享、推进公众参与等。第三部分为基础保障，主要包括体系保障、机制保障、政策保障、法制保障、平台保障和物资保障。

　　研究运用社会网络分析法测度了长三角城市群大气污染协作治理三个阶段过程各要素度数中心度，以剖析过程性机制在协作治理过程中的动态演化情况，进而明确治理过程中各要素的作用发挥情况。

表4.2　长三角城市群大气污染协作治理过程各要素度数中心度

要素	第一阶段 2010—2013 年	要素	第二阶段 2014—2016 年	要素	第三阶段 2017—2020 年
联防联控	28.659	联防联控	38.328	联防联控	16.181
机制保障	21.138	严控污染物排放	28.571	经验交流	11.597
技术保障	20.528	污染预警	25.784	严控污染物排放	11.528
数据共享	19.106	监管重点企业	23.345	签订合作协议	11.319
会议研讨	18.902	会议研讨	23.171	协议	10.903
政策保障	17.480	打击环境违法	22.997	机制保障	10.694
空气质量联合监测	16.463	应急联动	20.383	考察	10.468
严控污染物排放	16.260	机制保障	20.383	数据共享	10.486
会议	14.431	法制保障	19.861	打击环境违法	9.722
应急联动	12.602	数据共享	19.338	会议	8.958

续表

要素	第一阶段2010—2013年	要素	第二阶段2014—2016年	要素	第三阶段2017—2020年
污染预警	11.382	区域限行	19.338	监管重点企业	8.958
监督视察	10.163	政策保障	18.815	应急联动	8.403
经验交流	8.537	排查污染隐患	16.376	空气质量联合监测	8.056
平台保障	8.537	活动	16.028	监督视察	7.708
控制秸秆焚烧	7.927	协议	15.679	技术保障	7.708
合作	7.317	监督视察	15.331	会议研讨	7.708
协议	7.317	经验交流	15.157	优化能源结构	7.292
活动	7.317	控制秸秆焚烧	14.808	污染预警	7.153
签订合作协议	7.317	会议	13.240	提高能源效率	6.736
监管重点企业	6.911	签订合作协议	13.240	合作	5.833
考察	6.098	平台保障	12.718	技术咨询	5.764
技术咨询	5.081	企业自查	10.801	法制保障	5.417
物资保障	3.252	技术保障	10.453	环境信息公开	4.583
奖惩共济	3.252	提高能源效率	10.279	排查污染隐患	4.306
法制保障	3.252	巡测考核	9.930	宣传教育	3.611
排查污染隐患	3.049	推进公众参与	9.233	政策保障	3.472

要素	第一阶段 2010—2013 年	要素	第二阶段 2014—2016 年	要素	第三阶段 2017—2020 年
体系保障	3.049	优化能源结构	7.840	推进公众参与	3.194
区域限行	2.846	技术咨询	6.620	生态补偿	2.917
数据质量控制	2.033	污染防治立法协作	6.446	推进第三方治理	2.917
推进公众参与	1.829	合作	6.272	数据质量控制	2.778
提高能源效率	1.829	宣传教育	6.272	保障群众环境权益	2.708
空气质量质控比对	1.829	奖惩攻击	6.098	控制秸秆焚烧	2.708
打击环境违法	1.829	环境信息公开	5.575	区域限行	2.639
优化能源结构	1.829	保障群众环境权益	5.052	体系保障	2.222
宣传教育	1.423	空气质量联合监测	4.007	奖惩共济	2.153
权益保障	1.016	推进第三方治理	3.310	平台保障	1.667
企业自查	1.016	平台机制	2.787	巡测考核	1.597
巡测考核	1.016	考察	2.439	网格化监管	1.597
保障群众环境权益	1.016	污染预测	1.742	排放权交易	1.597
排放权交易	1.016	物资保障	1.568	物资保障	1.528
学习先进经验	0.407	签订协议	1.220	科研合作	1.389

要素	第一阶段 2010—2013 年	要素	第二阶段 2014—2016 年	要素	第三阶段 2017—2020 年
调研	0.000			企业自查	1.250
				污染防治 立法协作	0.833
				利益补偿 机制	0.208
				活动	0.139

从协同形式来看，合作、会议和协议的度数中心度较高，表明长三角城市群各主体之间在大气污染治理领域相互合作、会晤交流和签订协议频率较高；相对而言，考察的度数中心度排名呈现先减后增趋势，表明各主体之间考察、调研、学习活动在第二阶段较少；另外，活动形式在第一阶段到第二阶段度数中心度较高，但到第三段排名显著下降，这与长三角城市群在一、二、三阶段是否举办大型活动有关。第一阶段上海举办世界博览会，第二阶段南京举办青奥会、杭州举办 G20 峰会，为确保长三角的空气质量在大型活动期间保持良好状态，需要活动承办城市与周边城市就大气污染治理和空气质量维护进行有效沟通与合作，而在第三阶段长三角没有举办需要多个城市、多元主体通力合作的大型活动。

从协同行动来看，联防联控在三个阶段的度数中心度都是最高的，表明长三角城市群在大气污染协作治理过程中一直最为重视联防联控工作。2010年上海世博会期间，长三角地区开始尝试制定大气污染治理联防联控措施，2012 年长三角城市群签订了《2012 年长三角大气污染联防联控合作框架协议》，2014 年 1 月长三角区域大气污染防治协作机制正式启动，长三角城市群三省一市与多个中央部门参与其中，为之后的联防联控工作奠定了制度基础。数据共享在三个阶段中的度数中心度都排在前列，大气污染协作治理的关键工作便是相关数据的收集、加工、处理和共享，这直接决定大气污染协作治理的效果，当某一地区大气污染指数上升时，相关数据的获取、收集、加工、传递和共享，是迅速作出预警发布并进行应急处理的重要基础。2010年世博会期间，江苏在全省范围内启动城市空气质量联合监测工作，多个城市联动监测，并将监测数据与上海市和浙江省共享，为世博会期间大气污染协作治理提供了数据支撑。2014年协作小组办公室提出建立长三角区域空气质量预测预报中心的设想，对区域内大气污染物含量、空气质量等数据进行监测预报，为区域内各级政府提供有效数据。此外，会议研讨和签订合作协议在三个阶段中都处于较为靠前的位置，这是因为长三角大气污染协作治理工作主要通过召开会议进行研讨、签订各类合作协议进行推进，长三角会定期召开环保合作联席会议、区域大气污染防治协作机制工作会议、办公室会议、协作小组工作会议等常态化会议，不时召开区域污染防治政策与技术交流会、区域污染防治联动民主监督会等特殊会议，并在会议上审议年度工作计划、工作章程、实施草案等工作协议，为大气污染协作治理提供平台保障和协议保障。

4. 回应性机制分析

（1）考核评估机制

协同评估考核机制是在协同方案的执行过程中跟踪行动进展，对大气质量治理的有效性进行评估，同时对行动主体的工作进行考核，是对区域大气污染协同治理效果的检验和总结。关于大气治理效果的评估，首先，制定科学完善的指标体系，包括污染物（PM2.5、SO_2、NO_2等）的浓度变化，对大气污染程度的界定也要明确。其次，对直观的大气治理效果进行评价，包括阶段性大气质量评价、大气污染超标天数以及大气优良天数。最后，不断完善大气质量监测体系，确保监测数据科学公正。目前长三角地区已经构建了跨多个环境要素、多个专项、多个层级的环境监测和评估体系，以及同步建设统一的主要污染源监测监控体系、预警和应急监测体系，明确保障重大活动的环境空气质量监测预报预警方案以及长三角区域空气重污染应急联动工作。在长三角的大气污染协作治理中，率先在全国建立了长三角区域空气质量预测预报联合会商、重大活动期间空气质量会商机制。良好的大气治理效果是协作治理工作要达成的最终目标，在长三角的大气污染治理实践中，各行政区划已有大气治理效果的数据公示平台，而区域的大气质量治理结果暂时没有统一的信息平台对外发布。

关于行动主体的工作考核，主要包含年度考评、自查自纠、纳入绩效管理等方式。在地方的大气污染治理工作取得一定成果的时候，各地政府在长三角区域的治理会议中会汇报大气污染的进展，对工作进行回顾评价和经验总结，省级政府或者中央生态环保部门应该根据治理进展和成效对于主体进行评估考核。但是目前对于各地市的工作进展较难进行量化考核，暂时没有形成关于大气污染治理的完善的工作考核体系，难以充分激发主体参与协作治理的积极性。

（2）监督问责机制

对大气污染进行监测是开展大气治理企业行为监管的重要前提条件，长三角区域通过建立大气污染源排放清单，各地区已设立许多污染监测点并已对某些方面进行联合监测以共享数据信息。长三角区域大气重点污染源在线数据、国控站点监测数据和指定超级站监测数据的信息共享基本完成，特别是建立了区域应急监测协作机制，在保障大型活动的时间节点，将长三角的重点城市的国控空气自动监测站点纳入长三角区域大气污染联合监测范围，实现空气检测一体化，深化移动污染源协作治理，保障重点活动的开展。大气污染监测体系的完善为监管企业行为提供了有力的支撑，能够通过数据的监测及时发现有违规排放、废气处理不达标的企业，进行行政处罚。

另外，环境信用管理也是长三角地区在大气污染领域对企业行为进行监管的方法之一，长三角三省一市信用部门、生态环境部门共同制定了《长三角区域生态环境领域实施信用联合奖惩合作备忘录》，对治理过程中的行为采用信用管理手段进行奖惩，增加了管理力度。对于企业或者政府部门的治理落实情况实行监管，并且视其结果在信用管理手段、行政手段和经济手段上作出奖惩决定。对于政府行为的监管主要是由较高行政等级的主体开展督查指导工作，对于各地治理落实情况进行检查，督导工作主要包括两个方面：一是中央生态环保部门对长三角地方政府交办重点问题、通报典型案例；二是省级生态环境厅对市级政府治理方案落实情况的监督检查。中央的生态环境部门对于地方的监督工作是在环保指导工作中主要负责与省级生态环保部门开展联席会议，参与区域顶层设计，坚持规划引领大气污染治理工作，落实重大协同行动，有效驱动部门联动，实现联防联治，完善区域协同措施，保障专项协同工作的开展，在环保督察过程中通报典型案例和重点信访问题，对于具体的督查工作则是由省级生态环保部门负责，对中央交办的问题进行整改落实检查，现场督查生产工作，督导大气环境质量改善工作。市级地方政府坚持属地原则，对本地区的大气污染治理工作进行督导检查，组成的检查组通过召开座谈会、查阅资料、现场检查企业等形式，对贯彻落实大气污染防治计划的情况进行检查。另外，围绕长三角区域污染防治协作机制落实情况，上海市政协在长三角三省一市开展了联动民主监督调研工作，对长三角区域污染防治协作机制建设的总体情况、主要问题、对策建议进行了深入调查，政协等部门对于协作治理工作的监督也能够起到对于政府主体的监管作用，从较为宏观的层面发现机制中有待改进的问题。

三、京津冀城市群大气污染地方政府协作治理机制分析

1.京津冀城市群大气污染协作治理机制发展历程

基于京津冀城市群区域经济发展的客观需要、区域环境治理的现实需要，以及公共行政改革的内生需求等动因，京津冀区域性的大气污染治理历经了从分区而治到协作治理的演化过程。从历史维度考察，京津冀城市群大气污染协作治理机制发展主要经历了三个阶段，分别为大气污染协作治理机制建立阶段、发展阶段以及攻坚阶段。

（1）协作治理机制建立阶段

2008 年北京冬奥会的举办开创了以重大事件为导向的任务驱动型治理时代，京津冀大气污染协作治理机制初步建立。"十二五"规划提出要"建立健全区域大气污染联防联控机制"，从制度性层面助推了大气污染协作治理局面的形成。随后又颁布了《节能减排"十二五"规划》《重点区域大气污染防治"十二五"规划》等一系列规划措施。2013 年，国务院出台《大气污染防治行动计划》（简称 "大气十条"）明确指出，"建立京津冀、长三角区域大气污染防治协作机制，由区域内省级人民政府和国务院有关部门参加，明确地方政府统领责任，加强部门协调联动"。"十二五"规划及"大气十条"等顶层规划设计使多主体参与、多层面着手的区域性大气污染协作治理模式逐渐完善。与此同时，各地方政府在中共中央和国务院高位推进的行政压力下，将治理任务根据纵向行政层级分配，并成立京津冀第一个大气污染治理的专门性机构——京津冀及周边地区大气污染防治协作小组，小组成员主要包括京津冀及周边地区的省级政府和国务院有关部门，协作小组各主体关系平等，为应对区域内重污染天气，通过定期或不定期召开会议实现治理情况通报、信息共享与交换等。该阶段呈现出以重大事件为导向的任务驱动型治理，中央政府高位推进的纵向治理较多，而政府间的横向协作较少。

（2）协作治理机制发展阶段

在协作治理发展期，城市群地方政府协作治理机制初步建立，京津冀大气污染协作治理迈上新台阶。地方政府间基于之前的治理经验进一步拓宽协作领域，形成了"省级—市级—县级"的京津冀城市群大气污染协作治理组织结构，在省级层面，京津冀及周边地区大气污染防治协作小组积极发挥其领导、组织和协调作用，协调处理京津冀大气污染治理的有关事项，各相关责任人定期汇报治理目标实现情况和治理工作进展。协调小组组长由北京市环保局长担任，北京环保局下设大气污染综合治理协调处，负责协调处理协调小组办公室工作事宜。在市级层面，成立京津冀市域大气污染联防联控工作小组，由省（直辖市）政府牵头，相关省级部门、各地级市（区）参与，采取定期工作会议、信息报送与不定期抽检制；在县级层面，成立京津冀县域大气污染联防联控工作小组，由市级政府牵头，相关市级部门、各县（县级市、区）参与，采取定期工作会议、信息报送与不定期抽检制，京津冀一体化发展上升为国家战略，这一顶层设计有力推动了京津冀大气污染协作治理进程。同时，京津冀地方政府间的双边和多边协作治理明显增多，签署合作协议、召开联席会议、制定行动方案、出台相关法律法规均呈现明显递增趋势。颁布了一系列关于生态环境治理的评估、考核以及监督问责政策，回应性机制建设日益完善。

（3）协作治理机制攻坚阶段

2018 年，生态环境部成立，被赋予生态环境制度制定、统筹协调并监管生态环境问题等 16 项职责。同年，协作小组升级为京津冀及周边地区大气污染防治领导小组，领导小组组长由国务院副总理担任，小组成员由省级政府和中央直属部级组成，负责推动区域层面生态环境保护的目标和任务落地，制定并研究审议有关政策文件、协商解决跨省（直辖市）重大生态环境问题。"十四五"规划提出"强化多污染物协同控制和区域协作治理"。2022 年，党的二十大提出要坚持精准治污、科学治污、依法治污，持续深入打好蓝天、碧水、净土保卫战，健全现代环境治理体系，京津冀大气污染协作治理的制度建设日益完善。与此同时，该阶段地方政府协作治理的主动性有所提高，联合出台相应的年度联动执法方案和治污攻坚行动，通过联席会议、签署合作协议、联合专项执法等协同过程取得了良好的治理成果。在监督监管方面，通过推动综合行政执法改革和省以下环保机构监测监察执法垂直管理制度改革，监察工作分区域进行，落实对地方政府的监督责任，避免出现"官官相护"的情况，实现良好协作治理效能。

2. 结构性机制分析

（1）协作治理结构形态

为更清晰体现治理主体间的协同关系，研究在结构要素共现矩阵基础上，对协作治理主体的中心性进行了测度，并生成结构可视化图谱（见图 4.5）。

第一，省级政府间互动较多。北京、天津、河北互相间联系均比与其他的主体间联系更为紧密，处于核心板块。其中，河北省与大部分主体间的联系均十分紧密，与省外主体包括北京、天津、中央政府在内的联系高于省内其他地级市政府主体。说明在治理中河北省级政府的横向协同比其与地级市政府之间的协同更为显著。北京市与天津市、河北省联系最为频繁，与河北省的联系多于河北省其他地级市，说明地方政府大气污染协作治理偏向于在同级地方主体间开展。第二，河北省内的地方政府协同联系程度不一。除张家口、承德外，河北省与省内其他地方政府形成了较为密切的联系。其中，河北省与邯郸市联系密切程度远强于其他地级市，两者纵向协同较为显著。在河北省 11 个地级市政府内部间，张家口、秦皇岛、承德与其他的主体联系偏少，衡水与邯郸、唐山的互动较少，邯郸、石家庄与邢台联系较多，保定与廊坊、石家庄互动频繁。各个地级市政府与河北省联系的紧密程度大部分强于地级市间的联系，说明当前大气污染协作治理主要还是依靠省级政府牵头主导，不同地级市间的横向协同有所体现但仍不均衡、不显著。第三，北京、天津联系的相似性与差异。北京首先是与天津、河北的联系最密切，其

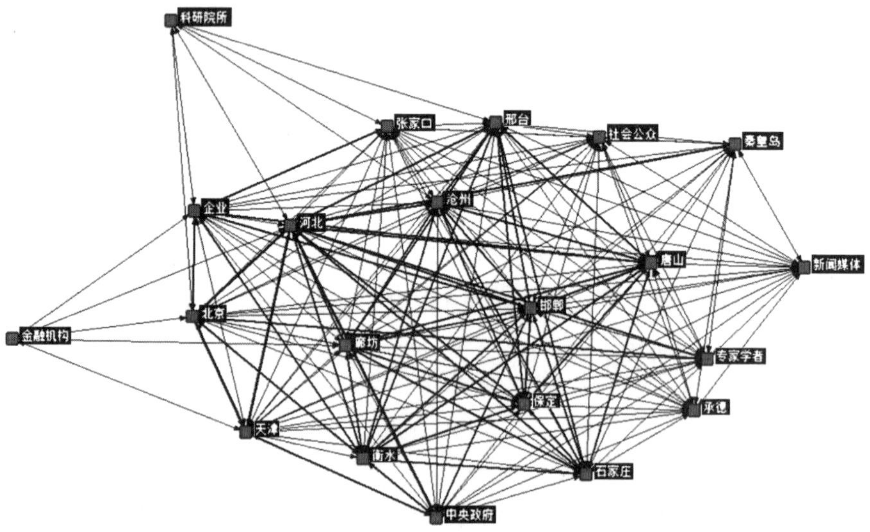

图 4.3　京津冀城市群大气污染协作治理结构

次为中央政府，说明中央政府与北京市在大气污染协作治理上有较多的互动。北京市与专家学者和企业也存在一定的联系，与其他的主体联系较少。天津市与北京市相似，与河北和北京的联系最为密切，其次为中央政府和企业，但天津市与中央政府的联系明显小于北京市，与专家学者的联系少，科技力量参与少。第四，中央政府的协同互动。中央政府与河北省互动最多，其次是北京，最后是天津。中央政府对邯郸市的协同明显多于河北省其他地级市，说明邯郸市的大气污染治理是协作治理的重要一环。

（2）协作治理主体中心性分析

通过 UCINET 6 软件对协作治理主体的中心度进行测算，结果如表 4.3 所示，进而分析京津冀城市群各主体在大气污染协作治理中的角色地位。

表 4.3　京津冀城市群大气污染协作治理结构节点中心度

节点	度数中心度	节点	接近中心度	节点	中间中心度
河北	42.083	河北	100.000	河北	6.076
邯郸	24.375	企业	95.238	企业	5.426
北京	21.458	廊坊	95.238	北京	5.338
保定	20.833	北京	95.238	廊坊	3.509
邢台	20.625	张家口	95.238	天津	2.971
廊坊	20.417	邢台	95.238	邢台	2.759
石家庄	20.417	沧州	95.238	张家口	2.759
沧州	20.208	邯郸	90.909	沧州	2.759
企业	20.000	唐山	90.909	唐山	0.526
衡水	18.958	天津	90.909	邯郸	0.526
唐山	18.958	保定	90.909	保定	0.526
天津	17.500	石家庄	86.957	承德	0.467
中央政府	17.292	社会公众	86.957	专家学者	0.467

续表

节点	度数中心度	节点	接近中心度	节点	中间中心度
专家学者	12.917	衡水	86.957	社会公众	0.392
社会公众	9.375	专家学者	86.957	石家庄	0.326
秦皇岛	8.542	承德	86.957	新闻媒体	0.326
张家口	8.333	中央政府	83.333	衡水	0.326
新闻媒体	6.875	秦皇岛	80.000	秦皇岛	0.259
承德	6.042	新闻媒体	80.000	中央政府	0.259
科研院所	1.458	科研院所	58.824	科研院所	0.000
金融机构	1.250	金融机构	57.143	金融机构	0.000

河北、北京在协作治理网络中居于重要地位，既与其他主体有较多的直接互动，也与其他点都很接近，传递信息和资源控制更容易。邯郸、保定、石家庄等地度数中心度虽高，但接近中心度与中间中心度较低，这说明三地政府虽然与其他治理主体的直接联系较多，但是联系单一，互动主体少，没有建立起与多个主体的共同互动关系，造成其他主体的互动路径不需要经过该节点，在协作治理中的控制力和沟通性较弱。邢台、廊坊、沧州、唐山是中心度较高的节点，高于秦皇岛、承德等地。相反的是，天津市、承德市节点中心度和接近中心度排名远低于中间中心度，说明两地与多主体开展协作治理，虽然直接互动较少，但互动行动中往往有多主体的参与，大多处于节点间的捷径上，对互动有一定的控制力。张家口和企业呈现出中间中心度最高、接近中心度次之、度数中心度最低的特点，说明与其他主体的直接互动联系能力较低。尤其是企业的接近中心度、中间中心度高于大多数主体，与其他主体更为接近，在治理互动中具有重要的控制能力。企业在大气污染协作治理中发挥了重要作用。中央政府的中心度大多低于其他主体，在大气污染协作治理中的角色地位较弱。市场和社会主体的地位多处于非核心位置，其中

专家学者、社会公众、新闻媒体中心度普遍偏低。科研院所和金融机构则中心度最低，正如可视化网络图所呈现的，这两大主体处于边缘的位置。

（3）协作治理主体联系紧密度分析

网络密度和各成员的关系有着密切的关系。网络密度体现了协作治理中各个成员的关系，其密度在0—1之间，越接近于1，协作治理主体之间的联系就越多，网络对各主体可施加的影响也就越大。利用UCINET 6软件对京津冀城市群大气污染协作治理结构共现矩阵进行网络密度测算，深入了解各协作治理主体间的联系紧密情况以及网络规模。经过测算，京津冀城市群大气污染协作治理结构网络密度为0.8286。可见，在《蓝天保卫战三年行动计划》实施期间，京津冀城市群各治理主体广泛开展协作治理，已经形成了联系较为紧密的大气污染协作治理网络，但在网络密度提升的同时也不可忽视主体间联系强度的差异性和分散性。

3.过程性机制分析

（1）过程要素可视化

在各个过程要素间，既存在着较为紧密的联系，也存在孤立的节点，节点之间的关系，如图4.4所示。各要素节点存在着多点联系、部分分散、链条型与三角型闭环联系并存的特点。督查问责、绿色生产、执法检查三个节点间形成最为紧密的关系。从这三个节点与其他节点的关系来看，督查问责仅仅与绿色生产、执法检查存在关系，执法检查与宣传引导，绿色生产则与技术应用、低碳生活和督导帮扶存在联系，拓展了新的三条主要关系链。在资金投入、信贷支持、技术产出、技术应用组成的关系链中，资金投入通过信贷支持与技术产出和技术应用相联系，信贷支持、技术产出通过技术应用能够与绿色生产相联系。由此可见，资金与信贷的支持能够推动技术产出和应用，进而进一步推动企业绿色生产。宣传引导与5个节点直接相连，其中与普及知识的联系最为密切，普及知识则与低碳生活和技术指导相连。在绿色生产、督导帮扶、考察调研、技术研讨的联系上，宣传引导与督导帮扶相连。宣传引导也与发布预警存在联系，发布预警与应急减排联系密切。图中关系节点

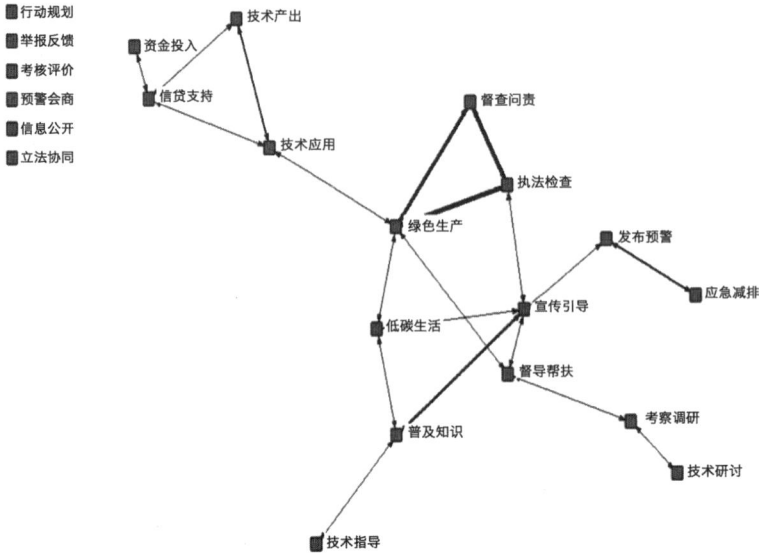

图 4.4　京津冀城市群大气污染协作治理过程

多以单节点为主，存在一至两条关系连线的节点为 8 个，三条关系线的节点为 6 个。游离在网络关系之外的节点则有 6 个。可见，当前京津冀城市群大气污染协作治理过程中，各主体的协同行动多为单一的专业行动，例如规划、举报、考核等。

（2）过程要素中心性分析

根据表 4.4 的中心度测算结果，绿色生产和执法检查的度数中心度较高，与多个节点存在联系。而督查问责这一节点虽在网络图中与绿色生产、执法检查存在联系，但与其他节点没有联系，因而其度数中心度低于这 2 个节点。宣传引导也是较为核心的节点，它既与普及知识存在较为密切的联系，又连接 4 个节点。普及知识和技术应用同理，都是有一条紧密联系和另外 2 个节点的联系。但它们的中心度同宣传引导比较已经下降至接近 5 的水平。其他的节点中心度逐渐下降至更低水平。有 6 个节点孤立存在，缺少与其他节点的联系，因此度数中心度为 0。从四个链条终端边缘节点的度数中心度来看，资金投入、技术指导、技术研讨的度数中心度都为 0.952，是存在联系的节点中的最低值，也与网络图中所反映的边缘位置一致。而同处于网络边缘的应急减排，与发布预警的联系较为紧密，因而其中心度略高。在度数中心度同为 2.857 的 5 个节点中，主要涉及两种关系类型。低碳生活、督导帮扶、信贷支持是与 3 个节点存在关系，并且关系强度较弱，发布预警、技术产出则是与 2 个节点相连，并且与其中 1 个节点间的关系较强。

表 4.4　京津冀城市群大气污染协作治理过程节点中心度

过程元素	度数中心度
绿色生产	11.429
执法检查	10.476
督查问责	8.571
宣传引导	6.667
普及知识	4.762
技术应用	3.810
低碳生活	2.857
信贷支持	2.857
发布预警	2.857
技术产出	2.857
督导帮扶	2.857
考察调研	1.905
应急减排	1.905
技术研讨	0.952
技术指导	0.952
资金投入	0.952
行动规划	0.000
考核评价	0.000
预警会商	0.000

过程元素	度数中心度
信息公开	0.000
立法协同	0.000
举报反馈	0.000

4. 回应性机制分析

（1）考核评估机制

伴随协作治理进程的不断深入，京津冀颁布了有关生态环境治理的一系列考核政策，目标考核机制建设日益完善。2014 年，国务院办公厅印发了《大气污染防治行动计划实施情况考核办法（试行）》，包括 12 条考核措施，作为"大气十条"年度目标、阶段性目标和终期目标的考核依据。各地方政府积极响应，同年，天津市、北京市、河北省都出台了各地的大气污染防治方案落实的考核办法。根据环保部公布的《大气污染防治行动计划》结果通报，到 2017 年底，京津冀地区 PM2.5 平均浓度比 2013 年下降 39.6%，北京、天津、河北的 PM2.5 年均浓度在 2013—2017 的五年间明显降低，年度重污染天数明显减少。北京市 PM2.5 平均浓度降至 58 微克 / 立方米，天津市 PM2.5 平均浓度降至 62 微克 / 立方米，河北省 PM2.5 平均浓度降至 65 微克 / 立方米，全面完成"国十条"确定的治理目标，京津冀的大气污染协作治理取得阶段性胜利。

2021 年，京津冀联合发布《2021—2022 年京津冀生态环境联合联动执法工作方案》，提出要加大执法频次和执法力度，吸纳周边省市扩大执法范围，实现信息共享；2022 年，执法联席会确定了《2022—2023 年京津冀生态环境联合联动执法工作方案》，建立"一地吹哨、两地报到"的工作机制。这为治理效果的不断优化与考核评估机制的不断完善提供了加速度。经过京津冀地区双边和多边地方政府的大气污染协作治理，京津冀三地的 PM2.5 年均浓度逐年降低，空气优良天数逐年升高。其中，2021 年北京市空气质量首次全面达标，大气污染治理取得里程碑式突破。在此基础上，2022 年北京市

PM2.5 平均浓度再创新低，下降至 30 微克 / 立方米，连续两年达到国家二级标准。2022 年，天津市 PM2.5 平均浓度 37 微克 / 立方米，较 2017 年累计改善 40.3%；河北省 PM2.5 平均浓度降至 36.8 微克 / 立方米，空气质量创有监测记录以来最好水平。在全国空气污染最严重城市的排名中，京津冀地区城市逐年减少，甚至在 2022 年完全退出了污染倒数前十的行列，这说明经过京津冀大气污染协作治理，大气污染治理取得的成效显著。

（2）监督问责机制

监督问责机制一方面体现在环保机构监测监察执法垂直管理制度的建立和完善。2016 年《关于省以下环保机构监测监察执法垂直管理制度改革试点工作的指导意见》出台，为适应大气污染区域化协作治理提供了新的环保监察执法方案。河北是中国第一个省以下环保监测监察执法垂直管理制度改革试点省份，并于 2017 年 4 月全面完成。同时，京津冀三地响应监测监察的垂直管理制度改革的实践，努力适应跨区域、跨流域环境问题的协作治理的新要求。在组织运行上，地市级环保监察机构受省级监察机构和所属市级政府的双重领导，县级监察机构成为市级派出机构。同时，监察工作分区域进行，落实对地方政府的监督责任，避免出现"官官相护"的情况。河北在 2017 年完成了环保监察垂改。2019 年，中共北京市委办公厅、北京市人民政府办公厅印发《北京市生态环境机构监测监察执法垂直管理制度改革实施方案》，推进环保监察执法垂改工作。但截至目前，天津市尚未公开环保机构监测监察执法垂直管理制度改革方案，在监测监察方面的制度保障仍需进一步强化。

监督问责机制另一方面还体现在建立督查机制。督查机制主要是指根据国家发布的《环境保护督察方案（试行）》，第一批 8 个中央环境保护督察组到地方开展工作，标志着督查工作下沉到具体区域和具体治理领域取得实质性进步。根据《2017—2018 年京津冀及周边地区大气污染防治强化督查方案》，2017 年环保部派出第一环境保护督察组对京津冀大气污染治理情况展开督查，标志着京津冀建立了针对大气污染治理成果的统一监督机制，将进一步推动京津冀地区的空气质量改善。根据督查结果，天津制定了《天津市贯彻落实中央第一环境保护督察组督察反馈意见整改方案》《天津市贯彻落实中央环境保护督察反馈意见具体问题整改措施清单》。自此，京津冀城市群地方政府大气污染协作治理机制更加完善。

四、案例解析

1.结构性机制分析

（1）上级政府政策引领与指挥协调

从上述两大城市群地方政府协作治理大气污染的生动实践来考察，上级政府的政策引领与指挥协调对于城市群地方政府协作行动的开展具有增益功能。事实上，在我国现行行政体制下，没有上级政府的适度参与，地方政府合作很难进行和维系。上级政府往往通过政策诱导、资金支持和地方政府绩效评估等手段推进与协调地方政府间的合作，不仅加快了有关合作规章制度的制定，还对某些领域的地方政府合作在税收、产业、人事等政策上给予优惠，同时对某些领域的地方政府合作通过转移支付、专款划拨、政策性贷款等手段予以扶持和补偿。例如，在长三角城市群以及京津冀城市群地方政府协作治理中，中央或当地省级政府都发挥了重要作用，出台了各种战略规划推动区域内地方政府协作的文件。2013年，国务院出台的《大气污染防治行动计划》明确指出，"建立京津冀、长三角区域大气污染防治协作机制，由区域内省级人民政府和国务院有关部门参加，明确地方政府统领责任，加强部门协调联动"，对两大城市群地方政府协作治理格局的加速形成起到了很大的推动作用。2016年，《"十三五"时期京津冀国民经济和社会发展规划》印发实施，作为首个跨省市的区域"十三五"规划，对于京津冀大气污染协作治理推进具有重要意义。2022年党的二十大召开，提出要坚持精准治污、科学治污、依法治污，持续深入打好蓝天、碧水、净土保卫战，健全现代环境治理体系。

需要注意的是，尽管上级政府在地方政府合作中能够发挥重要的协调作用，但一定要注意适度原则，不能以转变为主导，只有建立在主动性基础上的合作才更具有稳定性与持久性。城市群地方政府的协作更应该建立在多方主体基本共识的基础上而进行，仅仅为了应付上级的各种评估或者获得政策支持才进行被动的合作，其效果会在一定程度上打折扣。

（2）中央政府与地方政府共同参与

我国实行的是中央集权型政治体制，中央政府在城市群地方政府协作中具有重要影响力，主要体现在对城市群发展的引导、协调和规划等方面。长三角城市群以及京津冀城市群，均是中央政府对区域发展功能定位，尤其是在国家整体视野中的地位和作用进行界定，这构成了某个区域发展的框架和指南。从这个意义上说，地方区域合作发展成效的取得是在中央政府指导的前提之下。

中央政府与地方政府共同参与城市群地方政府大气污染协作治理，具有不同的表现形式。根据主导主体的差异，可以分为中央主导型、第三方委托型和地方主导型。第一，中央主导型。中央主导型合作模式主要是国家根据不同地域实际状况，基于宏观视角编制整体性发展方案。中央主导型模式既有优点也有不足之处。优点是具有中央政府的权威性，强制力和约束力可以保证；不足之处是宏观的考虑难以打破不同行政区划的界限，深度交流与合作难以真正进行。第二，第三方委托型。该种模式中专家学者、社会智库机构等组织会发挥主要作用。比如京津冀城市群设立专家组召开京津冀区域环境治理类研讨会，省环境科学研究院承接城市群地方政府协作治理课题，有助于促进该城市群大气污染治理更好地协同联动。这种委托实际上形成了地方政府和他们之间的契约关系，类似于公共服务外包等形式，借助非政府力量进行区域合作规划。第三，地方主导型。地方主导型是在某个城市群内协作的规划，跨越了省市边界，但是并未超越区域限制。这种协作模式由于矛盾和纠纷冲突更加直接（合作地区往往地理位置更加相近），因此也面临发展的不确定性。

（3）协作治理基本共识塑成

共识塑成是关乎城市群地方政府协作治理行动启动、发展并完成的重要因子，能有效规避主观偏误造成的认知失调与价值冲突，建构主体间的普遍认同、承诺与内部合法性，本质是意识形态维度的统合①。在两大城市群地方政府协作治理进程中，地方政府是否具有合作共识影响着地方政府合作能否真正实现。为进一步推动地方政府在城市群大气污染协作治理进程中的协作行动，需要各级政府树立合作共赢的意识，摒弃地方保护主义思想，摆脱行政区划的束缚，培育区域整体价值观，坚持共享区域发展利益、共担区域发展责任的理念。目前两大城市群在协作治理进程中，各地方政府主体均意识到合作的重要性，也初步具有了合作共赢的意识。例如，在长三角城市群大气污染治理主体结构图谱中可以发现，网络的整体密度不高，但是网络节点间的联通效率高，呈现一定程度的"去中心化"，参与协作治理的主体之间达成了高效直接的交流，交流渠道较多，这在一定程度上可以说明主体之间的协作意识基本塑成。

2.过程性机制分析

（1）协作治理制度建设逐步完善

制度是一套关于事件与行为的规范性模式，具有非随机性和系统性特征，②其基本功能在于促成、增进并维系秩序。两大城市群在大气污染地方政府协作治理进程中，逐步建立并完善了系列制度保障机制，为大气污染治理效果的提升夯实了基础。2015年4月，《京津冀协同发展规划纲要》审议通过，京津冀协同发展上升为国家战略规划，生态环境保护成为关键议题和协作治理重要突破口，这一顶层设计的制定，助推了协作治理和一体化发展理念的快速发展，冲击了传统属地治理中各自为战的治理格局，推动了大气污染协作治理的深化发展。长三角城市群在大气治理执法方面，区域内通过合作协议的方式开始了跨区域联合执法，三省一市先后签署了《长三角地区环境执法区域联动倡议书》《长三角地区跨界环境污染纠纷处置应急联动工作方案》

---

① 曹海军，王梦.社区公共安全合作生产的行动逻辑与实现机制——基于Y市"零纠纷"建设的案例分析[J].中国行政管理.2023,39(10):149-157.

② 柯武钢，史漫飞.制度经济学：社会秩序与公共政策[M].北京：商务印书馆,2008:35.

等合作协议，要求在属地管辖的基础上开展跨区域联合执法行动，以实际行动深化区域交流合作机制，坚持互通协作，争取实现长三角地区环境执法区域联动工作常态化，合力推进区域范围内协同防控、联合执法、机制创新。各方主体要督促地方政府履行环境保护主体责任，积极落实区域环境污染整治工作，加强重点污染源环境监管力度，合力打击大气环境相关违法行为。

同时，两大城市群在推动地方政府协作治理进程中，逐步形成了较为完善的合作运行机制，主要包括利益共享与补偿机制、信息沟通与协商机制以及监督评估机制等，这些运行机制形成了完整的闭环，为各地政府达成合作共识、协商合作内容、落实合作项目、反馈合作效果提供了渠道与平台，让各地城市从合作中受益，从而增强各地方政府的合作信心。通过利益共享与补偿机制协调各地政府的利益冲突，依据合作中各方的贡献度、参与度对合作利益进行合理分配，并对合作中利益让渡较大的地方政府或者综合实力较弱的地方政府进行政策倾斜。建立完善的沟通与协商机制，为合作中各地政府提供了利益表达平台，能够有效对合作分歧与冲突进行沟通，增进彼此间的了解与信任，减少合作中的阻力。

（2）协作治理保障机制不断优化

保障机制在城市群地方政府协作治理进程中始终处于重要位置，主要包括技术保障、信息保障、法治保障等。例如，2010年长三角地区联合会议提出进一步完善沪苏浙两省一市跨界污染纠纷处置与应急联动工作机制，2012年长三角地区环保合作联席会议协商决定完善区域大气污染联防联控机制、跨界污染应急联动机制等，之后长三角城市群又陆续建立起非政府组织合作协调机制、环境空气联合监测机制、政府部门环境执法联动协作机制等，为长三角城市群大气污染协作治理奠定了保障机制基础。优化信息共享机制，主要体现在信息共享平台建设不再是提倡建立，而是落地实施。2015年，时任天津市环保局大气处处长杨勇表示，"目前三地环境监测部门已经实现了环境空气质量动态数据和预报信息的共享"。同年，京津冀环境执法与环境应急联动工作机制联席会议上提出要建立信息共享制度，各单位通过京津冀轮流组织季度会议分享环境监察执法信息。

伴随大气污染协作治理的不断深入，法制保障在过程要素中的度数中心度排名逐渐上升，一定程度上说明城市群更加重视大气污染协作治理的法制工作，强化执法检查。2014年南京青奥会期间，为改善空气质量，长三角城市群组织环保、卫生、住建、交通等部门开展联合执法，重点查处大气污染问题，保障环境质量。同年，沪苏浙皖在大气污染防治立法方面展开协同行动，联合制定大气污染防治法律规范，为营造美丽生态保驾护航。

3. 回应性机制分析

（1）考核评估机制逐步健全

城市群大气污染地方政府协作治理的考核评估是对城市群地方政府治理大气污染效果的科学总结、系统评估和有效反馈。大气治理绩效考核评估历经了波动发展、螺旋式上升的过程，从强调目标任务分解与绩效评估到强调政府问责；从单纯地将评估结果视为城市群大气污染治理的一个环节，转变为政府绩效管理的重要维度；从年度评估、主动备案，到综合运用年度考评、专项评估、自查自评、环保约谈等多种形式，城市群地方政府协作治理考核评估的覆盖逐渐拓宽、协作治理执行力度持续加大、协作治理能力与水平不断提升。例如，在治理目标考核方面，京津冀结合2014年国务院颁布的《大气污染防治行动计划实施情况考核办法（试行）》，颁布了适合本城市群实际有关生态环境治理的一系列考核政策，进一步明确了年度目标、阶段性目标和终期目标，对各地政府开展协同行动提供了方向性指引。

但值得注意的是，大气污染治理涉及各方利益，在环境信用管理、大气污染执法的活动中，不同治理主体在追求自身利益的同时不可避免地存在利益冲突，地方政府更倾向于从自身利益得失的角度去解决治理问题，这就会很难做到正确把控大气污染治理的整体性利益，缺乏评估考核机制难以对各方主体的行为进行评定，从而增加了界定主体行动效果的难度，不利于调动地方政府及其职能部门工作的积极性。

（2）监督问责机制持续改进

城市群大气污染地方政府协作治理监督机制是所有利益相关者对大气污染治理决策、实施状况、生态环境损坏程度实施检查与控制的制度设计，是保障大气污染治理各参与主体主动参与环境治理的基础[①]。通常来讲，在城市群地方政府治理协作过程中，建立利益相关者广泛参与的监督问责机制，持续强化政府作为治理与监管主体的指导作用、落实公众作为社会主体的主动监管作用、突出市场主体的能动作用，对于约束行动主体在协作治理过程中的协作行为，克服并规避在协作治理过程中可能出现的权力寻租、腐败以及利益勾结等现象，进而保障城市群地方政府协作治理绩效取得显著提升。目前来看，两大城市群在大气污染协作治理过程中的监督与问责机制逐步改进并健全，例如，河北在 2017 年完成了环保监察垂直管理制度改革，地市级环保监察机构受省级监察机构和所属市级政府的双重领导，县级监察机构成为市级派出机构，监察工作分区域进行，落实对地方政府的监督责任，避免出现"官官相护"的情况。

但同时，监督问责机制仍存有一定完善的空间，比如仍有包括天津市在内的部分城市尚未公开环保机构监测监察执法垂直管理制度改革方案，监督问责成效尚未充分释放。社会监督以及市场监督层面的政策尚存有一定缺口，社会监督以及意见反馈渠道有待进一步拓宽。未来，应在部门网站、公众号、融媒体等新兴媒体上要开通监督反馈渠道，公开畅通监督举报电话，拓展电视问政、网络问政等多种方式，促进其他主体的广泛参与，激发各主体的公共精神和责任意识。新闻媒体也应对民众所关注的大气污染治理问题及时进行询问和反馈，构建政府、社会公众信息传递的桥梁，进一步深化共识，增强自身的公共性责任意识。

[①] 邹庆华，马黛丹 . 生态环境协同治理机制的构建与创新 [J]. 哈尔滨工业大学学报 (社会科学版), 2024(01):122−128.

第五章 》》》》

城市群地方政府协作治理机制面临的问题及成因

从上一章的分析中可以看出，目前我国城市群大气污染地方政府协作治理机制在协作结构、协作过程以及协作回应三个方面已经取得显著成效，形塑了城市群地方政府协作治理机制的基本样态。但同时需要注意的是，我国城市群地方政府协作治理机制尚处于动态发展阶段，仍存在协作治理主体结构不均衡、协作治理过程保障不充分以及协作治理回应不完善等困境，制约着城市群区域一体化发展成效。究其根本，压力型体制影响协作治理理念、内容型要素影响协作治理条件、反馈性机制影响协作治理成效三个方面是影响城市群地方政府协作治理成效的关键性原因。本章将对城市群地方政府协作治理机制面临的问题以及成因作了深入诊断与分析，为后续优化路径的提出奠定了基础。

一、城市群地方政府协作治理机制面临的问题

1. 协作治理主体结构不均衡

（1）政府主体参与协同程度不均衡

在城市群地方政府协同治理过程中，不同地区政府主体的广泛、均衡参与对于提升治理政策协同性、促进资源共享与整合、明确责任分工、增强城

市群竞争力以及提升治理效率具有增益功能。但现阶段来看，不同地区政府主体在参与城市群协作治理过程中，竞争依然是地方政府行为的本质和基本特征[①]，这在一定程度上导致地方政府参与的无序、不均衡，其主要表现为政策协同不足、资源共享不均以及信息沟通不畅等，进而降低城市群治理效率、削弱城市群竞争力、影响城市群整体发展。

在长三角城市群与京津冀城市群大气污染协作治理的案例中，可以发现城市群地方政府协作治理在实践中已形成一定的协作治理网络，但是通过对主体结构网络的可视化分析、中心度分析，发现两大城市群地方政府协作治理结构中各主体的地位与作用呈现出不均衡分布态势。以京津冀城市群为例，就双边合作来看，北京、天津作为城市群的两大核心城市，与河北的双边合作较多，而北京与天津间的双边合作较少，说明河北在城市群地方政府双边协作中协同程度高，天津的双边协作参与程度低；就多边合作来看，在中央政府统筹领导下，京津冀城市群中的多边协作则多于双边协作。在具体实践中，京津冀三地通过签署框架协议、制定行动方案、采取联合专项执法等参与到城市群协作治理过程中，北京与天津投入的资金、技术以及人才资源相对较多，多边协作的参与程度较高；而河北作为承接北京重工业企业产业的省份，其多边协作治理的参与度则相对较低，多主体参与不均衡态势较为显著。

（2）地级市政府参与协同程度不均衡

地级市政府作为城市群地方政府协作治理的中坚力量，其均衡参与不仅有助于推动城市群内部各城市之间的互联互通、产业协同和资源共享，促进区域一体化的持续与高质量发展，同时，对于提升城市群协作治理的政策执行效度，实现城市群内各城市之间的优势互补和共同发展大有裨益。但目前来看，在城市群地方政府协作治理过程中，部分地级市政府由于治

---

① 锁利铭 . 协调下的竞争与合作：中国城市群协同治理的过程 [J]. 探索与争鸣 ,2020(10):20-22.

理资源分配不均、治理意愿差异、信息共享和交流障碍以及利益协调机制不健全等因素的综合影响，致使地级市政府之间参与治理程度不均衡。地级市间协同程度的不均衡既会导致资源配置效率低下、影响城市群整体协同发展，同时还会制约城市群的发展潜力、加剧不同城市之间的竞争与矛盾，并导致相关协同治理政策在不同城市间的实施效果出现断层，影响政策的连续性和有效性。

通过两大城市群地方政府协作治理参与主体的描述性统计可以发现，两大城市群省级政府参与地方政府协作治理较多，而地级市政府参与协作治理相对较少，地级市政府参与协作治理的积极性、主动性未充分释放，其参与行为未全面下沉到市、区（县）层面，尚未形成上下联动的整体性行动网络。地级市政府既包括同一层级的政府间，例如北京、天津、河北之间及河北省内地级市政府之间，又涉及河北与其地级市政府之间的协同。从同级地方政府来看，北京与河北之间的协同联系最强，北京与天津的联系较强，而天津与河北之间的联系则较弱。邯郸、保定、石家庄等地方政府虽然与其他治理主体的直接联系较多，但是联系单一，互动主体少，未建立起与多个主体的共同互动关系，在协作治理中的控制力和沟通性较弱。邢台、廊坊、沧州、唐山是在协作治理网络中的中心度较高的节点，其参与能力与程度高于秦皇岛、承德等地。

（3）职能部门参与协同程度不均衡

在城市群地方政府协作治理过程中，职能参与协同程度意味着不同地级市在协同治理中扮演的角色和贡献程度。职能部门的均衡参与能够增强城市群内部凝聚力，形成共同的治理目标和责任意识，推动城市群向着更加协同和整合的方向发展，同时，还能确保在协同治理过程中的决策更加民主、科学，减少决策过程中的矛盾与冲突；共享技术创新成果，促进技术在不同城市间的转移和应用，提升城市群的技术水平和产业竞争力；形成统一的政策框架和执行标准，减少政策执行中的偏差和矛盾。但通过实证考察，发现目前职能部门在城市群协作治理过程中的参与程度并不均衡，部分关键部门可能由于其职能的重要性而更深入地参与到协同治理中，而一些辅助性部门可能参与程度较低。这就容易导致城市群内部资源分配不均、信息共享不畅、政策执行偏差、利益协调困难等现象，从而降低协同治理效率、影响政策的连续性和一致性、增加城市群内部行政协调成本，影响城市群整体治理效能。

根据参与两大城市群地方政府协作治理主体数量的描述性统计结果来看，直辖市其职能部门参与主体数量较多，而地方职能部门参与数量相对较少，不同层级职能部门的参与程度也各不相同。从京津冀城市群的地方政府协作治理实践来看，北京市生态环境局、天津市生态环境局和河北省生态环境厅及其省级人民政府作为协作治理行动的牵头部门，其下设的各个职能部门在参与协作治理的过程中，治理资源、权责分配不均衡的现象较为突出。例如，在河北省针对"散乱污"企业进行综合整治的过程中，涉及各地方政府、环保部门、工业管理部门、税务部门以及工商部门等多个行动主体，但各部门之间权责不明晰、职能存在重叠和交叉、行政不存在隶属，难以有效指挥和问责，致使部门之间难以建立稳定、有序、平等的合作关系，在一定程度上降低了协作效率，影响了协作治理成效。

长三角城市群虽然已形成了如前文所述的地方政府协作治理网络，但治理网络疏密程度差异较大，地方政府参与协作治理仍呈现不平衡态势。同时，从治理网络的核心—边缘地位来看，核心—边缘结构比较稳定，职能部门参与程度区分度较大，例如，生态环境相关的中央部委、长三角地区三省一市的人民政府和生态环境厅（局）、长三角区域大气污染防治协作小组等主体参与协作治理程度较高，主体之间联系紧密，而与大气污染防治密切相关的部门如环科院、环境监测中心、应急管理部门等参与程度整体偏低，与其他职能部门间的联系较少，协同联动作用的发挥以及效能释放不完全。这在一定程度上表明在治理网络中，部分职能部门处于较为被动的地位，难以对治理现状进行实时跟进，极易产生信息不完整性和不对称问题，亟须进一步提升与其他主体的联动紧密度，强化合作关系的建立与维护，保障协作治理的高质量与持续性。

2. 协作治理过程保障不充分

（1）存在应急型运动式治理

在中国情境下，压力型体制被广泛应用于政府管理与政策制定中，生动展现了从上至下层层传导政治行政命令、形成压力、驱动各级政府和部门实现治理目标、提升治理速度的过程，是传统的动员体制在改革开放以来市场化、现代化加速发展新背景下的拓展衍变。[①] 在压力型体制下，地方政府治理任务层层加码的情境下，通常会采取阶段性应急型运动式治理行动，通过叫停与整顿常规治理逻辑来确保城市群协同治理成效。所谓运动式治理，即在一定时期内，政府针对特定问题或领域开展集中性、大规模的治理活动，以期迅速解决问题或推动工作进展。在城市群地方政府协作治理中，运动式治理虽然能在一定程度上提高地方政府对协作治理的重视程度、推动地方政府在特定领域形成协作共识、强化地方政府在协作治理中的责任意识。但同时也存在一定的消极影响，首先，运动式治理可能导致城市群地方政府之间的合作缺乏持续性和稳定性。由于运动式治理往往聚焦于短期内的成果，地方政府在协作治理过程中可能过于关注眼前的利益和成效，而忽视了长远发展和整体规划。这容易导致各地政府在协作中产生矛盾和分歧，影响城市群整体治理效果。其次，运动式治理可能削弱城市群地方政府的协作动力和机制。在运动式治理过程中，政府间的协作往往依赖于行政命令和强制性手段，而非基于平等、自愿和互利的原则。这容易导致地方政府在协作中产生依赖心理，削弱自身治理能力和创新精神。与此同时，当运动式治理结束后，地方政府可能回归原状，导致协作机制名存实亡。

在长三角与京津冀两大城市群大气污染地方政府协作治理案例中，通过上述对"过程"维度的可视化分析，可以发现督查问责、绿色生产、执法检查三个节点间形成较为紧密的协作关系，这在一定程度上反映出在城市群地

---

① 杨雪冬，胡天宇. 压力型体制：一个描绘和解释中国政府运行机制的概念 [J]. 治理研究，2024，40(02):35-43.

方政府协作治理中，地方政府多采用对企业进行督查约谈、开展执法检查专项活动以及突击夜查等运动式治理方式，强化对协作治理过程的硬性约束，形成协作治理高压态势，进而保障协作治理效果。但同时需要注意的是，运动式治理在提升治理成效方面"来之突然，去亦迅捷"，短期效果较为明显，但治理效果存在反弹，且会导致治理成本攀升。具体而言，一方面，应急型运动式治理会在一定程度上导致企业产生机会主义心理，例如，在除秋冬季节等大气污染易发时期或者监管不严时超标排放、偷排偷放，甚至"顶风作案"利用非法手段逃避监管、进行监测数据弄虚造假等各类环境违法行为。同时也不利于让企业常态化落实其社会责任，尤其是在企业的经济收益导向下反而会助长其消极治理态势。另一方面，从协作治理长期效益来看，地方政府习惯开展行政检查和违法行为的协作治理行动，在这种情况下，突击式的纠偏措施极易导致巨大的社会资源流失，使得行政成本持续上升。

（2）协作治理方式手段单一化

多元化治理手段对于增进城市群地方政府协作治理成效大有裨益，其不仅仅依赖于政府的单一力量，而是充分调动社会各界资源，形成多元化的治理主体和手段，共同参与和推动治理工作的方法和策略。具体表现为：政府与市场力量的结合，如政府可以与企业合作提供基础设施服务，或者通过公私合作伙伴关系（PPP）模式推进项目；政府与社区组织的合作跨界协作，如区域联盟、合作协议等；运用信息技术、大数据、互联网等现代技术手段；运用教育和文化手段，如通过教育和文化活动提高公众对某些问题的认识和理解，引导公众参与治理，形成良好的社会氛围等。但目前来看，在城市群地方政府协作治理中，协作治理的手段与方式相对单一化。具体而言，当前城市群地方政府协作治理过度依赖政府行政指令与监管手段，忽视市场机制和社会组织的积极作用，导致政府负担过重，效率低下；缺乏多元化参与，公民、社区组织、私营企业的参与度不高，治理过程不够透明和民主；忽视信息技术和现代科技的应用，从而限制了治理效率和效果的提升；单一化手段可能导致政府在面对问题时采取应激反应式的治理方式，缺乏预防和长期规划；忽视不同地区的发展阶段、资源禀赋和需求差异，导致"一刀切"的治理策略，不利于因地制宜地解决问题。与此同时，单一化的协作治理方式可能使地方政府在长期协作中产生依赖心理，削弱自身治理能力和创新精神，还易加剧地方政府之间的利益冲突，影响协作的稳定性和持续性。

在长三角与京津冀两大城市群大气污染地方政府协作治理案例中，两大城市群地方政府协作治理过程呈现出治理手段单一化，偏向于依赖行政手段与强制方式，经济手段、教育手段以及技术运用相对较少。具体而言，两大城市群地方政府协作治理行动中，考察调研、督查问责、执法检查等节点与协作治理主体的联系最为紧密，考核评价、行动规划、应急减排等节点联系较多，是地方政府常采用的治理手段。在京津冀城市群地方政府协作治理过程中，北京、天津主要采用执法检查的方式，河北和企业之间多进行督查问责。上述几类节点的行政化属性明显，属于上下级地方政府之间以及地方政府与市场主体之间协作治理所经常采取的行政化手段，执法检查、督查问责等则具有强制化管控和压力传导特性。尽管政府及其部门能够通过强制性命令与市场主体互动，促动企业遵循并配合政策执行，但政策的执行与实施离不开企业的主动遵从，强制性措施不仅无法使得协作治理高效开展，而且不利于动员社会主体、市场主体等参与到协作治理行动中，掣肘主体间协同互动机制的构建，进而导致协作治理质效低下。

（3）生态补偿与利益共担机制不健全

生态补偿机制是一种旨在通过经济手段促进生态环境保护与修复的制度安排，主要是通过补偿那些在生态保护与修复过程中付出成本的地区，来激励和补偿致力于环境保护的各方，从而达到平衡生态保护成本与收益的目的。生态补偿需要依据真实有效的污染数据，通过科学的评估方法制定评估标准以确定生态系统服务的价值和损失，由中央或受益地方补偿受损地方。在实施过程中，生态补偿机制涉及多个方面，包括补偿主体、补偿对象、补偿方式和补偿标准的确定等。当前，在城市群地方政府协作治理过程中，生态补偿机制不完善的问题仍旧较为突出，主要体现在以下三个方面：一是生态补偿范围和对象不明确，导致一些应该得到补偿的生态保护行为没有得到补偿，或者补偿资金分配不公。二是补偿机制缺乏灵活性，无法适应不同地区和不同生态保护项目的特点，缺乏必要的灵活性和针对性。三是补偿资金来源不稳定，生态补偿资金可能依赖于政府财政，缺乏稳定的资金来源，导致补偿机制的可持续性受到威胁。当前，生态补偿的资金主要来源于中央专项资金的纵向补偿和区域内受益地方的横向补偿，以纵向补偿为主的补偿机制显然不契合城市群跨域传输的特征。

生态补偿机制不完善极易牵制城市群地方政府协作治理效果的提升。一是会导致合作动力不足。若生态补偿机制不能合理地确定补偿标准和金额，可能会导致生态保护成本高的地区得不到足够的补偿，从而降低这些地区参与生态保护的积极性。二是会导致利益分配不均。生态补偿机制不完善极易导致补偿利益分配不均，使得一些地区因生态保护而受到的经济损失得不到合理补偿，而其他地区可能从中获得较多利益，进而引发地区间的矛盾和不公平感。三是会导致政策制定与执行偏差。若补偿机制缺乏明确的标准和监督机制，可能导致地方政府在执行生态补偿政策时出现偏差，如补偿资金的滥用、补偿标准的随意性等，影响政策的公信力和有效性。例如，已有的生态补偿机制建设大都集中在河流湖泊、耕地、草原等微观领域，《水污染防治法》第七条规定了有关水环境生态保护补偿制度，《森林法》第八条规定了森林生态效益补偿制度，但是目前尚未建立起统一的宏观的生态补偿机制，这就容易导致环境保护措施无法得到有效实施，进而影响区域生态环境质量。

利益共担机制是指在城市群地方政府协作治理中，各个参与方共同承担治理过程中的责任、风险和成本，同时也共享治理成果和收益的一种机制。该机制强调的是所有与协作治理相关的成本均由政府、企业和公民等多方共同承担的基本理念，突出了公民、企业和政府之间的互动关系，旨在促进各方在协作中的积极性，确保协作的公平性和可持续性。在城市群地方政府协作治理过程中，仍存在利益共担机制不健全的问题。一是责任与利益不对等，部分地方政府承担了较多的责任和风险，但并未获得相应的利益回报，而另一部分地方政府则享受到了利益，但并未承担相应的责任。例如，河北地区制造业、重工业多，会通过缴纳大气污染税、污染物排放缴费、清洁生产设备购置等承担过多的治理成本，北京和天津制造业等重工业少，治理成本相对较小。二是利益分配不公，部分主体可能会通过不正当手段获取更多的利益，而另一些主体则因被边缘化而无法获得应有的利益。三是利益共担的过程缺乏透明度，各方无法充分了解彼此的利益分配情况和承担的责任，导致信任缺失。四是缺乏有效的监督和制约，出现权利被滥用的情况，损害其他主体的权益。利益共担机制不健全不仅易导致协作动力不足，降低部分地方政府参与协作的积极性，还容易产生责任推诿问题，在面临治理责任时，各方行动主体常常相互推诿，不愿承担应有的责任，且易产生分歧和矛盾，影响协作的持续性和效果，加剧治理困境。

3. 协作治理回应性机制不完善

（1）地方政府治理"选择性执行"

当自上而下的上级决策与自下而上的基层自主性诉求之间存在一个结构性矛盾，选择性执行便会发生。[①]关于选择性执行，学术界有"变通"理论和"共谋"理论的解释，基层干部在实践中经常将国家政策和上级指示进行变通来化解基层的现实冲突。[②]自城市群地方政府协作治理行动开展以来，我国的跨区域联合执法机制逐步建立并不断完善，城市群地方政府协作治理的质效均得到较明显的提升。但同时也暴露出一些问题，由于"行政发包"与"属地管理"是我国政府体系的基本特征[③]，这就意味着中央政府并不直接对地方政府职能的履行进行干预，而是授权地方政府履行相关职能，这给予了地方政府一定程度的选择权与自主权[④]。在此背景下，部分地方政府往往会在有限自

① O' BRIEN K J, LI LJ. Selective policy implementation in rural China[J].Comparative Politics, 1999,31(2):167−186.

② 应星，大河移民上访的故事 [M]. 北京：生活·读书·新知三联书店,2001.

③ 周黎安 . 转型中的地方政府：官员激励与治理 [M]. 上海：格致出版社,2008:57.

④ 王梦，王颖，薛喆 . 网络舆情环境下我国政府形象塑造 [J]. 辽宁行政学院学报,2020(06):16−20.

主权的支配范围内，选择性地执行上级政府关于城市群协作治理的政策部署，自利动机往往成为地方政府的主导逻辑，驱使政府优先执行容易量化和感知的协作治理任务，将有限的资金、人力等资源投入到易凸显治理业绩的领域。

"选择性执行"的博弈行为一方面会导致城市群内公共资源分配不均，加剧地区间的发展不平衡；另一方面还会增加协作治理监管难度，削弱政策的权威性和公信力。例如，在京津冀大气污染治理中，京津冀各地方政府制定了上述提到的钢铁、水泥、玻璃工业等制造业行业的废气排放标准，这些可以通过给工业和污染企业制定减排措施、引入市场机制进行排放权交易等推动标准实现，并且相关治理数据、减排数据都会记录在册，但那些难以被量化和感知的任务往往因监测难度大而被搁置。这在一定程度上就会导致该城市群地方政府协作治理的绩效难以被有效评估，且无法进行行之有效的监管，从而使得城市群地方政府协作治理成效大打折扣。此外，选择性执行还会导致城市群内各地方政府在协作治理过程中，出现政策执行力度不一、协作意愿不强等问题，损害部分群体或地区的利益，引发社会不稳定因素，降低整体协作效率。

（2）协作治理成果"数据操纵"

伴随我国城市群地方政府协作治理的纵深发展，对协作治理成效的要求与日俱增。面对上级政府层层加码的任务要求以及地方政府自身的行政任务考核压力，部分地区尤其在权力监督与约束较为松散的地区，"数据操纵"现象尤为普遍。"数据操纵"主要有以下几种表现：一是数据篡改，故意修改数据记录，以符合特定的目标或结果，包括改变数据值、删除或不记录数据，以及伪造数据来源。二是选择性报告，地方政府仅报告有利于特定利益的数据，忽视或隐瞒不符合作者意图的数据，这会导致决策者基于不完整的信息作出决策。三是数据过滤，在数据共享或报告过程中，故意忽略某些数据集或数据点，选择性地分享那些支持特定论点的数据。四是数据误导，通过不当的解释或展示数据，误导政策制定者、执行者或公众对数据的理解，使其支持某种特定的政策或行动。五是数据质量问题，故意引入错误或不准确的数据，以影响决策过程，包括数据输入错误、数据源不准确或数据收集方法不当。六是数据封锁，在协作治理中，某些地方政府可能故意封锁或限制数据共享，以保持信息优势或保护地方利益。

值得注意的是，部分地区甚至出现地方政府之间、监管方与被监管方之间合谋的现象，扰乱城市群协作治理秩序。例如，在城市群大气污染协作治理领域，部分地区出现的"数据操纵"行为，往往会导致监测数据的异常变化。这种行为不仅掩盖了污染问题的严重性，也阻滞了大气污染协同治理工作的有效、有序进行。伴随时间的推移，上述"数据操纵"问题若得不到及时解决，极易引发制度性集体行动事件，既对政府形象与政府公信力构成挑战，又加剧了大气质量改善的难度，对社会稳定和环境治理产生负面影响。与此同时，"数据操纵"现象还会影响正常的治理绩效评估，对维护协作治理的透明度、公正性和效率产生不利影响，导致政策决策失误，破坏政府间的信任和协作关系，影响后续政策完善及政策执行效率，对城市群协作治理造成消极影响。

（3）治理绩效"正向反馈"干扰

在城市群地方政府协作治理过程中，若不同地区在完成治理任务方面的成效差异显著，那么，随着协作治理工作的深入，极有可能出现绩效的"正向反馈"效应。"正向反馈"是指在城市群地方政府协作治理过程中，通过各种机制和措施，使得治理活动能够产生积极的效果，进而提高治理绩效的循环。这种正向反馈机制有助于加强地方政府之间的合作，提升整体治理能力和效果，但同时也会产生一定的消极影响。在城市群地方政府协作治理领域，治理绩效"正向反馈"会对治理资源的分配等产生一定影响，具体表现为那些治理成效较好的地区由于治理初期成果形势向好，便会获取更多人力、物力、财力等治理资源支持，从而进一步强化其治理效能，形成治理成效的正向循环；反之，治理成效较差的地区则会逐步失去竞争优势，缺乏必要的优质资源支持而面临资源缩减的困境，其治理成效难免会在一定范围内打折扣。这种绩效差异的"正向反馈"现象，会间接影响不同区域治理资源的分配、专项治理资金的投放以及治理指标的制定，从而对整体协作治理的效果产生消极影响。因此，需要采取措施，确保城市群内各地区在治理任务上的均衡发展，避免绩效差异导致的资源不均和治理失衡。

与此同时，由于不同地区在经济发展水平、资源配置能力和产业结构等方面的不均衡，导致不同地区在执行统一任务时的效果存在显著差异。城市群地方政府协作治理的成效，往往以一系列关键指标来衡量，如产业结构的优化升级、大气污染的有效治理等。若在上述指标考核中忽视了地区间的资源和经济差异，可能会引发地区间的恶性竞争。这种竞争不仅会削弱地方政府协作治理的内在动力，还可能导致某些地区"搭便车"的现象，即某些地区可能依赖其他地区的努力而自己不做出相应的贡献，从而影响整个城市群发展的协调性和可持续性。

二、城市群地方政府协作治理机制面临问题的成因

1. 压力型体制影响协作治理理念

（1）压力型体制的回应惯性

协作治理是一个涉及多区域、多部门的复杂过程，地方政府往往缺乏自主合作的动力，需上级政府部门通过官僚主义或党内制度施压，[1] 推进当地政府之间协作治理行动的形成。具体而言，上级部门可以通过宏观调控与统筹，确定、分配大气污染治理的具体任务，并设定污染减排指标，最终对这些指标的完成情况进行考核，考核结果与地方政府的绩效评价和奖惩挂钩。在短期内，这种自上而下的压力传导机制对于显著提升协作治理效果大有裨益，地方政府为满足政绩考核要求，通常会采取层层加码的治理措施，以提升治理效能。然而，这也可能导致地方政府在协作治理中产生依赖性和被动性，使其陷入执行上级政府命令的循环，而非基于内生性动力参与协作行动。在

---

[1] 温雪梅.制度安排与关系网络：理解区域环境府际协作治理的一个分析框架 [J].公共管理与政策评论,2020,9(04):40-51.

京津冀城市群地方政府大气污染协作治理案例中，中央政府与河北省联系最为频繁，并且与邯郸市的协同关系较为密切，河北省及其地级市在压力型体制下受到更多压力传导，长此以往，便会形成对压力型体制的惯性依赖，其参与协作治理的自发性与主动性难以得到有效释放。

同时，短期利益的思维局限也会迫使地方政府更倾向于本地区治理任务指标的提升，而忽视了对于整体性、长期性社会价值目标的追求。在政治利益与顶层权威的驱动下，地方政府通常会借助执法检查、督查问责等强制化行政手段保障政策的执行，忽视了人工智能、新媒体等信息技术手段的运用，在一定程度上挤占了专家学者、社会主体、新闻媒体等其他主体共同参与协作治理的有限空间，不利于培育市场主体的协作治理理念与协作意识。因此，如何通过多种治理工具与手段将地方政府从突击式应付上级地方政府压力传导的惯性中解放出来，以有效的制度化运作和多元化力量，促使地方政府培育起自主协作理念，积极回应社会价值目标，构建起多元主体协同的治理网络，是促进城市群地方政府协作治理效能整体性提升的重要方向。

（2）协作治理协商成本的制约

协商成本是协同主体就合作中无法达成一致意见的事宜开展协商工作时，由于信息不对称或主体间行政资源、行政等级、经济发展情况的差异而产生的成本。城市群地方政府在协作治理实践中，仍然难以突破属地管理模式，在涉及跨行政区划的治理问题时，各地区之间直接交流与合作机会并不多，因此，有必要推动区域内各级政府开展更深层次的协商与合作。但是，由于城市群内不同地区经济发展水平各异，导致不同地区在治理收益的分配与治理成本的分摊中话语权不平等，极易产生协商风险。因此，在联系紧密、协商地位平等的主体间更易形成协作治理网络，而行政资源较为匮乏的个体在参与协同治理的过程中，往往面临更高的协商成本，这使其在治理活动中的参与频率、活动程度较低，进而导致整个治理体系中各主体参与程度的不平衡。

在长三角城市群大气污染地方政府协作治理案例中，三省一市不存在行政隶属关系，因此，在协作治理小组领导下，形成了一种相对宽松、自由的协作关系。通常来讲，长三角城市群协作治理小组就大气污染问题达成共识并制定相应治理方案，三省一市将任务具体分配至各自行政区域内的行政单元，通过行政权力在各自辖区内进行环境治理，本质上仍遵循着传统的属地治理原则，虽然这在一定程度上提高了治理效率并确保了治理成效，但它也阻滞了跨区域地方政府间的横向交流，对协同执法与协同监管等方面造成挑战，对于城市群协作治理合力的形成与发挥造成不利影响。例如，在环境要素市场中，排污权和碳排放交易市场等对大气污染协作治理具有重大影响的项目仅在局部地区进行了试点，而跨省交易仍在探索阶段，这些因素在一定程度上削弱了市场要素在协作治理中的作用。

（3）公共精神培育力度不足

公共精神，即从有利于他人的角度对公共利益进行关注的态度和行为方式[①]，体现为社会主体对公共生活、公共环境和公共服务等的公共性自觉[②]。公共精神在一定程度上能够决定社会秩序是否良好运行，在城市群地方政府协作治理公共问题上，公共精神同样是一个至关重要的因素，只有协作治理主体都具备良好的公共精神，才能形成广泛参与、协作高效的治理格局，进而推进城市群地方政府协作治理提质增效。但目前来看，在城市群地方政府协作治理中，公共精神培育力度相对不足，行动主体缺乏合作意识与合作精神、政策执行力度与效度不一致、社会公众参与度较低、行动主体责任感与使命感不强、公共服务供给相对不足等问题依旧存在，对城市群协作治理的高质量发展造成不利影响。

在京津冀城市群大气污染地方政府协作治理案例中，通过对不同协作主体中心度的计算可以发现，社会公众、新闻媒体等虽与政府主体存在联系，但其在大气污染治理中起到的监督和参与作用并未充分发挥，甚至在协作治

[①] 陈飞.公共精神的形成、消解与复归——马克思对西方政治哲学的重塑 [J].中国社会科学评价,2020(04):35-45+155-156.

[②] 王洪波.历史唯物主义的公共性维度下主体公共精神的当代建构 [J].社会科学辑刊,2020(04):7-52.

理网络中处于较为偏后的位置。通过分析社会公众的结构—价值关系可以发现，在协作治理中主要价值导向旨在倡导社会公众自觉参与并提高环保意识。公民等主体的权力若能够进一步增强，有利于促进他们进行广泛的志愿参与并增强其利益价值观念。而公共精神的提升又可以增强各主体的合作意识，加强参与大气污染控制的协同性，促进这一公共议题的共同解决。但同时也发现，尽管地方政府鼓励并支持社会公众参与协同治理，但社会公众的主体地位并未进一步凸显，这反映出当前社会公众在京津冀城市群大气污染治理中仍未形成统一、明确的公共精神，社会公众的主动性、能动性未得到充分体现，公民参与大气污染治理协同程度较低，这无疑会阻碍对大气环境的改善。若社会公众缺乏基本的公共意识和公共精神，那么其协同作用的发挥则会微乎其微，京津冀城市群大气污染的协作治理将难以高效推进。

（4）地方政府间的不正当竞争

地方政府间的不正当竞争是指在一定区域内，地方政府为了争夺资源、投资、企业、人才等，采取不符合市场经济规则和社会主义法治原则的手段和行为，破坏了正常的市场秩序和区域协调发展。其主要表现为：一是政策扭曲。部分地方政府通过提供远低于市场价的土地、税收减免等优惠政策吸引投资和项目，这种优惠条件远远超出了其他城市所能提供的，这种行为可能导致其他城市的税收流失，并影响整个区域的财政平衡，而不是基于区域发展的长远规划。二是基础设施重复建设。为了吸引企业和个人，地方政府可能重复投资相似的基础设施项目，造成资源浪费。三是环境标准放松。部分地方政府为了吸引投资而降低环境标准与准入门槛，允许某些企业以更高的污染排放水平运营，导致环境污染和生态破坏，同时也损害了当地居民的身体健康。四是地方保护主义。例如采取措施限制本地资源外流，或者对外地产品和服务设置障碍，保护本地产业，这种政策限制了市场竞争，影响了区域经济的整体活力。五是数据造假。在政绩考核的压力下，部分地方政府可能虚报经济发展数据，造成决策层对实际情况的误判。地方政府不正当的竞争对城市群协作治理会产生一系列不利影响，主要包括：一是资源浪费和低效配置。部分地方政府不正当竞争会导致资源向效益较低的地区流动，从而降低整体经济效益。二是市场扭曲和产业泡沫。不正当竞争可能导致市场扭曲和产业泡沫。地方政府可能为了政绩考核，支持部分不具备市场竞争力的企业或产业，导致资源过度集中于某些领域，形成产业泡沫。一旦市场回归理性，这些产业可能会面临严重的产能过剩和市场崩溃。三是地方保护主义和市场壁垒。部分地方政府出台的各种保护性政策，限制外地企业进入本地市场，或要求本地企业优先采购本地产品和服务，不仅限制了市场竞争，还影响了区域内的资源流动和产业协同发展。四是影响区域一体化发展。城市群地方政府在协作治理过程中，需要协调各自的经济发展和政策制定，然而，不正当竞争可能导致政策协同困难，影响区域一体化发展的整体效果。五是损害公平竞争和市场秩序。例如长三角地区地方政府理应共同维护市场公平竞争的原则，然而不正当竞争行为打破了市场秩序，损害了其他合规企业的合法权益，影响了整个市场的健康发展。同时，当地方政府通过不正当手段竞争资源和企业时，可能会引发公众对政府行为的质疑，损害政府公信力，进而影响社会稳定。上述不正当竞争造成的消极影响均在一定程度上导致了协作治理主体结构的不均衡，不管是政府主体之间，还是政府、社会、市场主体之间，对建构浑然一体的城市群协作治理网络具有消极影响。

2. 内容性要素影响协作治理条件

（1）资源禀赋发展差异性

资源禀赋，又称为要素禀赋，是指行动者自身拥有的包括物质、资金、空间等有形资源以及知识、信息、人脉等无形资源在内的各类生产要素。伴随城市群区域一体化发展，尽管整体经济发展水平、技术水平等得以提升，但不同地区之间资源要素仍存在一定差异性，具体表现为以下几点：一是自然资源差异。不同地区在气候、土地、矿产等自然资源方面存在显著差异，这对各地区的产业选择、经济发展模式、协作治理驱动力均有显著影响。二是人力资源差异。包括人口结构、劳动力素质、教育水平等方面的差异，影响了地区间的创新能力和产业发展。三是资本资源差异。地区间在金融资源、投资能力、基础设施建设等方面的差异，决定了地区经济发展的基础条件和速度。四是技术资源差异。各地区在科研能力、技术水平、信息化程度等方面的不同，对于不同地区经济的竞争力和发展潜力有较大影响力。上述资源禀赋的差异性对城市群地方政府协作治理具有多重影响。一是导致某些地方政府在协作中缺乏足够的动力，部分地区通常觉得自身从协作中获得的收益较小，因此参与协作治理积极性不高。二是由于资源禀赋和发展水平的不同，城市群内各地方政府在发展目标和利益诉求上可能存在冲突，进而增加协作治理难度。三是导致不同地方政府在制定与执行时产生分歧，不利于城市群整体发展的协调性和一致性。四是导致地方政府治理能力上的差异，影响城市群地方政府协作治理的整体水平和质量。若不及时协调各地区之间的资源要素使其实现一定程度的资源共享，极易导致资源禀赋相对弱位、发展水平相对较低的地区协作能力受到限制，进而牵掣多领域、多样化的协作治理工作的顺利进行，并影响地方政府的积极性。

在京津冀城市群大气污染地方政府协作治理案例中，北京市、天津市和河北省三地在经济发展水平、技术创新水平等方面仍存在一定差距，导致三地的大气污染防治能力各不相同。比如，在技术水平上，北京市的污染物浓度监测技术、技术设备等均处于全国前列，远超天津市与河北省。同时，资源配置的不均衡在一定程度上制约了多种治理手段的运用，京津冀地区政府通常会与专家学者开展合作治理，但由于区域内缺乏有效的科技交流与互动，治理技术发展的协同性受到影响。因此，在规划协调、技术研究与应用、宣传教育等方面，京津冀三地政府的协同工作仍需进一步加强。另外，行政区划的分割使得地理位置相邻的北京、天津、河北三地极易产生资源要素分化、权力分散现象，在协作治理实践中极易产生各自为政情况。河北省经济发展水平相对落后，产业结构布局调整还没有得到根本转变，面临的大气污染治理压力远高于北京和天津，即使建立起京津冀大气污染联防联治机制，发展差异也容易造成主体能力和地位的不平衡，容易造成经济实力和话语权较弱的地方政府地位作用失衡，导致消极协同的产生。[①]因此，如何平衡好地方政府间的资源转移和补偿，促进优势带动，成为推进城市群地方政府协作治理的关键。

（2）协作治理信息成本影响

信息成本是由于信息不对称、不完全造成的在信息传递过程中产生的成本，或者是协作行动中参与方在未获得充分信息的背景下采取的非理性行为对整体治理效果产生的负面影响。在城市群地方政府协作治理中，信息成本的影响主要表现在降低了信息传递和共享的成本，提高了治理效率和协作水平。但同时也存在信息不对称、信息过载等问题，增加了协作治理的复杂性和成本。需加强信息基础设施建设，优化信息管理流程，进一步降低信息成本，从而推动城市群协作治理的发展。

在长三角城市群大气污染地方政府协作治理案例中，虽然已实现了区域地级市空气质量数据和重点污染源在线数据等共享，并开展区域空气质量预报，公布了大气污染治理的部分信息，但是在信息共享方面仍然存在一些局限。首先，治理信息沟通机制不健全，暂时未能形成规范化、制度化的信息沟通协调机制，省级政府与相关职能部门可通过联席会议的契机进行交流，而市级政府缺少跨省信息交流共享的渠道，这可能会造成治理主体之间的信息不对称，影响主体参与协作治理的积极性和共同作用的发挥。其次，各地方政府间的信息共享缺少政策文件对治理信息共享的内容、方式、频次和具体指标范围作出规定，各地方政府受属地化治理理念和利益最大化理念的影响，在治理实践中缺乏信息共享的积极性，协作治理的内生动力不足。最后，信息共享平台不健全，信息平台不配套。既有的大气环境信息主要在各地区生态环境相关网站上进行公布，且仅有空气质量预报等数据，缺乏长三角区域大气污染协作治理统一的信息共享平台对大气指标数据、治理进展、治理行

---

① 胡一凡．京津冀大气污染协同治理困境与消解——关系网络、行动策略、治理结构[J]．大连理工大学学报(社会科学版),2020,41(02):48-56.

为和治理效果进行公示，影响了城市群协作治理的组织、协调以及监管等工作，阻滞了协同工作的顺利开展。

（3）协作治理法治保障不完善

在城市群地方政府协作治理中，完善的协作治理法治保障体系既有助于规范地方政府行为，清晰界定各地方政府在城市群协作治理中的权责，避免责任推诿和权力重叠，确保各地方政府在协作过程中遵循统一的规则和标准，同时对于构建信任机制，降低城市群内地方政府之间的交易成本，提高协作效率，提升治理的公信力和公众的满意度具有增益功能。但目前来看，在城市群地方政府协作治理过程中，法治保障机制有待于进一步完善。

首先，法律法规滞后性。既有的法律法规尚未根据城市群发展的速度进行同步更新与调整，缺乏对新兴协作问题的覆盖和规范，法律法规支撑性与约束性不足，法治建设的规约能力有待进一步提升。例如，在长三角城市群大气污染地方政府协作治理过程中，早在 2014 年，长三角三省一市就开始协同推进大气污染防治地方立法工作，通过协商形成示范条款，并分别在三省一市所修订的大气污染防治条例中，单独设立了"长三角区域大气污染防治协作"篇章，明确了城市群联防联控的目标，是长三角协同立法落地实施的一个重要标志。但同时值得注意的是，长三角地方政府协作立法工作进展较为缓慢，立法主体权责不对等、参与机制不明确等问题逐步凸显，立法合作相对松散、彼此约束力不强，难以形成受法律效力约束的规范性制度框架，制约了长三角城市群地方政府协作治理目标的实现。

其次，法律实施和监督不到位。法治保障不仅仅需要良法，更需要善治。若法律实施和监督不到位，便会导致有法不依、执法不严的情况，进而削弱法治保障的实际效果。虽然长三角三省一市已协作编制长三角生态环境标准一体化建设规划，并在部分领域的产业生产中制定了明确的技术规范和标准，但是仍未能形成全流程、全领域统一标准。这种治理标准的差异性会导致实际各地区在执法过程中出现选择性或者打折扣执法现象，加之对于协作收益缺乏合理公平的分配机制，极易滋生"搭便车"等失序行为。

最后，法治意识不强。部分地区政府和官员法治意识不强，对城市群协作治理法治保障的重要性认识不足，常出现政策执行偏差问题，进而削弱了城市群治理的公信力，影响公众对城市群协作成果的认可度，不利于形成区域一体化社会共识，同时也会制约城市群长期、稳定、有序发展，制约其在全球竞争中的地位与影响力。

3. 反馈性机制影响协作治理成效

（1）选择性激励机制不健全

曼瑟尔·奥尔森主张，要让个人在集体行为中采取与集体理性一致的行为，必须要有一套奖惩分明的选择性激励机制①。选择性激励机制在城市群地方政府协作治理实践中通过提供奖励或惩罚，激励行动主体积极参与城市群治理，促进区域一体化发展。具体而言，选择性激励机制可以激发地方政府的积极性和创新意识，促使其提供更优质的政策和措施，推动城市群协同发展；同时，该机制还可以促使地方政府之间进行竞争，从而提升整体治理效果。然而，选择性激励机制也存在一定局限性，比如，可能导致地方政府之间竞争过度，影响区域协同效果。因此，在实施选择性激励机制时，需要综合考虑各种因素，确保其在城市群地方政府协作治理中发挥最大的作用。

在城市群大气污染地方政府协作治理实践中，离不开政府、社会、市场等行动主体的积极、主动参与，尤其是作为市场主体的企业，在大气污染治理中发挥着至关重要的作用。从京津冀城市群大气污染地方政府协作治理案例中可以看出，政府在激励市场参与者方面尚有不足。缺乏对污染严重的企业罚款或吊销执照等负面激励，市场主体往往倾向牺牲环境与公共利益以追求企业利润最大化；缺乏如补贴或排污权交易等正面激励，则会减弱企业落实绿色生产与减少污染排放的内生动力。若仅依靠严格管控、约束等硬性措施则易产生"绿色悖论"，尤其是在污染处理技术、绿色技术发展水平不高

---

① 曼瑟尔·奥尔森. 集体行动的逻辑 [M]. 陈郁，郭宇峰，李宗新，译. 上海：格致出版社，上海人民出版社，2014.

或者研发和使用成本较大的情况下，企业污染成本低于减少大气污染物排放所带来的污染及技术成本[1]。因此在成本收益的考量下，即使面临着较强的大气污染管制措施，企业通常也会选择低成本排污。

与此同时，面对大气污染所引发的挑战，社会公众参与大气环境的治理与恢复工作困难重重。一方面，源于公众相关专业知识的匮乏以及公众难以接受高昂治污成本与治理过程的长期限。另一方面，由于缺乏有效的利益驱动机制和主体间独立、平等的互动关系，使得针对保护大气环境这一公共利益的激励措施不足，进一步加剧了大气污染防治工作的复杂性和难度。另外，地方经济转型面临着高昂的经济成本，由于地方政府在转型过程中所面对的巨大的经济代价，以及强大的发展驱动力，使得继续维持原有的经济发展模式所带来的效益要远远大于进行绿色转型带来的效益[2]。城市群内大气污染治理的内在驱动力较弱，加之污染治理压力的影响，更容易催生局限于目标任务的应急型运动式执行，不利于激发和推动地方政府与其他治理主体的长效协同互动。

（2）监督监管机制不完善

监督监管机制是指一系列相互关联的规则、程序和制度，旨在对政府行为、公共事务管理和资源配置等进行持续的监督与评价，确保行政活动的合法性、合理性和效率性，从而提升政府的公信力和执行力，保障公共利益。在城市群地方政府协作治理场域，监督监管机制发挥着至关重要的作用，不仅有助于确保政策执行的公正性和透明度，提升城市群治理效能，还能通过建立完善的监督体系，促进各级政府间的信息共享和资源整合，及时发现和解决城市群发展中的问题和风险，保障城市群高质量发展的可持续性。

但目前来看，城市群地方政府协作治理中监督监管机制还有待于进一步

---

① 李治国，杨雅涵，赵园春.地方政府竞争促进了地区碳排放强度吗？[J].经济与管理评论,2022,38(02):136-146.

② 郑石明，何裕捷.制度、激励与行为：解释区域环境治理的多重逻辑——以珠三角大气污染治理为例[J].社会科学研究,2021(04):55-66.

完善。一是相关法律法规不健全。目前，城市群地方政府协作治理缺乏一部统一、权威的法律规范，导致协作行为和决策缺乏明确的法律依据。同时，现行法律法规往往只针对单一的行政区划，难以适应跨区域协作的需要，这使得城市群地方政府在协作治理过程中，难以形成有效的法律约束和监督。二是监督主体较为单一。城市群地方政府协作治理的监督主体主要依赖政府内部，如上级政府、审计部门等，第三方监督和社会公众参与程度较低，导致监督体系缺乏独立性和透明度。此外，政府内部监督往往容易受到人际关系和利益关系的影响，影响协作治理效果。三是监督内容的片面性。当前城市群地方政府协作治理的监督内容主要集中在具体项目和经济发展领域，而对于环境保护、社会事务等领域的监督相对不足，这导致在一些关键领域，如生态环境保护、公共服务等方面，协作治理的效果不佳。四是信息披露机制不完善。城市群地方政府之间缺乏有效信息的共享和披露机制，使得监督主体难以获取全面、准确的信息。信息披露的不透明，使得监督主体无法对地方政府协作治理的实际情况进行全面了解，阻滞了监督机制的效力释放。五是责任追究不明确。在城市群地方政府协作治理中，责任追究机制不明确，对于协作中的失误和违规行为缺乏明确的问责机制，致使在协作治理过程中，地方政府可能出于自身利益的考虑，采取不作为或者违规行为，而无需承担相应的责任。另外，地方政府之间缺乏有效的沟通、协调和合作机制，导致地方政府之间在资源分配、政策制定等方面存在一定的矛盾和冲突，对协作治理造成不利影响。

（3）考核评估体系不科学

考核评估体系是指一系列用于衡量和评价特定目标、项目、组织或个人绩效的指标和方法的集合，通常包括定量和定性的评价标准，以及用于收集、分析和报告数据的程序，其目的在于提供决策支持，确保治理资源的充分、有效利用，以及提高透明度和责任感。规范、科学、完善的城市群协作治理评估考核体系对于提升地方政府协作治理成效大有裨益。但从长三角城市群与京津冀城市群大气污染地方政府协作治理案例中可以发现，目前城市群地方政府协作治理的考核评估体系并不完善，主要表现在以下几个方面：

一是缺乏考核统一的标准和指标。城市群各地方政府在协作治理过程中各自为政，统一的合作标准和评估指标尚未建立，导致协作效果难以进行系统、科学、全面的衡量与对比。例如，不同地方政府可能会优先结合自身的利益与需求制定各不相同的政策，极易导致资源浪费和协作效果的降低。二是对长期合作效果的忽视。既有的考核评估体系仍然偏重短期政绩，相对忽视了协作治理的长期效果与可持续发展，这不利于城市群地方政府协作治理的深层次与科学性。例如，地方政府通常会将注意力倾注于眼前的经济增长任务而牺牲环境资源，如此短视行为易对城市群协作治理以及区域一体化的长远发展造成负面影响。三是协作成果难以量化。城市群地方政府协作治理过程往往涉及多个领域与层面，部分治理成果可通过客观数据与指标加以呈现，但也有部分成果难以用简单的经济指标来量化，如社会公众在公共服务、交通基础设施、环境保护等方面的主观感受，难以通过单一的经济指标来衡量。四是社会公众参与度不足。城市群区域一体化的发展与社会公众的生活质量密切关联，但既有考核评估体系尚未充分考虑社会公众的意见和需求，社会公众参与度不高。例如，政府在制定城市群的发展规划时，若没有广泛听取公众的意见和建议，可能会致使协作治理规划与目标设定的不合理性，阻滞城市群区域一体化发展的高质量与持续性。五是缺乏动态性的评估考核机制，很难及时掌握各地方政府协作治理的效果，容易产生应急式治理，通过突击式治理应对检查和评估考核，难以对治理过程的行为进行优化调整，导致治理缺乏长效性。

第六章 》》》》

国外区域地方政府协作治理机制的经验借鉴

　　国外区域地方政府的治理实践领域广泛，涉及公共事务的方方面面。其中地方政府公共事务协作治理的经验对我国城市群地方政府协作具有重要的借鉴与吸收价值。本章主要介绍美国、日本及欧盟区域协作治理机制的实践经验，并总结启示。我国各地方政府必须立足于中国社会发展的实际需要，根据区域实际情况，积极学习国外城市群地方政府协作治理经验，探索本土化的城市群地方政府协作治理机制体系。

一、美国旧金山湾区协作治理机制

1. 实践经验

　　旧金山湾区位于美国的西海岸，全境属于加利福尼亚州，是加利福尼亚州北部的一个大都会区。其陆地面积约 18040 平方公里，人口超过 760 万。旧金山湾区包括 9 个县 101 个城镇，湾区南部有世界著名的高科技研发基地硅谷。总体来说，旧金山湾区是加州第二大都会区，人口仅次于大洛杉矶地区，是世界上重要的高新技术研发中心和金融中心，也是世界重要的科教文化中心。旧金山湾区整体拥有三个以不同产业为核心主导的城市区域，分别为以旅游业、金融业为主导的旧金山市，以港口经营为主的奥克兰市，以及以高新技术产业为主导的圣荷西市。旧金山湾区通常分为南湾、北湾、东湾、旧金山和半岛五个分区。各区之间协同分工相对明确，北湾以农业为主，南湾以科技为主，东湾发展传统工业、能源业，旧金山主打旅游、金融，半岛则以地产业作为发展核心。

旧金山湾区发展于19世纪，掘金浪潮为加州吸引了大量的移民。在淘金热潮的影响下，旧金山地区的采矿业、服务业、港口业、商贸业迅速发展，从而促进了金融机构的诞生与繁荣。旧金山湾区具有成熟的科技市场资源，依靠丰富的高校资源和良好的创新环境吸引科技投资，并以科技政策为主，强化湾区的核心竞争力，不断通过人才引进、知识产权保护、减免税收等政策降低科创企业的负担，并对创新成果予以保护，从而营造了良好的创新氛围，进一步刺激提升了湾区的产出。同时，旧金山湾区以创新型发展为可持续发展模式，继续推进人才引进、产业聚集、创业创新，以科技发展带动相关产业发展，此外，湾区内部对于不同文化的包容性也促进了湾区企业的创新发展。整个湾区建设从20世纪70年代包罗一切的全面规划，到20世纪80年代至90年代的点对点式专项规划，进而发展为21世纪的整体性湾区规划方案。包罗一切的规划方案有意识地照顾到全面要素，但由于认识的单一性与局限性使得策略制定与执行缺乏行动上的说服力，也与现实脱节。点对点式的专项规划虽较上一阶段有所突破，但始终仍局限于局部范围，湾区内部核心的住房公平问题未得到有效解决，点对点式的机械叠加忽视了规划的整体性，从而在一定程度上导致了区域发展整体性的偏移①。因此，自20世纪末开始，旧金山湾区更加注重泛网络化联动一体化发展，积极促进核心城市与外围城市要素的对流与功能的交互，推动湾区区域一体化②。

进入21世纪之后，美国为旧金山湾区制定《湾区规划2025》，并规定了

---

① 张嘉颖，王红扬.旧金山湾区规划隐含的整体主义逻辑转型——兼议对我国都市圈规划的启示[J].国际城市规划,2022,37(03):114-121.
② 郭杰，姜璐，张虹鸥，等.流空间视域下城市群功能协同发展研究——以旧金山湾区为例[J].热带地理,2022,42(02):195-205.

湾区建设的 5 项基本原则，即更负担得起原则、互通互联原则、多样化原则、健康原则和充满活力原则。具体而言，更负担得起原则是指切实保障湾区居民负担得起住房的能力，以保证家庭经济安全；互通互联原则是指要提升湾区交通系统的快捷、安全，以提升区域整体凝聚力；多样化原则是指湾区内部不同人群均有自由发展的权利，以实现地区的包容性资源共享；健康原则是指湾区内的自然环境得到有效保护，避免环境污染；充满活力原则是指湾区应进一步刺激创新能力，不断创造就业机会，为湾区提供充足的财政支持。在《湾区规划 2050》中，进一步定义了 4 种不同的增长区类型，分别为优先发展区、优先生产区、交通便利区以及高资源地区。为有效保障湾区规划实施，美国政府在多方面进行了积极探索，具有以下经验特征。

（1）协同主体多元参与

首先，旧金山湾区规划的协同主体具有明显的灵活多变、主体多元的特点。旧金山湾区的协同规划主体大致分为半官方型治理主体、协会型治理主体以及商会型治理主体。为解决跨域的协作专项问题，半官方型治理主体通常在设立之后，通过颁布相应的法律法规以及条例文件等形式明确机构或组织的授权。半官方型治理主体通常以理事会、委员会、董事会的形式来参与区域内的事务治理，在遵守法律法规的前提之下，避免了区域的边界划分与合并等复杂事项，并通过各地方政府的放权，实现更好的治理。此外，授权的形式使治理主体具有一定的独立性，从而更能够代表区域内部整体利益而提升执行效率。协会型治理主体依靠协议建立，方式灵活。通常设置董事会或委员会以及必要的办事部门，独立于政府之外，整体较为简洁。这种特殊的地位也使得协会型主体能够保持适度的中立，从而使得各成员能够平等地参与湾区内部规划事项，使得各成员的意见具有平等被采纳和讨论的可能。同时，协会型主体中又有政府官员的参与，这种政府的适当参与也提高了建议被接受的可能性。总体而言，协会型主体位于沟通协调的位置，更容易被湾区内各方力量所接纳，其以扁平化的协同模式，较为平等的主体地位，良好的协作平台，大大提升了湾区内部协作的灵活性，也保证了参与成员的广泛性与专业性。商会型治理主体大多由非官方性质组织构成，其中以商业界力量为主，同时积极与高校、基金会等民间非政府组织合作，相对于政府而言较为独立。商会型治理主体的成员所拥有的话语权通常与其经济实力挂钩，因此，商界力量占比最高。商会型主体具有高度的市场灵活性和自由度，能够实现复杂主体之间的交流沟通，从而成为公众参与协同规划的重要渠道。

（2）方案制定完善有效

在旧金山湾区的方案制定上，整体规划方案具有全面、完整、可执行的特点。湾区规划制定分为问题评估预测、提出长期愿景、分解具体目标、制定相应策略四大部分。在问题评估预测方面，制定《湾区规划2050》之前，各参与主体充分考虑气候变化、经济发展、技术更迭等不确定因素，对未来可能发生的不同情形进行评估，并执行一项被称为"地平线"的规划工作。在提出长期愿景方面，各协作主体充分考虑规划理念与主体参与，保证每项策略与合作伙伴、政府、公众进行不定期交流，以达成共同愿景。

在湾区规划中，最重视的规划理念是"公平性"。公平性原则强调任何人都可以参与到整个湾区的规划发展中，对人种、肤色、经济水平不作区分，并在住房领域、经济领域、交通领域、环境领域分别提出长期愿景。在分解具体目标方面，将住房领域、经济领域、交通领域与环境领域的具体目标进行细化分解，提出：住房领域要保护与维护可负担性住房，创建包容性社区；经济领域应提高经济流动性；交通领域应优化现有的交通运输网络；环境领域应减少自然灾害的风险，降低环境污染。在制定相应策略方面，提出：由于住房领域综合了湾区的住房价格、习惯、法律等各方面因素，应从加强租户保护和保护现有可负担住宅两个方面进行规划；经济领域执行普遍基本收入计划来保障最低收入，以解决收入不平等问题；交通领域进行维护优化现有交通系统，提供资金支持以提高运输可达性；环境领域通过控制自然灾害增长、减少不确定性灾害、确定环保目标等方式促进环境优化提升。

（3）规划执行保障完备

在旧金山湾区规划执行实施上，不同部门通过各种措施以最大限度保障规划策略实施的可行性。旧金山湾区规划从权威水平、财政来源、公众与政党的支持、技术能力四个维度来进行策略评估，同时制定了四要素对应的三种角色定位，分别为领导者、合伙人与支持者。在明确评估要素与角色定位之后。将实施工具分为宣传与立法，新建、保留或重组主导权以及规划或研究三类，并通过权威水平、财政来源、公众与政党支持、技术能力四大评估要素分别对住房领域、经济领域、交通领域与环境领域进行评估考核，以保证规划执行的合理性与可行性。并且在执行过程中积极引入监督机制来实现湾区规划方案从最初制定到最后实施的闭环。通过关键事件的监督机制对实施行动进行精准回应，既满足了参与主体的合理期待，也为突发事件的出现提供了一定的调整空间。

2. 借鉴启示

整体而言，美国旧金山湾区的规划过程从主体参与、方案制定，到实施执行环节都体现了一定的协作治理特征，也取得了较为显著的效果，为我们提供了一定的经验借鉴。

（1）引入多种类型主体参与规划治理

多元主体参与可以有效汇集多方优势，积聚力量，发挥合力。旧金山湾区在治理主体上灵活多变，更加多元，不仅有半官方型治理主体，也有协会型治理主体以及商会型治理主体。

半官方型治理主体类似于政府专项小组，为解决跨域协作专项问题而设。半官方型治理主体的设立削弱了各地区政府的部门职能，将地区部门规划职能与权力集中到半官方型治理主体手中，以实现区域内的协作治理。半官方型治理主体在地方政府放权的前提下，具有了一定的独立性，并在法律允许的范围内行使权利，也进一步提高了专项规划的效率。具有代表性的半官方型治理主体有大都会交通委员会以及旧金山湾区保护与发展委员会。

协会型治理主体，其成员构成较为丰富，通常是依据一定的协议而建立起来，主要目的是融合多方意见以解决区域性协作难题。其协作治理的方式较为灵活，不隶属于地方政府，保持较高的独立性，能够在各成员平等参与规划讨论的前提下，使得多方意见被采纳和讨论，从而更能反映实际问题与情况。地方政府官员也可作为其核心成员参与其中，这种政府的适当参与也提高了建议被采纳的概率。协会型治理主体主要发挥沟通协调的作用，为整个区域提供了沟通交流的平台，也保证了参与成员的广泛性与多样性。具有代表性的协会型治理主体有旧金山湾区政府协会和旧金山区域协作联合会。

商会型治理主体大多由非官方力量构成，其中占比例最高的是商界力量，同时也有高校、基金会等组织参与交流合作，但没有政府机构参与其中。商会型主体的核心作用是提供交流的平台，汇聚各方力量在平台上进行沟通交流，以达成相应的协作结果。但商会型主体容易被巨头行业垄断，从而可能沦为行业或寡头间接影响甚至控制地方政府的工具。代表性商会型治理主体是湾区委员会。总体而言，美国旧金山湾区规划的协同主体较为丰富，有效结合官方与民间组织，集中各方力量参与其中，为湾区规划建设打下了良好的基础。

（2）建立健全协作过程保障机制

整个旧金山湾区规划在制定层面体现出参与主体之间利益的平衡，因此，在实施层面也需要兼顾公平与效率，以确保规划的可行性。旧金山湾区整个规划方案的制定主要包括问题评估预测、提出长期愿景、分解具体目标、制定相应策略四大部分。问题评估预测侧重于对规划前期的不确定因素的考量，既涵盖自然因素，也包括对各种人文因素的考量，以尽量避免偏差和意外的产生。长期愿景着重于同战略合作伙伴在长期共识方面达成一致意见，统一的愿景认知是保证主体持续深入协作的有效前提。此外，在长期愿景中，规划尤为强调"公平性"理念，以满足不同群体的多样化需求。在分解具体目标中，将住房领域、经济领域、交通领域以及环境领域的愿景进一步细分，明确各领域需要达成的指标，再据此制定相应的策略，为达成具体目标需完成的工作作出一定的描述，从而达到一套完整的过程设计。

为保证各主体的充分积极参与和规划方案的有效制定和执行，旧金山湾区规划积极探索设立有效的过程机制并不断完善。具体而言，其治理过程机制分为可以参与、能够参与、有效参与和持续参与四个部分。首先由核心治理机构发布相关的规划公告，并进一步指明会议的地点、流程，以保证参与主体获知相关信息。之后协会型治理主体同各参与主体进行协商交流，以保证主体意见的交流互通。最终达成的交流意见，规划方案会以文件形式对社会公众及时公布，保证参与主体权力的公平行使，以便接受社会公民的监督。此外，从方案的制定到实施过程，积极引入执行监督机制，对关键事件的各个实施环节进行监控，对部分湾区规划进行适时适度调整，以达到防止偏差、灵活纠错的效果。从整个过程机制设计来看，保证了各参与主体的知情权、公平参与权，并以法律形式使相关利益诉求获得认可，也进一步提高了各参与主体的积极性，从而达成整个过程的高效持续。

（3）探索引入专业的评估方式

旧金山湾区规划通过引入专业的评估模式，避免整个规划过程走向混乱。具体而言，协会型主体和半官方型治理主体需要对规划方案进行调整补充，使得规划结果具有一定的专业性以及可行性。协会型治理主体和半官方型治理主体从权威水平、财政来源、公众与政党的支持以及技术能力四大维度针对湾区的住房领域、经济领域、交通领域、环境领域进行评估检测。权威水平涉及是否通过立法或法律手段来协助事项执行。财政来源包括执行所需要的资金数量、稳定性与可控性。公众与政党的支持涵盖了公众与选民代表的认可与支持力度。技术能力包括了保障策略成功所需要的知识、人才和程序等。

在明确评估四要素之后，协会型主体和半官方型主体还制定了三种不同的角色定位，分别是领导者、合伙人与支持者。领导者角色定位为该策略的倡导者、领导人，在角色地位中扮演着重要的位置。合作人则通过与地方政府合作机构与民间组织等其他主体的合作发挥作用。而支持者更多的是为其他领导主体提供一定的支持，并不负有明确的权利义务。

在明确策略评估四要素与三种角色定位之后，协会型治理主体和半官方型治理主体还制定了三类实施行动分别为宣传与立法，新建、保留或重组主导权以及规划和研究，以此来明确主体在行动策略中的角色以及时间安排。通过一系列专业的评估方式，不仅确定了核心治理机构在规划执行中的地位，为后续行动做好充足的准备，而且有利于规划者对整个方案进行全局把控。在执行层面上，将主体之间的合作行动以及行动安排进一步明确，并及时反馈、纠正在评估环节出现的问题，以确保最终协作成果的合理化。

二、日本琵琶湖区域协作治理机制

1. 实践经验

琵琶湖位于滋贺县，是日本的第一大淡水湖，被视为日本的象征、国家公园和最大湖泊，也是日本湖沼水质保全特别措置法指定湖泊，其水域面积和流域面积分别为 674 平方公里与 8240 平方公里，出水流经下游的淀川流域，为近畿地区 1400 万人提供水源，因此被称为"生命之湖"。琵琶湖地理位置独特，它邻近京都、奈良这两座文化古都，又横卧在大阪和名古屋两大经济中心之间。这样的地理位置不仅使得琵琶湖成为连接这些重要城市的纽带，也为该地区的城市发展提供了得天独厚的条件。因此，凭借优越的地理位置和丰富的资源，琵琶湖地区吸引了大量投资和产业聚集。该地区的工业、农业和服务业均得到快速发展，形成了多元化的产业结构，为当地经济注入了强大的活力。特别是旅游业，琵琶湖作为日本著名的旅游胜地，吸引了大量国内外游客前来观光、休闲和度假，为当地经济带来了巨大的推动力。

然而，从 20 世纪 50 年代开始，随着日本经济的迅速发展和都市化进程急剧加快，琵琶湖的水质状况发生了显著的变化。传统的农耕活动日益减少，而城镇人口日益增加，导致生活用水和生活污水大量增多。同时，工业生产带来的工业废水也对琵琶湖的水质造成了严重的污染和破坏，琵琶湖的水体大大超出自净能力。从 20 世纪 70 年代开始，琵琶湖从贫营养状态逐渐转变为富营养状态，水华现象经常在琵琶湖发生。南湖地区由于面积较小、水深较浅，其自净能力相对较弱，因此水质恶化的速度更快，形势也更加严峻。在 1977 年，琵琶湖爆发了第一次淡水水华，高度富营养的"肥水"导致藻类过度繁殖，微型浮游植物异常繁殖、水位异常下降等问题也随之出现，逐渐导致芦苇群落、河边森林等面积不断减少，各种生态系统都出现异常。自然环境、景观和生态水循环等也因此恶化，居住在湖边的居民生活受到严重影响。为解决琵琶湖的生态问题，日本采取了一系列协作治理措施，总结其实践经验如下。

（1）积极建立和完善法律体系

为确保琵琶湖的水质、生态系统和周边环境的可持续发展，日本政府与滋贺县地方政府相继制定《环境基本法》《琵琶湖综合开发特别措施法》《琵琶湖综合开发计划》《滋贺县琵琶湖富营养化防治条例》《琵琶湖综合保护整治计划（21 世纪母亲河计划）》等一系列法律政策，这些法规不仅贯彻了中央立法的标准，还在此基础上进一步细化了具体的制度标准，使得琵琶湖的治理工作更加贴近实际、更具可操作性，琵琶湖的水质和生态环境得到了有效的改善和保护。

（2）尤其注重公众的参与

日本政府、地方自治机构以及 NPO 等众多组织积极参与相关治理工作。政府层面不仅提供了政策支持和资金保障，还协调了各方资源，确保了治理工作的全面推进。地方自治机构则根据本地区的实际情况，制定了具体的治理措施，并积极推动实施。NPO 等社会组织则通过宣传教育、志愿服务等方式，提高了公众对琵琶湖治理的认识和参与度。《琵琶湖综合开发计划》在制定时还特别强调，"滋贺县知事在决定《琵琶湖综合开发计划》时应听取各种建议"，"在制定过程中，必须听取相关地区知事的意见，召开公开听证会，听取居民的意见，并经过县议会审议所提出的意见"。

（3）投入大量资金支持

日本政府在整个琵琶湖治理过程中投入大量财力，源源不断的资金来源为琵琶湖治理提供了重要的支持和保障。据统计，截至 2006 年，琵琶湖综合整治历时 35 年，总投资约 2.86 万亿日元。第一阶段（1973—1997 年）25 年间，琵琶湖治理投资总额 1.93 万亿日元，年均投资 772 亿日元。第二阶段前 8 年（1999—2006 年），总投资 9400 亿日元，年均投资 1170 亿日元。1999—2006 年，滋贺县政府每年用于琵琶湖综合整治的总事业费约 117 亿日元，占县年财政总预算支出的 1/5，其中 38% 来源于中央财政拨款，25% 由滋贺县政府支出，37% 由地方承担。[1] 由于参与琵琶湖保护管理的政府机构众多，为了更好地协调各方关系，专门设立了县、市、镇、村联络会议制度。会议协调涉及三层次：中央层次的琵琶湖综合保护协作调整会议、琵琶湖区域层次的琵琶湖综合保护推进协会和琵琶湖区域内各地方层次的县、市、镇、村联络会议。[2] 其中，县、市、镇、村联络会议成员单位由其所在的小流域组织机构组成。1978 年，滋贺县成立了县联络会议，提倡保护琵琶湖，要求政府立即采取具体措施。随着市民组织的努力和媒体的传播，政府和市民之间形成了一种协作关系，呼吁当地各种组织和市民一起保护琵琶湖；[3] 琵琶湖综合保护推进协会由国土交通省、农林水产省、林野厅、大阪府、兵库县、京都府、滋贺县、大阪市、神户市、京都市组成；琵琶湖综合保护联络调整会议成员由国土交通省、厚生劳动省、农林水产省林野厅、水产厅环境省组成。

这种管理协作体制除了部门之间、中央政府与地方政府之间交流与沟通以外，更重要的是负有调整协调各方活动的责任，使琵琶湖的管理在纵向上得到理顺，横向上得到协调。[4] 由中央至地方各层级间的交叉协作机制形成政府

① 余辉 . 日本琵琶湖的治理历程、效果与经验 [J]. 环境科学研究 ,2013,26(09):956-965.

② 徐伟学 . 长三角区域生态利益平衡及其法治保障 [J]. 江淮论坛 ,2022(03):137-141.

③ 杨平 , 香川雄一 . 琵琶湖的环境治理与政策：环境社会学视角的探索 [J]. 环境社会学 ,2023(01):141-158+199-200.

④ 傅春 . 中外湖区开发利用模式研究——兼论鄱阳湖开发战略究 [M]. 北京：社会科学文献出版社 ,2009:81-82.

主导、全民参与的流域综合管理模式，促进了琵琶湖管理部门之间、中央政府与地方政府之间横向与纵向的有效沟通，各级机构与协会通过协作机制从各自的视点出发进行沟通和交流，对治理计划的实施进行评价，同时进行不断的完善，确保了琵琶湖保护工作能够高效、有序地进行，从而实现其长期可持续发展，保证了政策实施的统一性。经过35年的持续治理，琵琶湖水质终于得以恢复，水质从Ⅲ—Ⅳ类恢复到Ⅱ类。

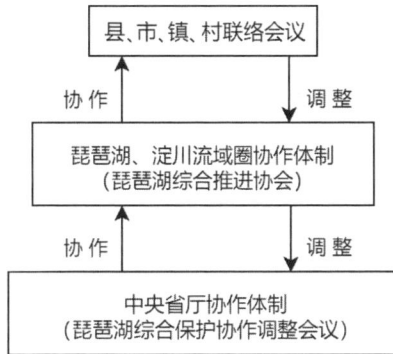

图6.1　琵琶湖管理协作体制示意图 ①

2. 借鉴启示

从日本琵琶湖协作治理的历史经验中，我们可以总结出以下三个方面的主要启示：严格的依法治湖理念、深入的公众参与以及完善的财政支持与利益补偿机制。

（1）建立完善的法律体系

完善的法律体系为协作治理提供了坚实的制度保障。法律体系是由一个国家的全部现行法律构成的有机整体，它确立了社会成员的行为准则，明确了权利与义务关系，为协作治理提供了明确的法律依据和指导。通过法律的制定、执行和监督，可以确保协作治理的合法性、公正性和有效性，防止权

---

① 张兴奇,秋吉康弘,黄贤金.日本琵琶湖的保护管理模式及对江苏省湖泊保护管理的启示[J].资源科学,2006(06):39–45.

力滥用和腐败现象的发生。针对琵琶湖水污染这一严峻问题，日本中央政府和滋贺县政府展现出了高度的责任感和紧迫感。在国家层面，日本中央政府通过立法手段，先后颁布了《环境基本法》《河川法》《水质污染防治法》《清洁湖泊法》等一系列重要法律。这些法律不仅确立了环境保护的基本理念，还建立了统一的水污染物排放标准和水体质量检测标准，对琵琶湖周边的工厂排放物质进行严格检查和限制，为琵琶湖流域的治理提供了明确的指导方针和具体的操作规范。通过这些法律的实施，中央政府为琵琶湖的治理提供了基本的法律依据，确保了治理工作的有法可依、有章可循。在地方层面，滋贺县政府积极响应中央政府的号召，结合本地实际情况，制定并颁布了《母亲湖 21 世纪计划》《水污染防治条例》《琵琶湖观光利用条例》等一系列地方性法规。通过这些地方性法规的实施，滋贺县政府有效地推动了琵琶湖水污染防治工作的深入开展，为琵琶湖的生态恢复和可持续发展奠定了坚实的基础。

日本政府高度重视完善法律体系的建设，通过制定一系列的法律、法规和政策，形成了覆盖广泛、内容详尽的法律体系，为治理工作提供了明确的指导和依据，为我们提供了许多可借鉴的启示。首先，琵琶湖治理的成功经验告诉我们，依法治理是确保治理效果的关键。通过制定和完善相关法律法规，为治理工作提供坚实的法律保障，能够确保治理措施的有效性和可持续性。因此，在推进协作治理时，应始终坚持依法治理、法治保障的原则，不断完善法律体系，提升治理的法治化水平。其次，琵琶湖治理强调跨部门和跨区域的法律协调与合作。在面对复杂的环境问题时，单一的治理主体往往难以应对，需要多个部门和地区共同参与，形成合力。因此，在法律层面上，我们需要加强跨部门和跨区域的法律协调与合作，确保各项治理措施能够相互衔接，形成合力。

此外，明确并强化中央与地方在协作治理中的职责与角色是治理高效的关键。在琵琶湖区域，中央政府扮演着宏观规划和政策制定的角色。中央政府通过制定具有战略性和全局性的法律、法规和政策，为整个区域的协作治理提供了明确的指导方针和行动框架。这些宏观政策不仅确保了治理工作的统一性和权威性，还有效地协调了各方利益，推动了区域协作治理的深入发展。与此同时，地方政府则承担着具体政策制定、执行和监督的重要职责。地方政府根据中央政府的宏观政策，结合本地区的实际情况，制定具体可行的实施方案和细则。在执行过程中，地方政府积极调动各方资源，确保政策的有效落地。同时，地方政府还负责对治理工作进行监督，确保各项措施得到切实执行，并对执行效果进行评估和反馈。这种分工合作的方式有效地发挥了中央和地方政府的各自优势。中央政府的统一规划和政策制定确保了治理工作的整体性和系统性，而地方政府的灵活性和针对性则使得治理措施更加贴近实际、更具可操作性。这种协作治理模式不仅提高了治理效率，还增强了治理效果，为琵琶湖区域的可持续发展奠定了坚实的基础。

（2）强化群众参与力度

琵琶湖保护与修复措施的规划理念是强调琵琶湖与人的"共生"关系，给子孙后代留下健康的琵琶湖。基本方针为在"共感""共存""共有"并重的认识下，推进琵琶湖保护与修复工作。"共感"指对琵琶湖的重要性、保护和修复取得统一认识，"共存"是指琵琶湖保护与丰富多彩的活力生活并举，"共有"是指给子孙后代留下健康的琵琶湖。[1]只有不断地提高民众的环境保护意识、提高参与度，才能真正实现水污染防治的胜利。为提高民众参与治理的积极性，滋贺县政府采取了一系列措施。一方面，政府持续加大宣传力度，让民众将环保意识落实到生活中，如1977年发生赤潮，全县人民自发走上街头宣传为此专门制定的《富营养化防止条例》，广大家庭妇女积极参与，自觉抵制使用合成含磷洗涤剂；1989年，为了让居民了解生活与环境的密切关系，自觉加入到减少污染的活动中来，从"生活者"这一角度出发，

---

① 白音包力皋,许凤冉,高士林,邓欢欢,商栩.日本琵琶湖水环境保护与修复进展[J].中国防汛抗旱,2018,28(12):42-46.

嘉田由纪子发起了琵琶湖"萤火虫足迹"活动；① 此外，滋贺县群众还通过自发宣传的模式来贯彻执行政府相关治理条例，并组织志愿团队进行植树造林、清除湖体垃圾等活动项目。这种发动群众的做法在流域治理中有效地集聚了多方力量，并极大程度地提高了治理效率。另一方面，政府广泛听取民众的意见建议，确定总体计划，公布计划草案，征求和听取各方的意见后，再对计划草案进行修改完善，确定最终实施计划。具体来说，琵琶湖所在地滋贺县知事在广泛听取民众、町、村和相邻县、市的意见后拟定报告，送县议会批准再提交国土交通省等相关部门。总体计划确定后，滋贺县政府负责制定年度实施计划方案，报送中央相关省，同时抄送各有关地方机构和民众，全面听取各方意见，修改后最终确定年度实施计划。另外，日本地方政府为充分调动群众参与治理的积极性，组织全民参与到琵琶湖流域治理过程中，将琵琶湖流域分为 7 个不同的小流域，并根据各小流域设立相关流域研究会，由流域研究会选出协调人来负责该流域的具体任务安排。主要是组织居民代表进行参与规划的实施。日本政府希望通过流域研究会来加强小流域上、中、下游之间居民的交流互动，同时通过小流域之间的学习互动交流来调动公民参与的积极性，提高公民参与保护意识。

琵琶湖区域积极吸纳公众参与治理过程，接受社会监督，这不仅增强了治理工作的透明度和公信力，还提高了公众的环保意识和参与度。由此可见，在协作治理中，公众参与和社会监督是不可或缺的一环。政府和相关机构应通过多种方式及时向公众发布治理进展，确保公众能够充分了解治理工作的全貌。这样不仅能够增强公众对治理工作的信任感，还能激发他们参与的热情和积极性。与之相对应，还应建立多样化的公众参与渠道，让公众能够方便地表达自己的意见和建议。同时，还可以利用社交媒体等现代通信手段，拓宽公众参与的渠道，使更多人能够参与到治理工作中来，

---

① 杨平.人与自然关系的修复——日本琵琶湖治理与生活环境主义的应用 [J].湖泊科学，2014,26(05):807-812.

政府也须重视公众反馈并及时调整治理策略。总之，我们应注重发挥公众的力量，鼓励公众参与和监督治理工作，形成政府、企业和社会公众共同参与的治理格局。

（3）建立财政支持与利益补偿机制

日本政府在琵琶湖流域治理中，展现出对保障机制的深刻理解和高效执行。各级政府遵循中央与地方的法律法规，以中央与地方共同分担的原则，为流域治理提供必要的资金支持。这一举措不仅体现了政策的连续性，也确保了治理资金的稳定来源。除了政府大量的直接资金投入外，政府还设立了专项的琵琶湖管理基金、琵琶湖研究基金等，并通过多方渠道筹集治理资金，为琵琶湖流域的治理工作提供雄厚的财政保障。在这个过程中，政府扮演着至关重要的角色，必须发挥主导作用，切实增加对生态建设的财政投入。在琵琶湖治理中，日本政府通过设立专项基金、多方筹集治理资金等方式，为治理工作提供了稳定的财力保障。这种财政支持一方面确保协作治理的各项工作得到持续稳定的资金支持，避免因资金短缺而导致的治理中断或效果不佳的情况。另一方面，通过财政支持的引导作用，可以吸引更多的社会资本投入到协作治理中来，形成多元化的投资格局。这不仅可以减轻政府的财政压力，还能够发挥社会资本的灵活性和创新性，为协作治理提供更多的资源和支持，促进了政府、企业和社会各界之间的深度合作，有助于形成多元化的治理主体。

在利益补偿机制方面，日本政府通过制定相关法律条例，如《琵琶湖综合开发特别措施法》，强调对水环境流域进行一体化管理，协调好上下游、左右岸等各个方面的关系，明确了流域下游受益区域对上游水源区的利益补偿责任。这种机制确保了上游地区在保护水源、改善水质等方面所付出的努力能够得到合理的回报，从而激发其参与治理的积极性。更值得关注的是，日本政府还在不断探索以法律制度的形式将利益补偿机制巩固完善下来。这显示出政府在流域治理中不仅注重短期效益，更着眼于长效机制的建立，这是确保琵琶湖治理能够持续、有效进行的关键。推而广之，在任一领域的协作治理过程中，都不可避免地将会出现一方受益另一方受损的现象，为了促进协作的顺利开展，就必然要弥补受损方的经济损失，所以必须积极建立健全利益补偿机制，而建立利益补偿机制应坚持"谁受益、谁补偿"、"公平、公正、公开"、利益补偿以实际需求为导向、利益补偿的形式多种多样等原则。同时要通过立法手段明确利益补偿机制主体、标准和方式等内容，以增强机制的长效性和权威性。

日本政府在琵琶湖流域治理中，通过提供资金支持、设立专项基金以及完善利益补偿机制等多元化手段，构建了一套全面而有效的保障机制。由此可见，在区域协作治理的过程中，协调各方矛盾并做到统筹兼顾是确保治理工作顺利进行的关键。要不断建立和完善与市场经济相适应的机制，并通过法律手段、经济手段等综合治理措施来推进，而这种综合性的治理策略不仅有助于强化琵琶湖流域的治理力度，确保水资源的可持续利用和生态环境的健康，同时也为其他国家和地区在流域治理方面提供了宝贵的经验和借鉴。

三、欧盟多层次治理协作机制

欧盟的区域协作发展实践已由追求单一的经济发展转向追求政治与社会多项发展目标，实现了由以国家为中心的政府管理向价值多元统一的多国合作、多层次网络治理的转变。

1. 实践经验

欧洲联盟，简称欧盟（EU），总部设在比利时首都布鲁塞尔，是由欧洲共同体发展而来的，创始成员国有 6 个，现有 27 个会员国。欧盟作为西方经济领域的核心力量，其发展历程可划分为五个鲜明的阶段。第一阶段，从共同体的建立到 1968 年关税同盟的建成，再到 1969 年共同农业政策的实施，这一阶段的核心任务在于协调成员国内部的市场政策，确保各国间的互利互惠，形成初步的经济合作基础。在 20 世纪 70 年代中后期至欧洲货币融通机制与体系的建立之时，进入了发展的第二阶段，更好地适应市场的发展、完善市场机制成为此时最重要的课题，经过这一阶段，可以使欧洲共同体从单纯的关税同盟逐步转化为涉及多个领域的经济联盟。20世纪80年代中期至90年代前期属于欧盟发展经历的第三阶段，欧洲通过构建统一大市场和欧洲经济货币联盟，实现了从关税同盟到共同市场的转变，经济合作的深度和广度均得到显著提升。第四阶段，随着《马斯特里赫特条约》的生效以及欧洲货币欧元的使用，欧盟迈入了全面经济一体化的新时代，经济联盟的性质愈发明显。至于当前阶段，可视为欧盟发展史上的第五次深化与升华。[1]《马斯特里赫特条约》的批准与生效，不仅巩固了欧盟的经济一体化成果，更为其未来的发展奠定了坚实基础。回顾这段历史，我们不难发现，欧盟以市场政策、市场机制、市场体系为三大支柱，通过梯次深化的方式，逐步实现了从经济合作到经济一体化的转变，其发展历程堪称典范。[2]

在欧盟地区，多层次治理模式的发展与1993年生效的《欧洲联盟条约》紧密相连。随着该条约的正式实施，欧洲共同体逐步演进为欧洲联盟。一直以来，欧盟的宗旨便是致力于构建一个无内部边界的空间，旨在加强社会与经济的协调发展，并最终实现经济货币联盟，使得统一货币流通成为可能，进而促进各成员国经济、社会的均衡进步。同时，联盟也致力于通过共同的安全和外交政策，在国际舞台上彰显其独特个性。欧盟作为当今世界区域一体化的杰出代表，其卓越之处在于通过国家间的权力共享与利益协调，逐步构建了一个多层次的、综合的治理体系。这一体系不仅确立了诸如权力分散、欧盟法优先等基本原则，用以指导多层次治理内部关系的处理，更在更高层次上打造了一套制度化、长效的合作体制与机制。这一机制在货币、经济、社会乃至政治等多个领域实现了超国家的整合，为区域间的合作与发展奠定了坚实基础。通过多层次治理系统的精心协调与安排，欧盟有效地避免了区

---

① 罗峰，李琪．欧盟一体化发展对长三角协同发展的启示和思考[J]．国家行政学院学报，2010(03):114-118.
② 姬兆亮．区域政府协同治理研究[D]．上海：上海交通大学,2013.

域间的恶性竞争，为合作博弈提供了明确的制度导向，推动了整个区域的和谐共进。多层次协作治理机制是一种涵盖多个层级和多个参与者的治理模式，旨在通过不同层级和参与者之间的协作和合作，实现公共事务的有效管理和解决。多层次治理理论是在以地域划分的不同层级上，相互独立又相互依存的诸多行为体之间所形成的通过持续协商、审议和执行等方式作出有约束力的决策过程，这些行为体都没有专断的决策能力，它们之间也不存在固定的政治等级关系[①]。多层次协作治理机制强调政府、企业、社会组织、公民个体等多元主体的参与。这些主体在不同的层级和领域中各自拥有独特的资源和能力，共同参与到公共事务的治理过程中。多层次协作治理机制涉及不同层级的政府和其他参与者之间的互动与协作。这包括中央政府与地方政府之间的协作、地方政府之间的横向协作，以及政府与社会组织、企业、公民个体之间的协作。通过协作治理，不同层级的参与主体可以共享资源、信息和技术，实现资源的优化配置和高效利用。这有助于提高治理的效率和效果，更好地满足公众的需求。多层次协作治理机制有助于形成更加科学、合理的政策制定过程，同时确保政策的有效执行。通过不同层级和参与者之间的沟通和协商，可以更好地理解公众的需求和关切，制定出更符合实际情况的政策措施[②]。多层次协作治理机制独具特色，体现在多个方面。首先，它显著表现在多层级的决策主体上。在欧盟治理的广阔领域中，决策并非单一主体所为，而是由多种行为主体共同参与的结果。这其中涵盖了欧盟的核心机构，如欧盟委员会、欧洲议会、欧洲法院等，同时也包括各成员国的政府，甚至扩展至次国家行为体，如公民、利益集团、非政府组织等。这些不同层级的主体共同构成了决策的主体群，共同参与并影响着欧盟的治理进程。其次，这一机制的特点还在于非等级的制度设计。多层次治理理论强调，在欧盟的决策过程中，不同层次的行为体共同分享决策权，成员国政府和超国家机构之间没有严格

---

① 吴志成，李客循.欧盟治理与制度创新 [J].马克思主义与现实,2004(06):53-58.
② 杜梦渊.多层治理视角下的欧盟北极政策研究 [D].上海：上海社会科学院,2019.

的隶属关系。尽管某些超国家机构在其政策管辖范围内拥有较大的权限，但任何成员国政府或次国家行为体都有权选择是否接受其管辖。这种非等级性的结构为各主体提供了更为灵活和自主的决策空间。此外，动态的权力分布也是多层次治理机制的重要特点。在多层次治理理论下，超国家层次、成员国层次和次国家层次都是决策的主体，但它们之间的关系并非孤立和分离的，而是相互交叉和依赖的。随着时间和政策领域的变化，各层次的功能和影响力也会发生变化，这使得在欧盟治理中，各层次的功能难以准确界定。最后，协商机制在多层次治理中扮演着关键角色。这一机制强调对共同利益的追求，使超国家层次、国家层次和次国家层次能够和谐地连接在一起。非多数同意的表决机制使各行为体的活动能够转变为协调一致的行动，从而形成一个灵活而高效的政治架构。这种协商机制不仅有助于平衡各层次主体的利益，还能够提高决策的效率和适应性，使欧盟的治理更加符合时代的需求和挑战。[①]针对欧盟多层次协作治理机制的研究，可以得到如下经验。

（1）多元参与与透明决策

欧盟的多层次治理机制在促进多元参与和确保决策透明方面，采取了多种措施和途径。一是公众咨询和参与机制。欧盟在制定重要政策和法律法规之前，通常会进行广泛的公众咨询。这一过程包括在线发布政策草案，征求公民、企业、非政府组织等各类利益相关方的意见和建议。公众咨询不仅增加了政策的透明度，还能确保政策更符合民众需求和利益。欧盟在制定《通用数据保护条例》（GDPR）时就进行了广泛的公众咨询，搜集了大量来自各方的意见。欧盟经常组织听证会和研讨会，邀请各界代表参与讨论特定政策议题。这种形式不仅有助于搜集广泛的意见和建议，还增强了政策制定过程的公开性和透明度。二是利益相关方的参与。欧盟建立了多层次的利益相关方参与机制，确保在政策制定和执行过程中，各层级政府、企业、非政府组织和公民社会都能充分表达意见。欧洲经济社会委员会作为一个咨询机构，

---

① 富大亨.多层治理理论视角下的欧盟公共卫生治理及其局限性[D].济南:山东大学,2022.

汇集了工会、雇主组织和其他民间社会团体的代表，为欧盟的立法和政策提供意见和建议。欧盟重视地方和区域政府在政策制定中的作用，通过欧洲委员会这样的机构，确保地方和区域政府在欧盟立法和政策过程中有发言权[①]。地方和区域政府可以通过这种机制，直接向欧盟表达其观点和需求。三是透明决策和信息公开。欧盟致力于信息透明，通过官方门户网站和各类公开平台，及时发布政策文件、会议记录、决策过程等信息，使公众能够方便地获取相关信息。欧盟立法过程中的每一个步骤，从提案到最终通过，相关文件和讨论记录都会公开发布。欧盟在立法过程中强调透明度，通过公开立法程序，确保各方能够监督和了解立法进程。欧盟议会和欧盟理事会在讨论和表决法律提案时，其会议大多是公开的，公众和媒体可以旁听和报道。四是问责机制。欧盟设有多种监督机制，确保政策和决策的问责性。欧盟监察员负责调查和处理欧盟机构在行政过程中的不当行为和不公平做法，保障公民的权利。欧盟审计院作为独立的审计机构，定期对欧盟预算和资金使用情况进行审计，确保财务透明和问责。

（2）制定法律框架与执行机制

欧盟的多层次治理机制在确保法律框架和执行机制的有效性方面采取了系统化和结构化的措施。一是统一的法律框架。欧盟通过制定法规和指令来建立统一的法律框架。法规在所有成员国直接生效，必须统一实施，指令则规定成员国必须在特定期限内将其转化为国家法律，并达到特定目标。《通用数据保护条例》作为一项法规，直接在所有成员国生效，确保数据保护标准的一致性。欧盟经常采用框架性立法，为成员国提供基本原则和目标，同时允许其在具体执行时保留一定的灵活性。二是法律执行机制。欧盟委员会是欧盟的主要执行机构，负责监督成员国执行欧盟法律。委员会可以对未能有效执行欧盟法律的成员国采取法律行动，包括启动侵权程序，最终将案件提交给欧洲法院。如果成员国未能正确实施欧盟法律，欧盟委员会可以启动

---

① 刘帅.论欧盟社会伙伴及其社会对话[D].石家庄：河北师范大学,2005.

侵权程序^①。这一程序包括向成员国发出正式通知，要求其改正；如果成员国未能在规定时间内纠正违规行为，委员会可以将案件提交给欧洲法院，后者有权对成员国进行罚款和制裁。三是监督和评估。欧盟委员会定期发布年度监测报告，评估各成员国在实施欧盟法律方面的进展和挑战。这些报告为改进法律实施提供了数据支持和政策建议。欧盟审计院作为独立机构，负责审计欧盟预算和资金使用情况，确保资金的有效使用和法律的正确执行。审计院的报告可以为欧盟法律和政策的改进提供参考。四是司法体系和法律保障。欧洲法院是欧盟的最高司法机构，负责解释欧盟法律，并确保其在所有成员国的统一适用。成员国、欧盟机构以及个人和企业都可以向欧洲法院提出法律诉讼，保障其合法权益。成员国的国家法院在执行欧盟法律时也扮演重要角色，它们有责任根据欧洲法院的判决和解释，确保欧盟法律在本国的有效实施。此外，国家法院可以向欧洲法院提出初步裁定请求，寻求对欧盟法律的解释，以确保法律的一致应用。五是培训与能力建设。欧盟提供培训和能力建设项目，帮助成员国的执法人员更好地理解和执行欧盟法律。这些项目包括法律解释、执行技巧和跨国合作等方面的培训。欧盟通过各种基金和项目，提供技术和财务支持，帮助成员国改进法律执行的能力。例如，欧盟结构基金为成员国提供资金，支持基础设施建设和能力提升，以更好地执行欧盟政策和法律。

2. 借鉴启示

综上所述，欧洲多层次治理的特征体现在多元参与、非等级关系以及动态性治理体系等方面，这些特点共同构成了欧洲治理的独特模式和优势，从中总结出启示如下。

（1）建立多层次网络化治理结构

欧盟治理结构的参与主体涵盖超国家、国家和次国家三大主要行为体。

---

① 阚阅,谷滢滢."软治理"中的"硬政治":论欧盟教育治理中的开放协调法 [J]. 教育发展研究 ,2021,41(Z1):106-115.

行为体和权威来源多元化，既包括如欧盟委员会、欧洲法院等超国家机构，也包括各成员国政府、欧洲理事会等国家机构，还包括诸如地方政府、利益集团、私人机构、非政府组织等次国家机构，使得治理权威来源多元化。[1] 同时，决策过程呈现出一定的网络化特征。以气候变化政策制定与实施为例，各参与主体在不同层面上涵盖了不同的利益需求，他们之间相互制约、平衡，构成了网络性的组织框架，这也使得政策的制定变成不同层面的行为主体为达成统一目标而进行积极互动协商的过程。在此过程中，各行为主体通过平等的协商来协调利益冲突，以保证整个过程的科学民主性。

在建立多层次网络化治理结构的过程中，首先要明确各个层级的角色和定位。这包括国家层面、地方层面、社区层面以及个体层面等，每个层级都有其独特的职责和权限。通过明确各个层级的角色，可以确保治理结构的层次清晰、职责明确，从而避免出现职能重叠或遗漏的情况。其次，需要建立起各个层级之间的有效连接。这可以通过加强信息共享、建立沟通机制、促进政策协调等方式实现。通过加强层级间的联系，可以确保政策在不同层级之间能够顺畅传递和有效执行，提高治理的连贯性和一致性。再次，网络化治理结构的建立也需要注重合作与协同。不同层级之间应该形成相互支持、相互补充的关系，共同应对治理难题。这可以通过建立跨部门、跨层级的协作机制，推动各方共同参与治理过程，形成合力。最后，建立多层次网络化治理结构还需要注重灵活性和适应性。治理环境在不断变化，治理结构也需要能够灵活调整以适应新的形势和需求。因此，在建立治理结构时，应该注重引入创新元素，如利用大数据、人工智能等先进技术来提升治理效能，同时保持结构的开放性和可调整性。

在制定重要政策和法律法规时，广泛开展公众咨询，搜集各方意见和建议，确保政策更具代表性和公正性。建立多层次利益相关方参与机制，确保各级政府、企业、非政府组织和公民社会在政策制定和执行过程中能够充分表达

---

[1] 雷婷.欧盟多层治理对其电子政务建设的影响 [D].北京：中国社会科学院研究生院,2010.

意见和参与决策。提高信息透明度，通过公开平台发布政策文件、会议记录和决策过程信息，使公众能够方便地获取和监督相关信息。设立独立的监督和审计机构，确保政策和决策过程中的问责性，保障公民的权利。

（2）健全系统的法律保障体系

1958 年《罗马条约》的正式生效标志着欧洲经济一体化的全面启动，1993 年《马斯特里赫特条约》的生效标志着欧盟正式诞生。

由于欧盟各成员国法律制度不具有域外效力，而且不同国家之间法律制度各异，因此，需要建立整体层面的法律保障以约束成员国之间的行为。欧盟的法律规定主要有法规、条例、决定、建议和意见 5 种形式。法规适用于欧盟全体成员国，可以凌驾于任何有冲突的国内规定；条例具体的实施类型和方法，成员国可以有自己的选择权；决定仅针对特定的欧盟国家或个别公司组织具有法律效力；而建议和意见则没有强制性的约束力。总体来看，欧盟在发展过程中逐步形成了一套完整的欧盟法律体系，使得欧盟的发展能做到有法可依。另外，欧盟在治理过程中严格执法，从一体化的任务目标、体制机制、政策制定到具体的资金预算收支、技术标准方面都必须做到依法办事，严格按照法律法规制度执行，使得欧盟的权力得到了有效的监督和制约。欧盟还制定了专门的授权原则和辅助原则来限制各行为体之间的权力，违反欧盟法律法规的行为也会受到相关的起诉和司法惩处。

由此可见，建立完善权威的法律保障是确保治理体系稳固、高效运行的重要基石。首先要确立法律保障的基本原则和指导思想，这包括坚持法治精神、尊重法律权威、维护法律尊严等核心要义，通过明确这些原则，可以确保法律保障体系的构建始终沿着正确的方向前进。其次，需要制定和完善一系列法律法规。这些法规应覆盖治理体系的各个方面，包括权力运行、决策程序、责任追究等关键环节。在制定过程中，还要注重法规的系统性、协调性和可操作性，确保各项法规之间能够相互衔接、相互支撑，形成一个有机统一的整体。再次，要加强法律解释和适用工作。对于法律法规中可能出现的模糊地带或争议点，要及时进行解释和澄清，确保法律的正确适用。最后，还要建立健全法律监督机制，加强对法律执行情况的监督检查，防止权力滥用和腐败现象的发生。

从我国的现实情况出发，提高公众的法律意识和法律素养也是建立完善权威的法律保障的重要环节。通过加强法治宣传教育，普及法律知识，培养公民的法律意识和法治精神，可以为法律保障体系的顺利实施提供有力的社会基础。要注重法律保障体系的动态完善。随着社会的不断发展和治理体系的不断调整，法律保障体系也需要不断适应新的形势和需求。因此，要定期评估法律保障体系的运行效果，及时发现问题并进行改进，确保法律保障体系始终保持权威性和有效性。

第七章 >>>>>

城市群地方政府协作治理机制的优化策略

本章主要通过借鉴国外区域地方政府协作治理机制的经验，运用基于包容性发展的我国城市群地方政府协作治理机制的分析框架，从结构性机制、过程性机制以及回应性机制三个方面，提出城市群地方政府协作治理机制优化的具体方略。

一、强化主体结构与协作理念的能促作用

1. 理顺协作主体关系

城市群地方政府协作治理过程是一个多元主体共同参与的过程，因此，主体间的关系理顺必不可少，良好适度的协作关系也是推动协作走向高效的重要因素。总体而言，理顺参与主体关系需要注意以下几个方面。

（1）提升政府治理能力

地方政府作为区域协作治理的主导者和服务者，理应在城市群协作治理过程中承担统筹区域协同发展的重要职责。应加强城市群地方政府之间的协同，深化地方政府内部职能部门的合作，为共同协作治理提供支撑，避免资源过于集中，导致主体力量不均衡，从而弱化治理合力。[①] 首先，地方政府应

---

① 王颖,刘芳,艾兴隆.城市群生态环境协作治理的主体结构、协作过程与治理效果——基于京津冀与长三角城市群的探索 [J].辽宁行政学院学报,2022(06):72-79.

充分认识到协作治理的必要性，积极了解本区域内协作治理已取得的有效成果与协作治理过程中存在的不足和问题，在后续治理中有针对性地对问题进行规避或解决。其次，地方政府需要对协作治理工作进行统一指导和统筹协调，对多元主体之间的协作行为进行领导与安排，形式不止于定期召开协同治理专项会议、签订协同治理协议、举办协作治理学术论坛等，更重要的是明确区域协作治理的任务目标、组织架构和具体实施路径，并在治理过程中进行监督和指导，根据治理过程中遇到的问题对协同治理计划进行实时、灵活的调整，使协作治理不偏离任务目标。最后，地方政府要在治理过程中不断积累经验，提高统筹领导能力。协作目标能否最终达成，很大程度上取决于各治理主体之间能否增进信任、形成良性的互动关系，为此，地方政府要明确其他主体的参与形式和行为规范、减少冲突摩擦，畅通不同主体之间的沟通渠道，促进各主体之间增进信任、相互依赖，加强各主体之间的黏合度，为协同治理的顺利开展扫除障碍。

（2）重视市场主体作用

城市群协同发展离不开市场主体的作用，城市群所在区域企业应主动培养协同治理意识，化消极被动为积极主动，密切与其他主体之间的交流互动。在市场经济条件下，城市群内部各区域之间既竞争又合作，地方政府的协作治理必须保证良好的、平等的市场秩序和充分竞争的市场环境。在此背景下，企业作为经济活动的重要参与者，可以通过一系列的诸如资本投入、技术转移、承包服务等措施来推进区域协同一体化发展。区域协调发展需要借助政府的力量来调控因市场失灵带来的区域不平衡发展问题，但政府对于市场的干预方式和接受程度必须适度，以给予市场充分的自由。地方政府应进一步优化企业发展环境，促进大批优质企业的不断集聚，以带动区域协同发展；应不断加大招商力度，重视基础设施建设以及形成优质的政企关系，以较为统一的市场准入标准及合理的利益分担机制为产业集聚效应做好准保障基础；同时要创新企业发展模式，积极探索建立跨地区、跨行业的发展机构，注重跨区域的产业技术创新与品牌建设，力图通过产业聚集将优势各方联系起来，集中力量进一步完成资源整合联动，促进区域协调发展。

（3）动员发展社会组织

社会组织是政府与公众之间的沟通桥梁，社会力量的作用不可忽视。首先，社会组织可以协助政府将治理愿景和政策措施向社会公众进行转达，对公众进行组织和引导，拉动他们参与到区域协作治理中。其次，社会组织可以通过吸纳专业人才、开展各项研究活动，在实证研究的基础上向政府提出专业化建议，为政府高效协作出谋划策。最后，社会组织可以帮助政府监督企业的行为，使企业能够履行其应尽的义务与社会责任。因此，动员社会组织参与区域协作治理具有重要意义，社会组织应谋求自立自强，吸纳专业人才，在实证研究的基础上，向地方政府提出专业化建议，为区域协同发展献计献策。① 为促进其有效参与协同治理，政府应适当放权，给予社会组织充分信任和充足的发展空间；此外，政府要为社会组织的发展创造良好的政策环境，尤其在社会组织的起步与发展阶段加大扶持培育力度，提高其治理能力；社会组织也应该谋求自立、自强，拓宽资金来源渠道，吸纳、培养专业人才，提升社会治理水平，积极为区域协作治理建言献策，同时在社会上营造良好氛围，引导公众积极参与治理。

（4）提升公民参与能力

为了区域一体化建设发展，公民应该积极以主人翁身份参与到区域协作治理的过程中去。首先，公民要树立积极的参与意识，认识到协作发展是一个多元主体公共参与的过程，公民也是重要的参与主体之一。公民应当与政府、企业、社会组织之间形成有序的良性互动，发挥多元主体的作用。其次，公民应主动关注政府动态，支持政府间协作治理相关的政策，遵守相关的法律、法规，积极参与社会组织实践活动，担当志愿者，对相关政策精神进行推广宣传，在学习和参与中落实政策的执行。最后，公民要依法通过听证会、

---

① 王颖，沈敏 . 长三角城市群大气污染协作治理主体网络结构变迁及优化——基于社会网络方法的分析 [J]. 地域研究与开发 ,2023,42(06):121-125+179.

政府官网、政务公众号和人大代表等途径提出合理诉求，通过正当途径参与政府政策的制定过程，提升政府决策的民主性和科学性，对不公正不合理的行为及时提出异议，有效发挥社会监督的功能。与此同时，政府也应为公民参与提供良好的社会环境，利用政府官网或新闻媒体发布，对协同治理政策和成果进行宣传，保证公民的知情权，让公民了解相关信息，消除信息不对称障碍，畅通公民建议表达渠道，虚心听取民意、吸纳民智，让人民群众真正参与到治理过程中来。

总之，城市群地方政府协作应当群策群力解决跨域问题，构建多样渠道，吸纳社会力量参与，形成多主体共同发力、齐头并进的治理局面。综合采取协同治理的手段和措施，既要因地制宜地选择治理手段，又要改善治理结构，创新治理形式，整合多重目标，实现治理效能。

2. 深化主体协作理念

参与主体之间若无统一的追求目标与良好的协作理念，则会阻碍整个协作过程的良好运行。各参与主体之间共同协作理念的培育至关重要。深化参与主体协作理念应着重关注以下三个方面。

（1）整合治理目标

由于城市群发展的日益紧密，城市群内部各地方政府公共服务面临的挑战也更为严峻，不同地方政府往往存在不同的治理目标，治理倾向和选择上就会存在显著差异。在整合主体目标方面，形成统一的治理目标有利于增强主体之间的治理合力。目标的差异实际上代表了主体利益诉求的不同，因此，形成统一的治理目标在本质上也是一个协调各方利益、不断促进主体间协作的过程。明确共同治理的责任目标能够引导各主体主动积极参与协同治理工作，在治理过程中如果发生个体利益与整体利益冲突的情况，可以协调个体行为，做到以整体目标为重，消除争议，规范主体行为，增强主体间协同效果。当前的城市群协作治理主体网络结构中，仍有一部分主体缺乏机会参与协作治理工作，主体的治理效能得不到充分的发挥，针对这种情况，从整体设计上可以通过细化制度设计，引导主体将共同目标与部门的职责主动整合，有更多机会参与到协同治理工作中，让这些主体能够更加主动地参与协同治理工作，争取全面达成治理目标。另外，要形成统一的主体目标，重点就是要解决主体间的差异化利益诉求，通过治理主体绩效考核、全面监管等手段可以有效地将各方的行动目标统一集中到协同治理整体目标上，构建科学完善的指标评价体系，将治理成效进行量化，建立动态化、常态化的评估考核工作机制，将治理地方贡献纳入行政官员绩效考评体系中，提高地方对于治理工作的重视，激发主体主动性，自觉将地方的治理目标与区域协同总体治理目标相结合，促进治理工作的深层次协同。

（2）培育协作理念

协作治理需要建立在共同认知的基础之上，这就需要协作主体之间通过沟通协商、信息开放共享等措施来调节利益关系，产生协作意愿，从而达成协作共识，在具体的治理实践中形成开放、包容、平等、互信的协作关系。地方政府之间的协作也必须建立在协作共识之上，才能够减少实践中的阻力与冲突，推进协作积极顺利开展。随着区域协同一体化进程的加快，资本、信息、人力资源等要素在各地区流动迅猛，各地联系日益紧密，交通、环境保护、医疗卫生、产业结构、基础设施建设等呈现出网状化的规模，公共事务管理日益复杂，各地公共服务承载力挑战重重，可持续发展压力较大。这就导致在城市群协作发展过程中，存在部分城市不愿意为了区域整体利益而牺牲本地区发展利益或者仅为了维护自身发展利益而不考虑全局利益的现象发生。针对城市群地方政府之间形式化协作的现象，必须切实提高地方政府之间的协作认知与协作意愿，培育积极开放的协作理念。推进各地政府的协作进程，各地政府需要树立区域整体价值观，通过相互学习与协商，形成一致的行动理念与程序，在整合力量的基础上实现区域利益最大化。这就要求各地方政府摒弃地方保护主义的思想，淡化"官本位"意识，应在差异化中寻求合作点。

需要明确的是，区域整体价值观承认参与主体自身的独立性，并不否定地方利益的存在及其合理性。各地方政府在追求共同的合作目标时，仍然可以追求并维护地方利益。在具体的协作过程中，各地政府可以就发展问题提出自己的利益诉求。在政策制定时，各地政府代表可以通过专门的协商会议发表自己的利益诉求与建议。在政策执行时，各地政府相互监督。为了检验各地区阶段性的合作成果，各地区政府通过定期召开的合作论坛，就地区阶段性的合作贡献量、合作中存在的不足等问题进行汇报。在区域整体价值观的指导下，各地方政府通过有效的沟通与协商，明确各自的定位与责任，有利于增进了解与互信，从而形成平等、共赢的合作伙伴关系。

（3）塑造互信关系

在塑造主体互信关系方面，协作治理强调参与主体之间的信任互惠关系。互信与协作相辅相成，城市群协作治理需要地方政府之间以互相信任来作为支撑，区域内地方政府之间的信任度越高，相互的协作意识就越强。良好信任关系的建立，可以有效降低交易费用，减少协作治理风险。协作主体之间的信任互惠也是调动主体参与积极性、减轻政府决策负担的重要手段。鉴于各参与主体治理能力不同、利益动机不同、信息掌握不对称，往往在协作过程中面临着诸多未知风险，这需要各参与主体在长期的互动过程中形成稳定的协作共信关系。

城市群协作治理是一个区域内各地政府共同承担合作风险、共同享有合作利益的过程。因此，区域内各地政府需要培育合作共享理念，不断塑造互信关系。一方面，应该加强地方政府之间的信息沟通与交流。信息共享会影响地方政府的协作意识与协作行为，信息共享的广度和深度能够在一定程度上决定地方政府参与协作的真实性和信任度。各地地方政府应该打破信息围墙，积极主动地接受其他参与主体的加入，加强信息开放共享，建立多元信息沟通平台，相互商讨，彼此了解。另一方面，各地政府要形成正确的责任观，在区域一体化进程中主动履行相应的责任，共享利益与共担责任相辅相成。同时，在协同治理过程中，可以开拓沟通渠道，包括正式的联席会议、领导会晤、开展联合行动等形式，也包括非正式的参观学习、经验交流等形式，促进主体间的交流，增进了解。另外，还需要完善协作治理信息披露制度和监管工作，通过信息披露和治理监管让治理工作更加透明，有利于增进主体间的信任。

治理理念的深化能够影响主体的治理行为，通过文化宣传、培训教育的方式倡导部门负责人主动突破行政边界，认识到治理效果对于城市群全局发展的重要性，从长远的战略性眼光看待治理工作，在具体的工作当中可以通过组织联合执法、学习交流等活动直接促进各主体之间的交流和了解，达成协同治理理念的深入目标。同时，也应注重失信惩戒制度的完善，在城市型地方政府协作治理过程中，通过制定相关的法律、规章制度，规范签署协作协议来进一步约束地方政府行为，针对地方政府失信行为，有关部门要积极问责，加强监管，重视信任度的建设。总之，信任关系的建立不是一蹴而就的，需要通过不断转变主体思想、提高治理能力、完善体制机制等手段以规范参与主体的行为，在反复的协作过程中，形成稳定的信任互惠关系。

3. 优化组织结构体系

在协作结构机制建设中，组织体系的构建必不可少，完善的组织体系代表了协作组织结构的优化，也为协作过程的持续提供组织支持。良好的组织结构体系应包含区域协调机构的建立与责任分担体系的完善。

（1）建立区域协调机构

当前，全世界各大城市群在区域协调发展过程中，已经培育出大量相对成熟的区域协调机构，如纽约湾区的非政府协调治理机构、旧金山湾区的半官方地方政府联合机构以及东京湾区的政府主导协调机构等。[①] 然而，由于各国各地的自然条件、政治制度与经济发展的各项因素存在差异，在区域协调机构的性质和模式选择上也存在显著不同。

我国城市群协作治理应积极完善多元化跨区域协调治理体系，培育多主体、多部门、多行业代表的区域协调治理机构。区域协调机构虽不是区域政府，

---

① 符天蓝. 国际湾区区域协调治理机构及对粤港澳大湾区的启示 [J]. 城市观察，2018(06): 20-27.

但仍具有处理区域性公共事务所必需的行政权力。建立多主体、多部门、多行业参与的区域协调治理机构有利于避免地方政府之间的利益冲突与盲目竞争，从而保证区域规划的一致性和连续性。同时，多参与主体的加入也有利于在城市群区域规划和发展建设过程中实现公开、公平、公正，更好地推动区域协调发展。

通过借鉴与吸收国外区域协作治理的成功经验，我们应该着手组建负责区域协调发展的专门性的管理机构。该机构的主要任务应包括：对城市群未来的整体发展进行宏观规划设计；对重大基础设施建设、生态环境建设与保护、跨行政区生产要素的流动及区域经济发展和产业结构进行调整以适应城市群发展；推动产业结构优化升级；处理协调城市间存在的博弈矛盾和博弈冲突。除此之外，城市群地方政府协调机构的其他重要职能和任务还应当包括：明确其参与治理的范围；明确区域协调的宏观规划进度；明确维持机构运行的相关经费的来源和具体去向；明确机构的具体职能、责任和任务；对区域协调效果进行客观性评判并进行相应的纠正。经济区地方政府治理机构只有切实发挥上述职能和作用，才能有效、规范地协调和解决经济区地方政府间的博弈冲突。同时还应建立专门解决区域冲突的机构，该机构主要用于解决城市群内部的发展冲突，对区域协作过程中的决策制定、执行工作进行监督检查，若地方政府之间出现利益冲突、恶意竞争等行为，该机构可以按照法律法规进行调节，确定主体责任，对违规者进行一定程度的惩罚和制裁，以保证区域的协调发展。

（2）完善责任分担体系

有权必有责，责任与权力同等重要。跨域协作治理关键的行动需要地方政府之间的横向整合，同时也需要一定的责任共担安排。[1]政府之间的责任分担是协作治理的有效前提，在城市群协作发展过程中，地方政府不能仅仅依

---

[1] 姜玲,乔亚丽.区域大气污染合作治理政府间责任分担机制研究——以京津冀地区为例 [J].中国行政管理,2016(06):47-51.

靠权力而忽视自身应承担的责任，同时责任在不同利益主体之间的分配承担尤为重要。责任分担要明确区域地方政府的共同职责，根据不同主体的利益需求进行合理的公平划分，在责任分担方面也需要相应的评估考量以为保障。

　　责任分担机制是针对地方政府权责分配的重要机制之一，权责明确才能使组织更好地发挥组织协调的作用。建立起公平有效的责任分担机制，一要明确组织内对谁负责。目前我国已经形成了中央—省级—市级—县级的组织结构，通过层层嵌套的方式，下级部门对上级部门负责来实现责任共担。在城市群地方政府协作治理中，涉及的政府主体包括各省级和地市级政府，还包括国务院各职能部门以及省市级政府职能部门，组织结构十分庞大，因此可以通过立法明确规定区域内各省市级政府要承担的治理责任，上级部门对下级部门授权，采取"由大到小"的方式由省市级政府将治理责任层层下放，通过协同立法、联动执法和统一监督的形式，下级对上级负责，实现层层嵌套的责任共担机制，从而保证各参与主体的职责明确，避免责任纠纷，逃避推脱责任的现象发生。二要建立行政主官负责制，贯彻一把手带头负责制度。城市群内部各地方政府可以通过签署目标责任书进行各项领域具体协作治理任务的分配，明确各地方政府的任务，将指标层层落实到区县，精准到个人。同时关于协作治理责任的承担，各地方政府要将区域各领域协作治理的目标纳入到政府的考核体系之中。通过明确的责任分配，才能有效落实主体职责，进一步发挥治理合力，也可以在追责中更精准地定位到责任主体，以配套后续措施的开展。总体而言，区域地方政府协作治理需要建立共同的责任承担机制，以便针对区域内的跨域公共问题进行明确问题来源、精准划分任务安排。为合理有效保障责任分担体系的运行，同时也应建立积极的责任保障机制，如积极建立以责任协调为核心的谈判机制，通过谈判方式来协调地方主体之间的利益均衡问题，克服地方政府间利益失衡，把握谈判方向，以期在后续协作过程中达成共识；也可以通过赋予区域协调组织一定的法定管理监督权力，使得协调组织有能力设计成本共担、责任共享的责任分担机制细则，以保证区域协作的可持续发展。

二、以顶层推动与信息赋能优化过程协调

1. 坚持纵向统筹干预

城市群地方政府的协作过程不仅仅是一个横向主体之间互动参与的过程，其中也包含了纵向政府干预过程。为实现特定的目标，中央或上级政府可以采取出台政策、制定法律等方式纵向干预，当所在区域自愿协作动机不足时，纵向干预的介入可以为地方主体提供互动交流，寻找共同利益的起点，从而带动参与主体积极走向协作。但纵向干预也可能出现适得其反的效果，一方面，过度的纵向干预可能限制参与者的协作积极性，甚至反抗。另一方面，过度的纵向干预也可能使得区域地方政府的协作流于形式，忽视效率逻辑从而影响最后的协作实质性效果[①]。因此，在中国特殊的制度条件下，纵向干预的作用不可忽视且应适度运用。具体而言，应注意以下两个方面。

（1）贯彻坚持中央统筹

坚持党中央引领城市群区域协同发展是推进我国治理体系和治理能力现代化实践的必然要求和应有之义，其中关键就是要坚持党中央的坚强领导与正确指引，贯彻落实党中央对城市群区域协调发展的治理理念和价值取向要求，充分发挥党中央在城市群区域协作治理过程中的统筹引领作用，不断以党的顶层设计为依托，落实区域协作发展战略目标，提升协作治理效能。由于我国幅员辽阔、地大物博，各区域发展差异较大，在我国内部形成了诸多发展规模、行政级别、城市数量均具有显著差异的不同类型的城市群。既包含了局限于省内形成的城市群，如山东半岛城市群、辽中南城市群、长株潭城市群等，也涵盖了省际互通的跨省级的城市群，如京津冀城市群、长三角城市群、珠三角城市群等。在这些城市群中，既涉及普通的地级市，又涉及

① 周凌一. 纵向干预何以推动地方协作治理？——以长三角区域环境协作治理为例 [J]. 公共行政评论,2020,13(04):90-107+207-208.

省部级直辖市、副省级城市或省会城市等，且涵盖城市的数量和规模各不相同。在地方政府协作治理过程中往往面临着协作事务难以协调、多头领导混乱、事务处理无法兼顾等协作治理难题，因此需要加强中央政府的统筹指导，在中央层面形成较为统一的城市群协作治理规划与政策，为地方政府的协作治理提供积极的指引。

我国在积极探索城市群协作治理政策规划上不断探索前进，陆续出台印发了诸如京津冀、长三角、珠三角、成渝经济圈等城市群区域一体化发展规划纲要，不断为城市群协作发展提供顶层设计支撑。在此基础上，需从中央层面落实好整体谋划，对城市群协作治理的原则、范围、重点考核等内容作出更为清晰的规则规定，同时兼顾不同区域不同城市群发展的特色，有针对性地出台因地制宜的政策法规，这不仅有利于维护地方政府治理的积极性，同时也避免了"一刀切"政策的落地，从而进一步推动地方政府之间协作治理的有效性和高效率。

（2）保持适度纵向干预

在我国政治制度背景下，中央和上级政府的纵向干预在推动地方政府横向协作过程中发挥了不可忽视的特殊作用。中央和上级政府的介入实际上是一种带有强制性色彩的干预方式。就其具体干预形式而言，不仅包括强制性的行政命令，同时也兼顾了像政策宣传、财政激励等一系列手段措施，在地方政府协作的不同时期，发挥着不同的作用。

既有研究将纵向干预的方式划分为权威型、激励型、信息型三类。权威型干预一般指上级政府通过颁布法律法规、政策文件等强制性安排来协助下级开启协作；激励型干预一般指上级政府通过人事安排、资金支持等措施来维护地方政府协作积极性；信息型干预一般指上级政府为地方政府协作提供有效的信息、技术及专家支持等。从一般意义上的干预手段上来说，中央和上级政府可以综合运用权威型、激励型、信息型等不同类型的手段，以有效应对地方政府协作过程中的协调、分配、背信问题。如在协作初期，中央和上级政府可以运用权威型干预和信息型干预的手段来缓解协调关系，对缺乏自主协作开启条件的地区加以干预，从而促进地方政府之间协作意向的产生。在协作过程中，中央和上级政府又可以运用激励型干预和权威型干预手段来有效缓解地方政府之间的分配和背信问题，从而促进地方政府之间协作的有效达成以及具体的执行。同时，中央和上级政府的纵向干预也有利于地方政府之间增加横向信任感以及共同价值的产生，从而维护整个协作过程的持续开展。综上所述，当城市群各地方政府在自愿协同动机上缺乏自主开启条件时，中央和上级政府可以通过发布强制性的政策命令来启动协调，并界定参与范围，以诸如绩效考核、过程监督等各种形式来协调相关参与主体之间的利益矛盾，提供必要的支援支持。

但纵向干预也并非万能，在某种程度上来说，过度纵向干预会影响协作主体之间的自主参与互动。从而导致协同失败。如中央和上级政府的绩效考核带有明显的压力，地方政府在无法完成上级指标任务时，可能会导致压力体制下的层层加码。又或是在特定事件上的某些临时性纵向干预，往往只能在某些情况下起到阶段性的作用，而当上级压力消失，纵向干预的作用也随即退却。因此，在自主条件充足时，纵向干预应及时调整，避免出现过度干预的情况。同时，中央和上级政府重要干预需要综合考虑地方政府的实际情况，包括人员配备、组织机构、地方规划等，以精准的干预措施来协助主体之间协同目标的完成，保障横向主体之间的交流沟通，避免过度干预。

2. 积极推动信息共享

在当前信息化社会的形势下，信息的传播共享成为区域协作治理效能实现的重要因素。在城市群区域协作治理过程中，地方政府需要提高协作能力，优化协作流程，强化协作关系，这些都需要跨区域的信息共享与信息交换。信息共享是跨界协作中定位、传递与利用信息的能力，同时信息的共享也是协同主体间保持协作行动的一致性，提高协同效率的关键。[①] 良好的信息沟通

---

① 李瑞昌. 跨界治理协作机制的"棋局思维"与"网络思维"[J]. 国家治理,2023(07):65-69.

交流是地方政府顺利开启协作篇章的钥匙，融洽的信息沟通交流也有助于地方政府间信任关系的建立。城市群协作主体之间信息的互动沟通在整个区域协作发展过程中必不可少，良好的信息互动有助于减少沟通成本、打破信息壁垒，促进参与主体之间的互动互联、信息透明。信息的多元化虽然可以促进协同运行机制的有效运作，但层出不穷的信息也会影响公众的认知和判断，使得公共部门需要有更强大的回应能力来满足社会对各类信息的有效需求。传统政府部门习惯由单一组织承担某项任务，组织内部结构关系和沟通渠道有助于信息流动。在多元主体参与的协同治理网络中，分权式组织结构和非制度化传播途径会带来种种沟通困难，不同参与主体间建立的信息壁垒进一步加剧了问题的严重性。信息壁垒是影响协作有效运行的阻滞因素，地方政府间、政府部门间的信息流动不畅，主体的认知和行动就会受到一定的限制，信息沟通和共享机制无法打通，将会产生信息孤岛。当前科学信息技术的发展为信息共享平台的打造提供了技术支撑，通过信息共享空间及信息交换，可以有效实现不同层级、不同部门、不同领域之间的信息交流共享，极大提升信息传输的效率和精度，减少了因信息不足而导致的错误决策风险的发生概率，有效满足各类主体在协作过程中的信息需求。因此，推动信息共享要不断完善信息共享平台的建设，具体来说，应积极做好以下几个方面。

（1）推动建设常态化信息共享平台

常态化信息共享平台主要是为了各地政府在具体的协作过程中能够根据及时、准确的信息作出决策，提高信息沟通的效率，避免因信息不畅影响工作进度，从而有利于明确各地实际情况，协同开展标准制定、联合专项执法、实地调查等。在常态化信息共享机制的建设上，首先，要吸纳多部门参与，打通政府、企业、社会及公众之间的信息通道，消除信息壁垒，同时，加强各部门之间的沟通和协调，推动各部门间及时共享、融合和利用各种信息资源，以保证各部门对协作资源的有效利用。其次，应成立专门的信息共享联合协调机构，在统一指挥、统筹规划和统一管理方面进行全面考虑，提高信息共享平台的协同性和整体运转效率，对信息传输进行实时检测，保证信息共享的准确性与高效率运作。最后，可以将地方政府实践过程中具体的协作数据监测平台接入信息共享平台，实现数据的实时更新，满足部分治理行动的决策参考需求，以便更有效开启协作治理行动，通过实时的数据检测，为参与主体的进一步决策提供科学的信息支撑，以防止决策走向偏差。

（2）建立以需求为导向的信息共享平台

以需求为导向主要是指满足政府的决策需求和公众的知情需求，从而确保共享数据能够做到真实、及时，实现能用、好用。其一，在满足政府决策需求方面，要充分挖掘数据的价值。可以通过组织专家进行解读、开发数据分析软件等获知现有数据的变化趋势和走向，通过事前研判、事中跟踪和事后评估的方式，根据数据变化修正相关治理决策；还要完善区域性的民众意见反映渠道，完善相应的配套激励措施，比如采取有奖举报的方式，充分发挥群众的监督职能。其二，在满足民众治理知情方面，要优化数据查询的流程。可以通过设置协作事项专题，在网站设置专门区域进行信息公开，专题内的数据信息查询可以采用超链接点击跳转的方式直达数据，应用大数据技术进行数据联想的站点设计；政府部门还要通过官方网站、《人民日报》等新闻媒体和微博、微信等客户端主动公开治理信息，并且就将有关监督问责情况及时向社会公布，有效满足群众对于协作治理情况的知情权。

（3）完善执法监管的信息共享平台

执法监管信息平台建设关系到联合执法工作的准确性、及时性和权威性，能够有效减少执法人员不作为、乱作为的现象，提高执法效率。目前存在执法监管的数据不统一、治理"选择性执行"难监管的现象，由此看来，完善执法监管的信息共享平台，一方面能够明确标准，另一方面群众的监督能够倒逼政府兼顾其他治理目标。完善执法监管的信息共享平台要从以下几个方面作出努力：首先，执法监管人员应当提高信息共享意识，主动将有关执法信息及时上传到信息共享平台，并积极利用平台上的信息资源，为执法监管工作提供支持。其次，还需要加强对信息共享政策和安全知识的培训和宣传，使得执法监管人员充分认识到信息共享的重要性和必要性。

最后，信息共享平台建设需要采用一定的信息技术支持，例如数据挖掘、大数据分析和人工智能等技术，以实现更高效的信息共享和利用。此外，还需要适时地更新信息共享平台的功能和技术，使其能够适应不断变化的执法监管需求。

3. 不断强化顶层设计

协作治理过程的可持续健康发展离不开顶层的优化设计。完善的法律参考以及合理的政策支持均会对地方政府的协作产生积极正面的影响。地方政府的协作治理离不开完备的法律支撑和有效的政策支持，不断强化顶层设计需要注意两个维度。

（1）完善协同立法

完善的法律保障体系是开展协同治理的基本保障，我国城市群协同发展需要通过各种法律形式对参与主体之间的协调与协作关系进行具体的规定，以立法形式切实保障地方政府之间的协作，从而有利于在具体的协作过程中做到有法可依。

进一步完善协同立法，首先，地方政府可以通过提案等方式建议中央政府完善与区域治理相关的法律条文，从国家层面完善区域治理的法律体系。其次，具体到区域立法，中央政府应该对区域公共事务治理的责、权、利从法律上作出规定，地方政府则可以争取区域内联合立法的权力，对部门的权限和分工进行细化，明确主体的职责范围，避免出现职能交叉或者空白的现象，使政府间的协同治理工作有法可依，更具科学性，对参与主体可以有效地实现约束，确保治理工作的顺利开展，保障治理的有效性。

目前，我国区域间已出台很多关于协同治理的立法，涉及诸多方面。但是由于组织结构上令下达的组织机构惯性，加上各地实际情况的差异性，下级政府往往对上级政府制定的法律法规等存在适应性差、执行效果差等问题。因此，只要不与上位法相抵触，就应该给地方政府更多的自主权。从中央层面来看，要通过颁布法律明确区域间地方政府协同立法的权威性，肯定区域间地方政府签署协议、制定方案的法律效力，鼓励区域间政府参与到协同立法中。从地方层面来看，区域立法要求地方政府要摆脱短视倾向，转变各自为政的传统观念，打破边界壁垒。地方政府首先应建立起信任关系，明确立法目的，在互信基础上就有关的立法问题、立法效力、立法权限进行协商，在各方利益博弈中做出适当妥协和利益让步，确保各项法规所依据的标准、达到的要求具有一致性，还可以把区域性的联合执法行动和垂直性执法监察工作纳入到协同立法中。

（2）优化出台政策

中央层面出台政策能为城市群地方政府协作治理提供有效的理论指引。在我国城市群协作治理过程中，往往由于不同地区、不同层次的地方政府行政权力的冲突而导致政策冲突问题的发生，给区域协作治理增加了额外的协作成本和治理难度。我国出台了很多政策，但是由于受到属地管理的制度惯性和实际政策执行出现偏差等影响，制度的顶层设计尚未取得理想的治理成果和治理实践。因此中央政府应该继续完善和加强顶层制度设计，将区域性治理推向制度化、合法化发展的快车道。

首先，顶层制度设计要考虑各地方之间的资源禀赋差异，针对各地方在贯彻执行相应方案时可能出现的问题，提供配套的解决措施。其次，中央政府要鼓励地方政府自主创新，敢于做"出头鸟"。其次，关于区域性政策的出台，地方政府可以在国家的统一指导下灵活设计。国家对于地方的了解难免存在滞后性，自身条件充分的地方政府可以依据情况变化和治理的现实要求制定相关政策和法规，确保其协同治理行动有法可依。就科技发展来看，有核心优势和资源优势的地方政府应加大财政向科技创新的倾斜力度，加大财政投入，用科技赋能协同治理。政策出台后，地方政府要加大宣传力度，媒体应该发挥宣传主体作用，针对政府出台的相关政策作出解释，要及时地通过多种方式和渠道传播给社会公众，通过召开发布会等方式让社会公众对相关政策加深了解，加强共识，为公共精神的培养奠定良好的政策环境基础。

三、通过适应性问责与评估防止目标偏差

1. 注重激励分配与补偿

公共服务协作治理过程中，需要投入的成本与获得的利益是影响协作各方是否参与协作以及参与的积极性的关键因素，利益协调与分配机制以不同利益相关者基于特定信任机制形成的伙伴关系为基础，强调区域内协作方之间的利益分享，规范不同主体的利益表达和分配行为，并防止由于利益分配不公平而导致协作主体的积极性降低。① 良好的激励分配与补偿制度是协作回应机制构建的关键，同时也是调动协作主体参与积极性以及协作公平性的良好保障。在健全激励分配与补偿过程中要做到以下两个方面。

（1）健全奖惩机制

地方政府间的协作治理需要奖惩激励措施的配套执行，不采取激励或惩罚行为，各地方政府依然会基于地方利益而决定是否执行、如何执行区域合作协议，城市群地方政府协作治理将成为一纸空文。区域协作要以正向激励激发活力，增强动力。有效的奖惩激励机制的建立需要从两个方面着手。

一是建立正向激励机制。即对积极落实地方政府协作协议或做出其他有益于城市群协同发展建设行为的地方政府，应当给予精神嘉奖和物质奖励，以调动主体协作的积极性与协作过程的可持续性。

二是建立负面激励机制，即问责机制。负面性激励机制的规范一方面可以通过签订目标责任书、细化协作治理考核体系等方式建立对地方政府的压力激励机制，科学化地发挥政府压力激励作用。对那些消极合作、执行协作协议不积极、采取地方保护主义等与区域协同发展相偏离的行为的地方政府进行惩罚与问责。对积极作为的地方政府不仅要在书记市长联席会等会议上

---

① 徐艺璇，王颖，杨逸敏. 公共服务协作治理机制如何实现"从有到优"——以辽宁省为例 [J]. 辽宁经济，2022(12):77-84.

提出表扬，也要对个人和团体给予适当的经济奖励。相反，对那些在区域一体化建设中持消极态度、合作协议落实不到位的地方政府也要进行批评和经济惩罚。为了强化奖惩激励机制，应当逐步将政治晋升机会留给在区域一体化建设中有突出贡献的官员。通过运用正向奖励、负面惩罚的激励问责机制，地方政府及其主要官员为了本地利益和自身利益，将会更倾向于合作，而对机会主义行为也将有所顾忌。这无疑很好地保障了监督与评估的成效，使监督与评估机制能持续稳定地运行。当然，无论是正向激励还是问责惩罚，都应以监督评估结果为主要依据，而不能主观臆断、偏离事实。

（2）落实利益协调补偿

利益关系是政府之间最根本、最实质的关系。推动城市群地方政府高效协作必须处理好地方政府间的利益关系。各地政府通过协作治理获得的合作收益和参与协同治理的成本之间的平衡关系，直接影响参与合作的积极性和治理成效能否有效实现。区域协作治理的现实情况是，不同省市之间产业基础有差距，经济发展水平差距较大，在具体的协作过程中往往容易产生成本和收益不对等，如果任由这种情况继续发展，就可能会影响主体参与的积极性，影响治理的常态化。因此，建立利益协调和补偿机制意义重大。

首先，应制定合理完善的利益协调和补偿办法，兼顾受益方和受损方双方利益。在方法制定过程中，应兼顾不同利益主体、专家学者等的多方利益诉求，从而更为民主地制定出科学有效的利益协调和补偿办法。如在京津冀城市群环境污染地方政府协作治理过程中，在制定利益协调和补偿实施办法时，既要倾听三省市政府和当地居民的利益诉求，也要考虑企业的发展和面临的技术难题，同时向环境污染治理领域的专家、学者征求技术和政策建议，制定出以地方政府和居民的利益诉求为出发点、给予排污企业技术支持和政策扶持、促进企业转型升级的利益协调和补偿办法。

其次，应建立起利益协调和补偿的保障制度。一是建立保障利益协调和补偿办法有效执行的制度。即当一方或多方不合理地违反共同制定的利益协调和补偿办法时，可从其先期缴纳的区域合作保证金中扣除相应数额，以有效约束地方政府在合作过程中的机会主义行为，避免陷入"囚徒困境"，从而保障地方政府间合作的稳定性和可持续性。二是建立完善高效的利益转移和共享制度。如在京津冀城市群环境污染地方政府协作治理过程中，过重的节能减排任务对河北当地经济增长形成了巨大压力，直接影响到居民的生活水平，而对京津两地的经济发展和居民的生活水平影响程度较弱。在这种情况下，为了实现区域环境向好发展，避免因牺牲经济发展造成河北社会秩序不稳定，京津两地应对河北的环境污染治理行动提供经济补偿和技术支持；对采取节能减排的河北企业的员工提供生活补助，减少环境污染治理对其生活水平的影响程度，获得他们对区域环境污染治理的支持和认同；对河北的污染企业提供技术支持和指导，将京津两地的高新技术和科研能力投入到河北污染企业的改造中，减轻河北环境污染治理的阵痛。

实现跨部门利益协同是化解部门之间利益冲突的重要战略，也是自发性实现跨部门协同治理的前提。因而，建立利益协调和补偿机制十分重要，既要坚持"谁治理谁得益，多付出多得益"的原则，形成公平的利益分配模式，又要秉持"强者补偿弱者"的态度，在实现区域共同利益的同时，实现区域内各城市统筹协调发展。

2. 强调监督问责建设

监督问责体系的建设有助于保障整个协作过程以及协作结果的公平公正，同时也涵盖了区域内发生危机事件后的追责与处理。当前各城市群针对某些公共服务领域的协作治理在一定程度上仍依赖于各主体的自觉性和自我监督，始终缺乏对非协作行为的约束。在横向的地方政府之间协作事项的监督和评估、上级政府对下级政府或部门间协作成效的监测和评估方面仍有较大的改进空间。总体来说，强调问责监督建设应做到以下三个方面。

（1）规范执法监管行为

在城市群的协作治理工作中，对于治理主体的监管仍存在不到位的情况，地方政府仍存在治理不力和治理不规范的现象，所以需要建立全过程、多主体的执法监管流程，让执法行为在有约束的条件下开展，保障执法公平性和规范性。面向不同的主体，执法监管需要采用不同的监管方式、标准和行政处罚办法，对政府主体的监管要注重长期性，避免应急式检查，对企业主体的监管要把握奖惩力度，让监管工作发挥应有的作用。

（2）拓宽监督参与渠道

只有进一步拓宽主体监督参与和反馈渠道，才能为企业、社会公众、新闻媒体等主体提供充分参与的治理的平台。在监督方面，应加强对非政府组织和私营部门对与其协作的地方政府的监督和评估。①

具体来看，一方面，政府应从意见征求、举报投诉等方面加强监督参与渠道建设。地方政府在协作治理中要进一步加强监督参与渠道建设，在行政执法、行政决策等多项活动中为其他主体的参与拓宽渠道。例如，区域协作相关政策和规定在制定和实施前要公开征求意见，畅通意见反馈渠道，争取各主体对相关工作开展的参与和指导。在部门网站、公众号、融媒体等新兴媒体上开通监督反馈渠道，公开监督举报电话，保证电话畅通；拓展电视问政、网络问政等多种沟通方式，促进其他主体的广泛参与，激发主体公共精神和责任意识。另一方面，应强化新闻媒体对政府具体协作行为的监督，促进地方政府与新闻媒体的协同治理。广大新闻媒体要积极树立主体责任意识，通过建立民生热线、民生专栏，对存在的违法违规事件及时报道，增加社会关注度，增强社会公众和政府的重视，促使有关部门及时解决问题，同时，利用新闻发布会、新闻采访等多种方式对政府的治理举措和成效进行监督，对民众所关心的问题及时报道和反馈，构建政府、社会公众信息传递的桥梁，进一步深化共识，增强自身的公共性责任意识。

（3）建立官员终身问责制

终身问责制是指在政府官员离任或者退休后，依旧可以就其之前的行政决策行为造成的后果问责，也可以对其之前在任时取得的治理效果进行表彰

---

① 徐艺璇，王颖，杨逸敏.公共服务协作治理机制如何实现"从有到优"——以辽宁省为例[J].辽宁经济，2022(12):77-84.

和奖励。为避免一些领导为了在任职期间干出政绩从而不惜负债，大搞形象工程、政绩工程，从而不顾客观条件的限制、不经过科学的研究论证、不从人民群众实际需要出发，在区域内搞形象工程、面子工程，在调任后无法追责的现象发生，终身问责制的建立必不可少。

终身问责制的建设，可以从以下几个方面着手：首先，建立相关法律法规，将官员的终身问责制法制化，并规定官员在任何阶段都应对其行为承担法律责任。其包含了两个核心内容：一是建立正式的法律体系，明确政府官员的职责，规定他们所应承担的责任和义务；二是建立相关的追责机制，建立在实践中真正落实终身问责的具体流程。其次，加强管理评估，将工作表现纳入官员考核评价体系之中。将官员的工作表现作为反映其工作绩效的重要依据，对其晋级产生重要影响。针对不同级别和类型的官员，应进行差异化管理评估，以适应各自的特殊情况。最后，加强监管力度，建立专门监管机构，对官员在工作领域内的行为进行定期、系统的检查，以便发现问题并及时处理。同时，在实践过程中，应该不断地修订完善监管制度，提高其效能，增强对官员的约束和规范作用。

3. 健全结果评估体系

完善结果考评考核是对整个协作结果的衡量，也是对参与主体贡献程度的划分。健全的协作回应性机制离不开良好的结果评估体系。具体而言，应做到以下两个方面。

（1）健全考核指标体系

政府绩效评估的目的是衡量政府职能履行的效果，因此，政府绩效评估体系应该围绕政府职能的履行过程与结果进行结构、指标设计，建立适合城市群地方政府协作的考核评估体系。这需要从以下几个方面着手。

首先，优化指标设计，加入对协作绩效的考核内容。科学合理全面的干部绩效考核指标在考察维度方面应该包括对经济效益的考量，兼顾社会效益以及生态效益，增加环保要素等"绿色指标"。适当降低 GDP 增长和城镇化建设指标的比重，增加与环境保护有关的要素，如污染物排放控制、清洁能源的替代和利用、环境协同治理责任的落实等，从而确保政府官员行动成本、经济损失、个人和共同利益有效地包括在区域综合发展效益的衡量中。同时，考察的范围不仅停留在本辖区内的绩效，也要包括对相邻区域造成的正负外部效应，对那些只顾本地区发展而对邻近地区采取地方保护、市场封锁、转嫁污染等行为产生的负外部效应要予以严厉的惩罚；对那些在本地区各项事业发展不断向好的同时，又能兼顾区域间的整体利益，不断推进府际间协作的行为要予以鼓励和倡导。将区域合作项目纳入考核体系，全面考察干部在合作中所作的努力，实行全过程的动态考核；对所签署的合作协议的合法性、合宪性进行考察，履行过程中是否严格按照协议内容推进工作，如发生违约其责任承担情况如何，合作目标的实现情况如何，其合作在促进区域内经济、市场、交通、教育等各领域一体化过程中取得的进展如何，产业结构是否合理，区域经济综合竞争力是否整体提升等进行全方位考察。

其次，明确考核原则，拓宽评估渠道。科学、客观的考核结果离不开层次化和公开化的考核原则，以及更加广泛的评估渠道。层次化考核原则要求具体问题具体分析，由于各地方政府的区情不一样，所拥有的优势不一样，因此制定标准要考量不同地区治理能力的差距。参照各地非均衡性的经济基础、技术条件、主体功能定位、核心污染源结构等比较优势，评价指标和考核标准的确定要做到既有利于区域治理，又不会对属地经济社会等发展造成破坏性影响，并始终坚持公开化原则，满足公众知情权。同时，拓宽评估渠道，引入第三方评估，雇用具备专业知识和丰富经验的评估人员进行深入细致的评估，确保评估的客观真实性，同时结合行政内部评估，成立专职评估小组，借助专业测评工具深度分析，形成多元的评估格局。

最后，重视考核结果的应用，为下一次合作提供依据。纳入协作绩效的干部考核体系，其评估结果将成为干部晋升或奖惩的参考。对政府而言，有利于政府部门发现自身的优势与劣势，进而变劣势为优势，找到合作中出现的问题，为下一次合作提供经验教训，不断完善内部管理，进而提高公共服务水平、决策水平，以及参与区域合作的能力。与此同时，要将考核结果对外公开，通过公开的考核报告对比各地方政府在开展合作中的贡献度，更加有效地整合公共资源，积极推进统筹发展，同时扩大社会力量监督的范围，促使政府关注服务结果，在各方压力的推动下改变合作态度，不断改善合作绩效。

（2）优化考核机制

评估治理结果是协同治理过程中不可或缺的一环，是总结成功经验或失败教训的重要前提，是评估协同治理效率的重要标准，有利于进一步提高各方协同治理意识，推动城市群协作治理实现预期目标。

首先，确定评估考核指标。确定绩效指标时，要充分吸收公民、专家、领导等多方面的参与意见。绩效指标要合理、精细，满足城市群建设的多方面要求，禁止设定形同虚设的指标，避免考核流于形式，确立科学合理的业绩指标。合理划分政府及其工作人员在协作治理过程中的权利范围与职责义务，同时配套完善相关的考核与奖惩措施。评估考核指标体系应该包含地方政府协同治理的各个阶段，全过程地对协同治理方案的执行情况、主体间沟通情况、治理效果的达标程度进行考核。评估考核机制不限于单个主体的年度治理成效，而应注重整体性和动态性，使治理主体在治理过程中持续发力，关注自身治理成效，为达成整体良好治理效果而努力。

其次，明确评估考核对象。可以将相关主体都纳入评估考核体系，评估各主体的协同参与程度，充分体现各主体对整体治理结果的贡献，防止出现"搭便车"行为。主要包含两个方面：一是对于总体治理效果和治理行为的评估考核，找到阶段治理的不足，在对应领域加大治理力度；二是评估考核参与协同治理的地方政府及其职能部门在治理过程中是否积极参与协同治理，是否完成了协同治理方案的要求，是否达成治理目标。

最后，优化评估考核方法。一是监督地方政府对协同治理方案的落实情况，明确区域协作治理中各地方政府的责任，对治理过程和治理效果都要建立完善的监督机制，统一执法标准，提升执法力度；二是考核治理结果，监督单位通过现场督导、听取汇报、设立监测点等方式开展监督工作，对各地区参与协同治理的成员单位进行考核评分，将协同治理的成效评估量化成分数，此项分数可以考虑列入地方政绩的一项，引起广泛重视，通过激励和问责措施来激发治理主体的主动性。对于绩效较优的相关主体，可以给予充分的奖励，而对于较差的主体，实施一定的惩罚。通过物质奖惩和精神奖惩相结合的措施，加强对城市群协作治理过程的监督与控制，从而进一步提高我国城市群协作治理的效能。

参考文献

中文期刊

[1] 刘贵文,黄媛媛.包容性发展理念对我国城市治理的启示[J].开发研究,2019(04):37-45.

[2] 李大阳.包容性发展:和谐亚洲的理性选择[J].社会科学家,2014(11):36-39.

[3] 姚荣.包容性发展:思想渊源、现实意涵及其实践策略[J].理论导刊,2013(04):95-98.

[4] 邱耕田,张荣洁.论包容性发展[J].学习与探索,2011(01):53-57.

[5] 高传胜.论包容性发展的理论内核[J].南京大学学报(哲学·人文科学·社会科学版),2012,49(01):32-39+158-159.

[6] 王汉林."包容性发展"的社会学解读[J].科学经济社会,2011,29(04):83-86.

[7] 王翼."包容性发展":全球化语境中的时代命题——兼析"包容性发展"的中国要义[J].世界经济与政治论坛,2012(04):60-69.

[8] 单飞跃,王泽群.包容性发展:政治理念及其行动机制[J].理论探讨,2014(01):68-71.

[9] 林荣全.公共服务包容性发展的创新逻辑——基于全球60个典型案例的分析[J].东北大学学报(社会科学版),2023,25(04):89-96+150.

[10] 李长远,张会萍.包容性发展视角下农村养老服务发展的非均衡性及调适[J].现代经济探讨,2018(11):121-126.

[11] 封铁英,马朵朵.社区居家养老服务如何包容性发展?——一个理论分析

视角 [J]. 社会保障评论 ,2020,4(03):77–89.

[12] 吴燕丹 , 张盼 , 郑程浩 . 新时代残疾人事业包容性发展——基于体育视角的研究 [J]. 东南学术 ,2021(06):150–157.

[13] 何元超 . 包容性治理 : 来自厦门市 S 区的实证案例 [J]. 科学发展 ,2017(02):87–93.

[14] 张尧 . 包容性发展理念下农村困境儿童福利均衡发展研究 [J]. 湖南农业大学学报 (社会科学版),2021,22(03):77–83.

[15] 郭甜 , 黄锡生 . 包容性发展视角下饮用水水源保护区的治理与完善 [J]. 中国人口・资源与环境 ,2020,30(05):167–176.

[16] 袁达松 , 黎昭权 . 构建包容性的世界经济发展与环境保护法治框架——以 "人类命运共同体" 理念为基础 [J]. 南京师大学报 (社会科学版),2019(02):110–119.

[17] 权衡 . 城市包容性发展与长三角率先建设包容性城市群研究 [J]. 苏州大学学报 (哲学社会科学版),2013,34(03):102–108+192.

[18] 宋冬林 , 姚常成 . 经济区发展规划的实施促进了城市群的包容性增长吗 ?——来自我国六大国家级城市群的经验证据 [J]. 求是学刊 ,2018,45(02):27–38+173.

[19] 杨飞虎 , 王晓艺 . 我国新型城镇化包容性发展的制度创新与模式选择研究 [J]. 江西社会科学 ,2020,40(02):223–229.

[20] 洪扬 , 陈钊 , 张泉 , 李辉 . 中国城市群包容性发展的综合测度及比较——基于我国 18 个城市群的数据分析 [J]. 现代城市研究 ,2021(05):106–111+125.

[21] 顾朝林 . 城市群研究进展与展望 [J]. 地理研究 ,2011,30(05):771–784.

[22] 宁越敏 . 中国都市区和大城市群的界定兼论大城市群在区域经济发展中的作用 [J]. 地理科学 ,2011,31(03):257–263.

[23] 黄征学 . 城市群的概念及特征分析 [J]. 区域经济评论 ,2014(04):141–146.

[24] 张振 , 李志刚 , 胡璇 . 城市群产业集聚、空间溢出与区域经济韧性 [J]. 华东经济管理 ,2021,35(08):59–68.

[25] 钮心毅,岳雨峰,刘思涵.大规模城际人员流动的负向效应与城市群的安全 [J]. 自然资源学报,2021,36(09):2181-2192.

[26] 郑巧,肖文涛.协同治理:服务型政府的治道逻辑 [J]. 中国行政管理,2008(07):48-53.

[27] 李辉,任晓春.善治视野下的协同治理研究 [J]. 科学与管理,2010,30(06):55-58.

[28] 颜佳华,吕炜.协商治理、协作治理、协同治理与合作治理概念及其关系辨析 [J]. 湘潭大学学报 (哲学社会科学版),2015,39(02):14-18.

[29] 邓念国.公共服务提供中的协作治理:一个研究框架 [J]. 社会科学辑刊,2013(01):87-91.

[30] 张贤明,田玉麒.论协同治理的内涵、价值及发展趋向 [J]. 湖北社会科学,2016(01):30-37.

[31] 崔晶,马江聆.区域多主体协作治理的路径选择——以京津冀地区气候治理为例 [J]. 中国特色社会主义研究,2019(01):77-84+108.

[32] 张天民,艾晋,韩沛锟.风险社会治理下网络理性参与机制构建 [J]. 现代管理科学,2017(02):64-66.

[33] 李子云,童寒川.协同治理视域下的高职教育三维共治研究 [J]. 中国高校科技,2021(09):35-40.

[34] 周定财,孙星.流域治理中府际协同机制的审视与弥缺——基于 Kirk Emerson 整合性协同治理模型 [J]. 中共福建省委党校 (福建行政学院) 学报,2020(06):90-96.

[35] 高明,郭施宏.基于巴纳德系统组织理论的区域协同治理模式探究 [J]. 太原理工大学学报 (社会科学版),2014,32(04):14-17+68.

[36] 姚中进,董燕.医联体建设中的利益协调困境及协同治理机制研究 [J]. 中国医院管理,2021,41(01):15-18.

[37] 郁建兴,任泽涛.当代中国社会建设中的协同治理——一个分析框架 [J]. 学术月刊,2012,44(08):23-31.

[38] 朱富强 . 现代社会应实行何种治理机制——基于协作系统的考察 [J]. 贵州社会科学 ,2018(01):110–117.

[39] 刘小泉 , 朱德米 . 协作治理 : 复杂公共问题治理新模式 [J]. 上海行政学院学报 ,2016,17(04):46–54.

[40] 卢庆强 , 龙茂乾 , 欧阳鹏 , 等 . 区域协同治理与契约协同型规划——都市圈治理体系重构与规划理念变革 [J]. 城市规划 ,2024,48(02):12–19.

[41] 张成福 . 公共危机管理 : 全面整合的模式与中国的战略选择 [J]. 中国行政管理 ,2003(07):6–11.

[42] 郑恒峰 . 协同治理视野下我国政府公共服务供给机制创新研究 [J]. 理论研究 ,2009(04):25–28.

[43] 薛澜 , 沈华 . 五大转变 : 新时期应急管理体系建设的理念更新 [J]. 行政管理改革 ,2021(07):51–58.

[44] 林黎 , 李敬 . 区域大气污染空间相关性的社会网络分析及治理对策——以成渝地区双城经济圈为例 [J]. 重庆理工大学学报 (社会科学版),2020,34(11):19–30.

[45] 崔晶 . 京津冀都市圈地方政府协作治理的社会网络分析 [J]. 公共管理与政策评论 ,2015,4(03):35–46.

[46] 孙涛 , 温雪梅 . 动态演化视角下区域环境治理的府际合作网络研究——以京津冀大气治理为例 [J]. 中国行政管理 ,2018(05):83–89.

[47] 王欣 , 杜宝贵 . 长三角区域一体化政策府际关系研究——基于社会网络分析 [J]. 公共管理与政策评论 ,2021,10(06):37–52.

[48] 温雪梅 , 锁利铭 . 城市群公共卫生治理的府际协作网络结构研究 : 来自京津冀和长三角的数据 [J]. 暨南学报 (哲学社会科学版),2020,42(11):100–115.

[49] 李响 , 陈斌 . "聚集信任"还是"扩散桥接"?——基于长三角城际公共服务供给合作网络动态演进影响因素的实证研究 [J]. 公共行政评论 ,2020,13(04):69–89+206–207.

[50] 周宇轩 . 府际数据共享的网络结构及其影响因素研究——基于长三角城市群的社会网络分析 [J]. 城市观察 ,2022(03):115–131+163.

[51] 陈桂生 . 大气污染治理的府际协同问题研究——以京津冀地区为例 [J]. 中州学刊 ,2019(03):82-86.

[52] 杨丞娟 , 杨文慧 , 孙沙沙 . 武汉都市圈府际协同治理 : 历程、障碍及对策 [J]. 长江论坛 ,2021(01):38-43.

[53] 孙沙沙 , 杨丞娟 . 长江中游城市群府际协同治理的实践、现实与对策建议 [J]. 长江技术经济 ,2022,6(06):110-115.

[54] 锁利铭 . 协调下的竞争与合作 : 中国城市群协同治理的过程 [J]. 探索与争鸣 ,2020(10):20-22+143.

[55] 赵婕玮 , 杨凤华 . 长三角城市群府际协作的集体行动水平提升研究 [J]. 经营与管理 ,2022(09):171-179.

[56] 胡一凡 . 京津冀大气污染协同治理困境与消解——关系网络、行动策略、治理结构 [J]. 大连理工大学学报 (社会科学版),2020,41(02):48-56.

[57] 蔡岚 . 粤港澳大湾区大气污染联动治理机制研究——制度性集体行动理论的视域 [J]. 学术研究 ,2019(01):56-63+177-179.

[58] 吴建南 , 刘仟仟 , 陈子韬 , 秦朝 . 中国区域大气污染协同治理机制何以奏效？来自长三角的经验 [J]. 中国行政管理 ,2020(05):32-39.

[59] 崔晶 , 郑戈溪 . 都市圈地方政府整体性协同治理机制研究 [J]. 电子科技大学学报 (社科版),2017,19(04):15-22.

[60] 王玉明 . 珠三角城市间环境合作治理机制的构建 [J]. 广东行政学院学报 ,2011,23(03):10-17.

[61] 赵新峰 , 王小超 . 京津冀区域大气污染治理中的信息沟通机制研究——开放系统理论的视角 [J]. 行政论坛 ,2016,23(05):19-23+2.

[62] 戴亦欣 , 孙悦 . 基于制度性集体行动框架的协同机制长效性研究——以京津冀大气污染联防联控机制为例 [J]. 公共管理与政策评论 ,2020,9(04):15-26.

[63] 周凌一 . 正式抑或非正式？区域环境协同治理的行为选择——以 2008—2020 年长三角地区市级政府为例 [J]. 公共管理与政策评论 ,2022,11(04):120-136.

[64] 陈子韬 , 章抒 , 吴建南 . 区域治理的差序协同实践——基于珠三角大气污

染联防联控的案例研究 [J]. 公共行政评论 ,2022,15(05):105-125+198-199.

[65] 景熠 , 杜鹏琦 , 曹柳 . 区域大气污染协同治理的府际间信任演化博弈研究 [J]. 运筹与管理 ,2021,30(05):110-115.

[66] 邢华 . 我国区域合作治理困境与纵向嵌入式治理机制选择 [J]. 政治学研究 ,2014(05):37-50.

[67] 王喆 , 周凌一 . 京津冀生态环境协同治理研究——基于体制机制视角探讨 [J]. 经济与管理研究 ,2015,36(07):68-75.

[68] 赵新峰 , 袁宗威 . 京津冀区域大气污染协同治理的困境及路径选择 [J]. 城市发展研究 ,2019,26(05):94-101.

[69] 方创琳 . 中国城市群研究取得的重要进展与未来发展方向 [J]. 地理学报 ,2014,69(08):1130-1144.

[70] 潘小娟 . 加强我国地方政府合作的对策建议 [J]. 行政管理改革 ,2015(03):38-42.

[71] 李松林 . 体制与机制 : 概念、比较及其对改革的意义——兼论与制度的关系 [J]. 领导科学 ,2019(06):19-22.

[72] 沙勇忠 , 解志元 . 论公共危机的协同治理 [J]. 中国行政管理 ,2010(04):73-77.

[73] 刘建朝 , 高素英 . 基于城市联系强度与城市流的京津冀城市群空间联系研究 [J]. 地域研究与开发 ,2013,32(02):57-61.

[74] 张可云 , 何大梽 . 改革开放以来中国区域管理模式的变迁与创新方向 [J]. 思想战线 ,2019,45(05):129-136.

[75] 袁政 . 新区域主义及其对我国的启示 [J]. 政治学研究 , 2011(02):99-107.

[76] 耿云 . 新区域主义视角下的京津冀都市圈治理结构研究 [J]. 城市发展研究 ,2015,22(08):15-20.

[77] 张紧跟 . 新区域主义 : 美国大都市区治理的新思路 [J]. 中山大学学报 (社会科学版),2010,50(01):131-141.

[78] 刘晓亮 , 李思捷 . 政府部门间协作、公共危机管理与成效影响机制——基于 24 个案例的清晰集定性比较分析 [J]. 华东理工大学学报 (社会科学

版),2020,35(04):90–100.

[79] 曹海军 , 霍伟桦 . 城市治理理论的范式转换及其对中国的启示 [J]. 中国行政管理 , 2013(07):94–99.

[80] 曹海军 . 新区域主义视野下京津冀协同治理及其制度创新 [J]. 天津社会科学 , 2015(02):68–74.

[81] 张树剑 , 黄卫平 . 新区域主义理论下粤港澳大湾区公共品供给的协同治理路径 [J]. 深圳大学学报 (人文社会科学版),2020,37(01):42–49.

[82] 叶林 . 新区域主义的兴起与发展 : 一个综述 [J]. 公共行政评论 , 2010,3(03): 175–189+206.

[83] 张蓓 , 叶丹敏 , 马如秋 . 跨境电商食品安全风险表征及协同治理 [J]. 人文杂志 , 2021(10):115–121.

[84] 倪永贵 . 寻求空间正义 : 区域协同治理的价值取向及其实现机制 [J]. 天津行政学院学报 ,2023,25(04):14–21.

[85] 李子云 , 童寒川 . 协同治理视域下的高职教育三维共治研究 [J]. 中国高校科技 , 2021(09):35–40.

[86] 司林波 , 聂晓云 , 孟卫东 . 跨域生态环境协同治理困境成因及路径选择 [J]. 生态经济 ,2018,34(01):171–175.

[87] 邹庆华 , 马黛丹 . 生态环境协同治理机制的构建与创新 [J]. 哈尔滨工业大学学报 (社会科学版), 2024(01):122–128.

[88] 郑巧 , 肖文涛 . 协同治理 : 服务型政府的治道逻辑 [J]. 中国行政管理 ,2008(07):48–53.

[89] 孙忠英 . 基于协同治理理论的区域环境治理探析 [J]. 环境保护与循环经济 ,2015(09):18–21.

[90] 温雪梅 . 制度安排与关系网络 : 理解区域环境府际协作治理的一个分析框架 [J]. 公共管理与政策评论 ,2020,9(04):40–51.

[91] 李辉 , 洪扬 . 城市群包容性发展 : 缘起、内涵及其测度方法 [J]. 甘肃行政学院学报 ,2018(02):106–113+128.

[92] 周小亮, 刘万里. 包容性发展水平测量评价的理论探讨 [J]. 社会科学研究, 2012(02):1-8.

[93] 刘伟. 论"大部制"改革与构建协同型政府 [J]. 长白学刊,2008(04):47-51.

[94] 王学栋, 杨军. 国内外区域发展中政府协调机制建设的经验与借鉴 [J]. 科学与管理,2013,33(05):9-14.

[95] 叶文辉, 陈凯. 成渝城市群创新协同及空间效应特征 [J]. 经济体制改革,2020(05):65-72.

[96] 张学良, 林永然, 孟美侠. 长三角区域一体化发展机制演进 : 经验总结与发展趋向 [J]. 安徽大学学报 (哲学社会科学版),2019,43(01):138-147.

[97] 马仁锋. 长江三角洲区域一体化政策供给及反思 [J]. 学术论坛 ,2019,42(05):114-123.

[98] 郭继. 上海与长三角一体化发展历史回顾 [J]. 党政论坛 ,2018(12):11-14.

[99] 刘李红, 高辰颖, 王文超, 等. 京津冀高质量协同发展：演化历程、动力机理与未来展望 [J]. 北京行政学院学报 ,2023(05):61-71.

[100] 李瑞昌. 跨界治理协作机制的"棋局思维"与"网络思维"[J]. 国家治理 ,2023(07):65-69.

[101] 王颖, 刘芳, 艾兴隆. 城市群生态环境协作治理的主体结构、协作过程与治理效果——基于京津冀与长三角城市群的探索 [J]. 辽宁行政学院学报 ,2022(06):72-79.

[102] 王颖, 沈敏. 长三角城市群大气污染协作治理主体网络结构变迁及优化——基于社会网络方法的分析 [J]. 地域研究与开发 ,2023,42(06):121-125+179.

[103] 符天蓝. 国际湾区区域协调治理机构及对粤港澳大湾区的启示 [J]. 城市观察 , 2018 (06): 20-27.

[104] 姜玲, 乔亚丽. 区域大气污染合作治理政府间责任分担机制研究——以京津冀地区为例 [J]. 中国行政管理 , 2016(06): 47-51.

[105] 徐艺璇, 王颖, 杨逸敏. 公共服务协作治理机制如何实现"从有到优"——以辽宁省为例 [J]. 辽宁经济 , 2022(12): 77-84.

[106] 韩兆柱 , 卢冰 . 京津冀雾霾治理中的府际合作机制研究——以整体性治理为视角 [J]. 天津行政学院学报 ,2017,19(04):73-81.

[107] 郭渐强 , 杨露 .ICA 框架下跨域环境政策执行的合作困境与消解——以长江流域生态补偿政策为例 [J]. 青海社会科学 ,2019(04):39-48.

[108] 王薇 , 李月 . 跨域生态环境治理的府际合作研究——基于京津冀地区海河治理政策文本的量化分析 [J]. 长白学刊 ,2021(01):63-72.

[109] 陈飞 . 公共精神的形成、消解与复归——马克思对西方政治哲学的重塑 [J]. 中国社会科学评价 ,2020(04):35-45+155-156.

[110] 王洪波 . 历史唯物主义的公共性维度下主体公共精神的当代建构 [J]. 社会科学辑刊 ,2020(04):7-52.

[111] 张嘉颖 , 王红扬 . 旧金山湾区规划隐含的整体主义逻辑转型——兼议对我国都市圈规划的启示 [J]. 国际城市规划 ,2022,37(03):114-121.

[112] 郭杰 , 姜璐 , 张虹鸥 , 等 . 流空间视域下城市群功能协同发展研究——以旧金山湾区为例 [J]. 热带地理 ,2022,42(02):195-205.

[113] 余辉 . 日本琵琶湖的治理历程、效果与经验 [J]. 环境科学研究 ,2013,26(09):956-965.

[114] 徐伟学 . 长三角区域生态利益平衡及其法治保障 [J]. 江淮论坛 ,2022(03):137-141.

[115] 杨平 , 香川雄一 . 琵琶湖的环境治理与政策：环境社会学视角的探索 [J]. 环境社会学 ,2023(01):141-158+199-200.

[116] 张兴奇 , 秋吉康弘 , 黄贤金 . 日本琵琶湖的保护管理模式及对江苏省湖泊保护管理的启示 [J]. 资源科学 ,2006(06):39-45.

[117] 罗峰 , 李琪 . 欧盟一体化发展对长三角协同发展的启示和思考 [J]. 国家行政学院学报 ,2010(03):114-118.

[118] 吴志成 , 李客循 . 欧盟治理与制度创新 [J]. 马克思主义与现实 ,2004(06):53-58.

[119] 阚阅 , 谷滢滢 . 软治理中的"硬政治"：论欧盟教育治理中的开放协调法 [J].

教育发展研究 ,2021,41(Z1):106-115.

[120] 胡春艳 , 周付军 . 跨区域环境治理如何实现"携手共进"?——基于多案例的模糊集定性比较分析 [J]. 东北大学学报 (社会科学版),2023,25(03):67-76.

[121] 林民望 . 环境协作治理行动何以改进环境绩效 : 分析框架与研究议程 [J]. 中国人口 · 资源与环境 ,2022,32(05):96-105.

[122] 吴巧瑜 , 黄颖 . 第三方治理 : 粤港澳大湾区社会组织跨区域协作治理研究——以 Y 青年总会为例 [J]. 学术研究 ,2022(03):57-63.

[123] 彭勃 , 庞锐 . 机制演进的分水岭 : 流域污染治理中纵向压力如何推动横向协作 ?[J]. 行政论坛 ,2022,29(04):38-47.

[124] 全永波 . 基于新区域主义视角的区域合作治理探析 [J]. 中国行政管理 , 2012(04):78-81.

[125] 邢华 , 冯博 . 区域协作治理中的领导力 : 一个动态分析框架——以长三角生态绿色一体化发展示范区为例 [J]. 苏州大学学报 (哲学社会科学版),2024,45(01):20-32.

英文期刊

[1] Kanbur R, Rauniyar G.Conceptualizing Inclusive Development: With Applications to Rural Infrastructure and Development Assistance[J].Journal of the Asia Pacific Economy,2010, 15(4):437-454.

[2] Sachs I.Working Paper No.35 - Inclusive Development Strategy in an Era of Globalization[J]. Social Science Electronic Publishing, 2006:313-318.

[3] Gupta A. K. Innovations for the Poor by the Poor[J].International Journal of Technological Learning, Innovation and Development,2012,5(1): 28-39.

[4] Pouw N,De Bruijne A. Strategic Governance for Inclusive Development[J]. European Journal of Development Research, 2015, 27(4):481-487.

[5] Medhekar A.Public-private Partnerships for Inclusive Development: Role of Private Corporate Sector in Provision of Healthcare Services[J].Procedia -Social and

Behavioral Sciences, 2014, 157:33–44.

[6] J.Gottmann J.Megalopolis or the Urbanization of the Northeaster Seaboard[J]. Economic Geography,1957,33(3):189–200.

[7] Vicino T J, Hanlon B, Short JR. Megalopolis 50 Years On: The Transformation of a City Region[J].Interational Journal of Urban and Regional Research,2007, 31(2):344–367.

[8] Lin Y, Liu A,Ma E, et al. Impacts of Future Urban Expansion on Regional Climate in the Northeast Megalopolis, USA[J].Advances in Meteorology,2013:160–169.

[9] Lu M H, Li G P, Sun T S. Research on Functional Division among the Core Cities in Tokyo Megalopolis and Its Enlightenment[J].Scientia Geographica Sinica, 2003, 23(2): 149–156.

[10] Ansell C,Gash A.Collaborative Governance in Theory and Practice[J].Journal of Public Administration Research and Theory,2008,18(4):543–571.

[11] Johnston E W,Hicks D,Nan N,et al.Managing the Inclusion Process in Collaborative Governance[J].Journal of Public Administration Research and Theory,2011,21(4):699–721.

[12] Emerson K,Nabatchi T,Balogh S.An Integrative Framework for Collaborative Governance[J].Journal of Public Administration Research and Theory,2012,22(1):1–29.

[13] Wood D J,Gray B. Toward a Comprehensive Theory of Collaboration[J].The Joural of Applied Behavioral Science, 1992, 27(2): 139–162.

[14] Bryson JM,Crosby B C,Stone M. The Design and Implementation of Cross-sector Collaborations:Propositions from the Literature[J].Public Administration Review,2006,66(s1):44–55.

[15] Emerson K,Nabatchi T,Balogh S,An Integrative Framework for Collaborative Governance[J].Journal of Public Administration Research and Theory,2012,22(1):1–29.

[16] Bodin O.Collaborative Environmental Governance:Achieving Collective Action in Social–ecological Systems[J].Science,2017,357(6352):eaan1114.

[17] Jill,M, Purdy.A Framework for Assessing Power in Collaborative Governance Processes[J]. Public Administration Review:PAR,2012,72(3):409–417.

[18] Buuren A V.Knowledge for Governance,Governance of Knowledge:Inclusive Knowledge Management in Collaborative Governance Processes[J].International Public Management Journal，2009,12(2):208–235.

[19] Michaela Y,Smith,et al.Governance and Cooperative Networks: An Adaptive Systems Perspective[J].Technological Forecasting and Social Change,1997,54(1):79–94.

[20] Hahn T,Olsson P, Folke C,et al.Trust–building, Knowledge Generation and Organizational Innovations: The Role of a Bridging Organization for Adaptive Comanagement of a Wetland Landscape Around Kristianstad, Sweden[J].Human Ecology, 2006, 34: 573–592.

[21] Rivera–Torres M,Gerlak A K.Evolving Together: Transboundary Water Governance in the Colorado River Basin[J].International Environmental Agreements: Politics, Law and Economics, 2021, 21(4): 553–574.

[22] Sandler T.Intergenerational Public Goods: Transnational Considerations[J]. Scottish Journal of Political Economy, 2009, 56(3): 353–370.

[23] Konisky D M. Regulatory Competition and Environmental Enforcement: Is There a Race to the Bottom?[J].American Journal of Political Science, 2007, 51(4): 853–872.

[24] Schwartz E. Autonomous Local Climate Change Policy: An Analysis of the Effect of Intergovernmental Relations Among Subnational Governments[J].Review of Policy Research, 2019, 36(1): 50–74.

[25] Raju K.V.,Ravindra A., Manasi S., Smitha K.C., Srinivas R. Urban Environmental Governance: Global Experience. In: Urban Environmental Governance in India[J]. Environmental Governance in Bengaluru, 2018, (8):273–289.

[26] Thomson A M,Perry J L .Collaboration Processes: Inside the Black Box[J].Public Administration Review, 2006, 66(s1):20–32.

[27] Bryson J M,Crosby B C,Stone M M .The Design and Implementation of Cross - Sector Collaborations: Propositions from the Literature[J].Public Administration Review, 2006, 66(12):44–55.

[28] Hannam P M,Vasconcelos V V, Levin S A, et al. Incomplete Cooperation and Co-benefits: Deepening Climate Cooperation with a Proliferation of Small Agreements[J]. Climatic Change, 2017, 144: 65–79.

[29] Schwartz E. Autonomous Local Climate Change Policy: An Analysis of the Effectof Intergovernmental Relations Among Subnational Governments[J]. Review of Policy Research, 2019, 36(1): 50–74.

[30] Emerson,Kirk,Nabatchi..Evaluating the Productivity of Collaborative Governance Regimes:A Performance Matrix[J].Public Performance and Management Review ,2015, 38(4): 717–747.

[31] Hadi S. Alhorr, Kimberly Boal, Regional Economic Integration and International Strategic Alliances:Evidence from the EU[J].Multinational Business Review, 2012(3): 201.

[32] Gottmann.J.Megalopolis or the Urbanization of the Northeastern Seaboard[J]. Economic Geography,1957,33(3):189–200.

[33] Lake David A. Anarchy, Hierarchy, and the Variety of International Relations[J]. International Organization,1996,(50):1–34.

[34] J.Kooiman,M.Van.Vliet.Governance and Public Administration[J].Managing Public Organizations,1993:64.

[35] Ansell C, Gash A. Collaborative Governance in Theory and Practice[J].Journal of Public Administration Research and Theory,2007:543–547.

[36] John M.Byson,Barbara C.Crosby,Melissa Middleton Stone.The Design and Implementation of Cross–Sector Collaborations:Propositions Form the Literature[J]. Public Administration Review,2006,66:44–45.

中文图书

[1] 于洪俊，宁越敏．城市地理概论 [M]．合肥：安徽科学技术出版社,1983.

[2] 姚士谋．中国城市群 [M]．合肥：中国科学技术大学出版社,2006.

[3] 周一星．城市地理学 [M]．北京：商务印书馆,1995.

[4] 董幼鸿，等．地方公共管理：理论与实践 [M]．上海：上海人民出版社,2008.

[5] 马克思．资本论 (第一卷)[M]．北京：人民出版社,1975.

[6] 戴维·米勒，等．布莱克维尔政治学百科全书 [M]．北京：中国政法大学出版社,2002.

[7] 杨龙．中国城市化加速背景下的地方合作 [M]．天津：南开大学出版社,2018.

[8] 殷为华．新区域主义理论：中国区域规划新视角 [M]．南京：东南大学出版社,2013.

[9] 全球治理委员会．我们的全球伙伴关系 [M]．牛津：牛津大学出版社,1995.

[10] 张紧跟．当代中国政府间关系导论 [M]．北京：社会科学文献出版社,2009.

[11] 王佃利．跨域治理城市群协同发展研究 [M]．济南：山东大学出版社,2018.

[12] 张欢，江芬，陈虹宇．城市群生态文明协同发展机制与政策研究 [M]．北京：光明日报出版社,2022.

[13] 刘晓斌．协同治理：长三角城市群大气环境改善研究 [M]．杭州：浙江大学出版社,2018.

[14] 汪波．区域公共治理 [M]．北京：中国经济出版社,2019.

[15] 韩兆坤．协作性环境治理研究 [M]．北京：中国农业出版社,2018.

[16] 崔晶．都市圈地方政府协作治理 [M]．北京：中国人民大学出版社,2015.

[17] 白易彬．京津冀区域政府协作治理模式研究 [M]．北京：中国经济出版社,2017.

[18] 唐亚林，陈水生．世界城市群与大都市治理 [M]．上海：上海人民出版社,2017.

[19] 程进作．区域大气污染协同治理的理论与实践 [M]．上海：上海社会科学院出版社,2023.

[20] 蒋敏娟 . 京津冀区域协同治理评估及影响因素研究 [M]. 北京 : 光明日报出版社 ,2023.

[21] 刘华军 . 雾霾污染的空间关联与区域协同治理 [M]. 北京 : 科学出版社 ,2021.

[22] 戴胜利 . 跨区域生态环境协同治理 [M]. 武汉 : 武汉大学出版社 ,2018.

[23] 田园宏 . 长三角水污染跨界协同治理政策机制研究 [M]. 上海 : 同济大学出版社 ,2022.

[24] 陈润羊 . 区域环境协同治理演进机制与模式 [M]. 杭州 : 浙江大学出版社 ,2022.

[25] 傅春 . 中外湖区开发利用模式研究——兼论鄱阳湖开发战略究 [M]. 北京 : 社会科学文献出版社 ,2009.

[26] 胡佳 . 区域环境治理中的地方政府协作研究 [M]. 北京 : 人民出版社 ,2015.

[27] 杨立华 , 敬乂嘉 . 环境治理与发展 [M]. 上海 : 上海人民出版社 ,2019.

[28] 于迎 . 大都市圈的嬗变 : 当代中国区域发展战略的演化机理比较 [M]. 上海 : 上海人民出版社 ,2021.

[29] 唐亚林 . 区域治理的逻辑 : 长江三角洲政府合作的理论与实践 [M]. 上海 : 复旦大学出版社 , 2019.

[30] 王颖 , 王梦 . 城市生态环境承载能力预警机制研究——以沈阳市为例 [M]. 沈阳 : 辽宁人民出版社 ,2022.

[31] 王颖 . 经济区一体化进程中地方政府合作机制创新研究 [M]. 沈阳 : 辽宁人民出版社 ,2019.

[32] 庄贵阳 , 郑艳 , 周伟铎 . 京津冀雾霾的协同治理与机制创新 [M]. 北京 : 中国社会科学出版社 ,2018.

英文图书

[1] Taillieu,T.Collaborative Strategies and Multi-organizational Partnerships [M]. Leuven: Garant Publication,2001.

[2] Christensen, Karen Stromme. Cities and Complexity: Making Intergovermental

Decisions [M].London:Stage,1999.

[3] Haken. Synergetics—An Introduction[M].New York: Springer—Verlag Berlin,1983:38.

[4] Mocca E. Collaborative Governance: Opening the Doors of Decision–Making[M]. Partnerships for the Goals. Cham: Springer International Publishing, 2021.

[5] Christensen, Karen Stromme. Cities and Complexity: Making Intergovermental Decisions [M]. London:Stage,1999.

后 记

本书是我主持的国家社会科学基金一般项目"基于包容性发展的我国城市群地方政府协作治理机制研究"（19BZZ063）的成果，在此，对国家社科基金委给予本研究的资助表示感谢！同时，对在本书撰写过程中，给予我无私帮助的研究生王梦、孟祥升、平静、杨影和王欣格表示感谢！也感谢东北大学文法学院对本书的支持与鼓励！谢谢你们为本书的出版所付出的辛苦与努力。

此外，特别感谢我的儿子王近同在妈妈国社结题时给予的理解与支持。正是你的开朗和懂事，让妈妈能够安心工作，顺利完成课题。

限于本人的识见与能力，书中难免讹误、不当之处，诚请读者、各位学界同人批评指正。

2025 年 4 月

沈阳·迎湖园